미래, 메타버스와 함께?

미래, 메타버스와 함께?

초판 1쇄 인쇄 2022년 2월 9일
초판 1쇄 발행 2022년 2월 14일

지은이 이종관·김연순·김종규·김화자·박경규·오민정·유제광·이소담·이아름·차지민·최윤지
펴낸이 신동렬
책임편집 신철호
편　집 현상철·구남희
마케팅 박정수·김지현
외주디자인 아베끄

펴낸곳 성균관대학교 출판부
등록 1975년 5월 21일 제1975-9호
주소 03063 서울특별시 종로구 성균관로 25-2
대표전화 02)760-1253~4
팩시밀리 02)762-7452
홈페이지 press.skku.edu

미래세대의 과제, 미래도시, 그리고
메타버스와 순환경제의 융화에서 찾는 희망

미래, 메타버스와 함께?

이종관ㅣ김연순ㅣ김종규ㅣ김화자ㅣ박경규ㅣ오민정ㅣ유제광ㅣ이소담ㅣ이아름ㅣ차지민ㅣ최윤지 지음

하이브리드미래문화연구소편

성균관대학교
출 판 부

벌써 2년이 지나간다. 코로나가 인류를 침공해 온 그때가. 처음에는 별것이 아닌 것으로 알았지만 순식간에 전세계를 뒤덮는 팬데믹으로 증폭되며 인간들을 공포에 떨게 했다. 백신이 개발되고 접종이 시작되면서 다시 희망이 돋는듯 했다. 그러나 야속하게도 그 희망을 새로운 바이러스의 변이가 무너뜨리고 있다. 정녕 이제 우리는 코로나와 함께 살아야 하는 것인가? 코로나와 함께 살면서도 감염을 최소화하기 위해서는 지금까지 우리가 살아온 삶의 세계에서 서로 얼굴을 맞대고 모여 살던 삶의 방식을 포기해야 할 것인가? 그리고 우리 삶의 거주 공간을 아예 딴 곳으로 옮겨야 할 것인가?

사실 지난 2년 동안 우리가 그래도 삶을 살아갈 수 있었던 것은 우리의 삶이 코로나로부터 도피해서 디지털 공간으로 피난을 갔기 때문이다. 피난 기간 동안 우리가 그동안 살아온 많은 것이 정지되고 힘들었다. 우리가 그동안 누려온 경제 문화 활동이 큰 타격을 입었다. 그러나 다 그런 것만은 아니었다. 이 디지털 공간에서 새로운 인간들의 거주 문화가 생겨나기 시작했다. 그리고 이 거주 문화를 지원하기 위한 기술적 발전이 급진전되면서 새로운 경제활동이 전개된다. 급기야 2021년에 들어서서 인간들은 새로운 우주를 향해 대 이동을 시작한다고 한다. 메타버스가 바로 그 새로운 우주다.

실로 메타버스는 코로나가 인간을 급습한 이후 1년이 지난 2020년부터 급속히 세인들의 관심을 흡입하고 있는 주제다. 처음에는 이 신기한 단어의 뜻을 소개하는 정도의 이야기만이 떠돌았다. 그 단어는 철학자들이 즐겨쓰는 메타라는 접두어를 달고 대중 앞에 나타나 사람들의 호기심을 끌었다. 그러나 메타버스는 이제 단순한 호기심의 대상이 아니라 천문학적 규모의 자본 마저 급속히 빨아들이며 인간의 경제 나아가 문화의 미래로 기대를 모으고 있다.

21세기 이후, 특히 코로나 이후 모든 것이 생각할 겨를 없이 진행된다. 메타버스와 관련있는 기업들의 주가가 폭등하고 자본이 쏠리기 시작하면서 이제 메타버스를 향한 대이동이 급속히 진행되는 듯하다. 그런데 정녕 이 메타버스가 인간의 미래 거주지가 될 것이며 따라서 우리의 미래세대들은 메타버스로 자신의 삶을 이주시켜야 할 것 인가?

사실 인간이 자신의 삶의 공간을 어디로 결단하는가는 너무도 중요한 문제이다. 바로 그 공간의 공간성에 따라 그곳에서 삶의 방식이 결정되기 때문이다. 그것은 마치 인간이 물속으로 들어가면 물의 공간성에 따라서, 또 인간이 다른 행성에 가면 그 행성의 공간성에 따라서 그의 행동이 결정되는 것과 마찬가지이다. 이제 절실한 문제는 이 메타버스를 향한 대이동을 시작하는 와중에라도 메타버스라는 새로운 경제 문화 공간이 어떤 특성을 갖고 있는지를 잘 살펴보는 것이다. 그래야만 우리의 미래세대들은 앞으로 그들 삶의 상당 부분이 진행될 이 미래의 거주지에서 어떤 희망적 가능성을 발견할 수 있을 것이다. 그리고 그 가능성을 어떤 제도와 문화로 실현시켜야 할지를 미리 기획할 수 있을 것이다. 물론 인간이 정착하는 모든 새로운 거주지는 천국이 아니다. 메타버스도 마찬가지다. 거기에도 틀림없이 인간의 삶을 위협하는 리스크가 있을 것이다. 따라서 메타버스에 잠복하고 있는 리스크를 미리 잘 살펴보는 작업 또한 절실한 문제이다.

여기 2022년 새해를 향해 세상에 선보이는 이 책은 바로 이러한 절실한 문제 의식에 집필된 글들을 담고 있다. 메타버스는 아직 철학적으로 나아가 인문학적으로 성찰되기에는 그 모습을 분명히 드러내고 있지 않다. 하지만 메타버스가 2021년 갑자기 출현한 것은 아니다. 성균관대 하이브리드미래문화연구소는 이미 10여년 전부터 메타버스와 관련된 중요한 문제들을 깊이 있게 탐색해왔다. 물론 현재 논의되고 있는 메타버스는 메타버스란 단어가 처음 출현했을 때와 동일한 것은 아니다. 그러나 하이브리드미래문화연구소가 그동안 성숙시켜온 탐구력과 연구력은 메타버스가 담고 있는 가능성과 리스크를 밝혀내는 작업에 도전할 능력을 갖추고 있기에 그 도전을 실행에 옮긴다.

물론 이 도전은 독일 프리드리히 나우만재단의 전폭적인 재정적 지원과 격려가 있었기에 가능했다. 특히 나우만 재단의 크리스티안 탁스(Christian Taaks) 대표와 임성은 부장의 사려 깊은 배려는 하이브리드미래문화연구소 연구원 모두에게 큰 힘이 되고 있다. 이 자리를 빌려 두 분께 깊은 감사의 뜻을 전한다.

2022년 2월 4일
하리브리드미래문화연구소장
이종관

It's already been two years since we lived with the pandemic. Changes and challenges brought by the pandemic are huge and diverse, and felt strong in every corner of our society. If we should describe it with one word, it should be an accelerated digital transformation, and metaverse outstands any other digital advancement.

The metaverse has been the most popular buzzword particularly since 2021. What is metaverse and why we care about it? There's no universally agreed definition, since it is constantly evolving phenomena, while positioning itself somewhere between realities and virtual dreams. However, the metaverse certainly seems to be more than a simply "upgraded version of internet", because it is breaking the conventional boundaries between the physical and virtual world. We witness companies replace offline offices with the virtual ones where people can work together and interact as if they are in the same physical space. We witness that creative people can even easily become a producer of services and products in the virtual space and earn the tangible profit. The metaverse does facilitate economic innovation by offering new opportunities to young generation. All this signals that the metaverse is evolving into a highly intelligent space where people can enjoy their economic, social, and cultural life just as they do in the real communities and cities.

Will then the metaverse replace or complement the physical space for humankind? In any case, what should be prepared to make this new future space livable? What would be the chances and risks that we need to cope with? How can we (re)shape our future for our own happiness and freedom? In this book, we try to seek for the answers to these questions, and Friedrich Naumann Foundation (FNF) is proud to be part of these efforts.

As a liberal foundation, FNF actively embraces technological progress and digitalization. It is because we trust the strength of free and creative individuals in driving innovation for human progress. And we believe that digitalization and technological innovation is only means to achieve human-centered future society, not as an ultimate end. Digitalization and technological innovation should be harnessed to enhance citizens' freedom and facilitate civic participation in the development process, further strengthening democracy. Along the same line, any economic and administrative efficiency gained through digital technology should not compromise the privacy of the citizen.

We, as a free individual, are responsible to create the future we like to live, and to keep our dignity in designing and responding to the fast changing world.

Friedrich Naumann Foundation is very glad to present this book together with Hybrid Future Culture Institute and to share our message with readers.

February 04, 2022
Dr. Christian Taaks
Head of Friedrich Naumann Foundation Korea Office

코로나와 함께 살아온지도 어언 2년이 넘었습니다. 팬데믹으로 인해 우리 사회 곳곳에 큰 변화와 충격이 불어닥쳤습니다. 이를 한마디로 표현하면, 급격한 디지털 전환이라고 할 수 있습니다. 그 중에서도 메타버스의 약진이 두드러집니다.

특히 2021년부터 메타버스가 우리 사회에서 크게 회자되고 있는데, 과연 이 메타버스란 무엇인지, 왜 우리가 신경을 써야하는 것일까요? 사실 메타버스는 현실과 가상 중간쯤에서 계속 진화하고 있는 현상이기에, 아직 통일된 정의를 내리긴 어렵습니다. 하지만, 확실한 것은 가상과 현실의 경계를 허문다는 점에서, 메타버스가 단순히 업그레이드된 인터넷 버전 그 이상이라는 것입니다. 즉, 기업들이 메타버스를 통해 가상 사무실을 만들고, 여기서 직원들은 실제 사무실에서 해온 것처럼, 상호 소통하면서 근무하고 있습니다. 창의적인 일반인들은 가상의 공간에서 서비스와 제품을 생산하고, 이를 통해 실제로 수익을 내고 있습니다. 이처럼 메타버스는 젊은 세대에게 새로운 기회를 부여하고, 이를 통해 경제혁신도 주도하고 있습니다. 이 같은 예를 통해서, 메타버스가 고도로 지능화된 공간으로 진화하고 있음을 알 수 있습니다. 즉, 사람들은 현실의 공동체와 도시에서 살아가듯이, 바로 이 새로운 공간에서 그들의 경제, 사회, 문화적 삶을 영위해 나가게 될 것입니다.

그렇다면 과연 메타버스는 우리 인류의 실체적 공간을 대체하게 되는 것일까요? 아니면 보완하게 될 것인가요? 어떤 경우건, 이 미래 공간이 인간이 살만한 곳이 되려면 도대체 무엇을 준비해야 할까요? 또 메타버스가 우리에게 어떤 기회와 위험을 안겨줄 것일까요? 그리고, 궁극적으로 우리의 행복과 자유를 증진하려면 미래를 어떻게 만들어 나가야 할까요?

이 책에는 위의 질문을 비롯, 새로운 미래의 모습에 대한 진지한 탐색과 답변을 담고 있습니다. 저희 프리드리히 나우만재단이 이 같은 노력에 함께 할 수 있어 기쁩니다.

자유주의를 주창하는 저희 나우만재단은 기술의 진보와 디지털 전환을 적극적으로 지지합니다. 이는 자유롭고 창의적인 개개인의 능력이야말로, 인류 발전을 위한 혁신의 원동력이기 때문입니다. 그리고, 디지털 기술혁신은 사람이 중심이 되는 미래 사회를 만들어가는 데에 필요한 중요 수단일 뿐, 그 자체는 결코 목적이 될 수 없습니다. 즉, 디지털화와 기술 혁신은 시민의 자유와 시민의 참여를 증진함으로써, 민주주의 공고화에 기여할 수 있어야 합니다. 같은 맥락으로, 그 어떤 경제적, 행정적 편익도 시민의 프라이버시를 존중하는 한도에서 추구되어야 합니다. 자유의지를 지닌 개개인은, 자신이 살고자 하는 미래를 창조하고, 급변하는 세상에서도 스스로의 존엄을 지키고 능동적으로 그 변화에 대응해야 합니다.

하이브리드미래문화연구소와 공동으로 출간한 이번 책을 통해서, 독자 여러분들과 많은 생각을 나눌 수 있게 된다면 매우 기쁘겠습니다.

끝으로, 이 책의 출간을 위해 애써주신 하이브리드미래문화연구소 이종관 소장님을 비롯, 모든 집필진들께 감사드립니다.

2022년 2월 4일
크리스티안 탁스
프리드리히 나우만재단 한국사무소 대표

목차

III. 메타버스와 함께 살기 위한 바람

I

메타버스와
함께 하고 싶은 미래

5차산업혁명의 서곡?:
미래세대의 과제, 미래도시, 그리고 메타버스와 순환경제의 융화에서 찾는 희망

이종관

1. 미래세대의 과제와 미래도시를 생각해야할 이유

모든 세대는 그 이전 세대가 남겨준 유산을 넘겨받는다. 그 유산은 다음 세대가 살아가야 할 미래에 희망의 빛을 드리울 수도 있고 그림자를 드리울 수도 있다. 그림자가 드리워진 경우, 미래세대는 희망의 빛이 들어올 수 있는 창문을 스스로 만들어야 한다. 그리고 이것이 성공했을 때 역사는 좋은 가치를 창조하는 미래를 향한다.

미래의 주인공이 될 우리의 미래세대들은 불행하게도 기성세대들로부터 코로나 위기를 유산으로 물려받았다. 위기의 문명 심층에 잠복한 야만이 폭로되는 과정이다. 따라서 우리의 미래세대들은 역사의 주인공이 기성세대에서 미래세대로 교체되는 이 시점의 역사적 의미를 잘 해석해야만 희망의 빛이 드리우는 미래를 살 수 있을 것이다.

현시점은 다음과 같은 맥락에서 대 전환기의 변곡점이라는 시대사적 위치를 갖는다.

팬데믹으로 노출된 현대문명의 위기는 단순히 뉴노멀등의 유행어로 극복될 수 있는 문제가 아니다. 그 위기는 현대문명을 그 근원으로부터 반성하고 혁신하는 심층적 사유를 통한 대전환을 요구한다. 이러한 성찰적 혁신적 사유를 선도하는 국가는 역사에서 새로운 문명을 연 선진국으로서의 명예를 누린다. 그런데 금년 우리나라는 현대문명의 후진국으로서 과거를 성공적으로 극복하고 선진국으로서 세계사적 지위를 획득했다.

이 두가지 역사적 맥락은 우리나라에게 미래를 향한 세계사의 전개에 있어서 중요한 과제를 부여한다. 즉 미래를 향한 대전환의 변곡점에서 선진국으로 등극한 우리나라는 단순히 물질적 경제성장을 이끌어 가는 국가가 아니라 대전환이 지향해야 할 미래 가치와 그것의 실현 방향을 제시하고 이끌어가는 국가로서 역사에 빛을 던져야 한다.

하지만 이러한 대전환을 이끌어 갈 미래가치는 모든 문제를 포괄하는 초거대 미래비전을 설계해야 하는 엄청난 과업이다. 도대체 이러한 엄청난 일을 미래세대들은 어떻게 감당해낼 수 있을까? 사실 미래를 향한 초거대 비전을 구체적으로 기획하는 일은 한 세대의 작업으로는 불가능할 것이다. 그러나 인간 삶의 한 영역을 잘 선택하면 인간 삶의 거의 모든 문제를 포괄하며 미래의 문제를 삶과 밀착된 실질적 맥락에서 구체적으로 논의할 수 있다. 그 영역은 인간의 일상적 삶이 매일 생생하게 진행되는 도시이다. 따라서 코로나로 노출된 현대문명의 야만을 극복하기 위한 초거대 미래비전을 기획하는 작업은 미래세대들이 실질적으로 살게 될 도시가 어떤 도시가 되어야 할 것인가 하는 문제로 수렴된다.

물론 코로나 시대를 거쳐 포스트코로나 시대를 살게 될 우리의 미래세대들은 사회적 거리 두기를 강제 당하고 있다. 그로 인해 그들은 디지털 환경을 기하급수적인 증가세로 사용하면서 일과 사회적 관계의 디지털화와 가상화에 빠져들고 있다. 따라서 도시의 문제는 미래세대의 관심 밖에 있을지도 모른다. 하지만 다른 면에서 오히려 인간 거주의 중요성이 더욱더 중요해지고 있다. 특히 재택 수업과 근무의 결과로 집과 자신이 거주하는 동네를 중심으로 영위되는 일상적 라이프스타일이 회복됨으로써 자신의 집과 거주 공간에 대한 관심 또한 커지고 있다. 집이 단순히 퇴근 후 잠만 자는 수면 공간이 아니라 삶의 중요한 거주공간으로 이해되고 있는 것이다. 이러한 변화는 인간에게 자신이 사는 곳의 뿌리와 집단 정체성과의 만남을 허용한다. 관광객들이 사라지고, 휴가철마다 해외의 '낙원'을 향한 관성적 탈출이 사실상 금지되면서, 많은 시민들이 자신이 사는 곳을 재발견하고 새로운 눈으로 그곳을 지켜보고 있다. 사실 코로나 이전 도시 풍경은 대량 관광을 유치하기 위한 '우편카드' 또는 '쇼케이스'로만 중요했다고 해도 과언은 아니다. 그러나 코로나가 강제한 관광의 금지로 그곳에 사는 인간들조차 무관심하게 지나쳤던 도시의 변두리, 스카이라인, 도시 건축물의 외벽 등과 같은 건축 현상이 바로 그곳에 사는 인간들의 관심의 대상이 되고 있다.

더구나 건축은 당대 최첨단 과학기술이 동원되어 인간들이 살게 될 공간을 물질화 시키고 나아가 인간을 공동체로 결속시키는데 중요한 역할을 한다. 건축은 도시 공간과 그곳에 실존하는 인간들의 일상적인 상호작용의 거의 전 부문에 질료적으로 고정가능한 양태를 부여한다. 나아가 건축은 그 인간들이 주변 환경을 인식하여 해석하고 가치를 부여하는 방식을 직접적으로 결정한다. 따라서 건축은 어떤 용도의 건축물을 짓건 간에 공동체에 대한 책임으로부터 자유로울 수 없다. 건축은 삶의 맥락을 진부하게 만들고, 불만을 유발하고 자연을 파괴하는 소모적인 삶으로 유도할 수도 있다. 그 반대로 웰빙을 증진하고, 공동체의 정체성을 강화하고, 영토 유산 인식을 높이고, 자연 존중을 촉진할 수 있다. 건축을 통해 어떤 도시가 만들어지는가에 따라 그 안에 사는 사람들의 삶의 방식이 결정되는 것이다. 윈스턴 처칠의 말처럼 "도시는 인간이 만들지만 그 도시가 다시 인간을 만드는 것이다. 또 현상학적 건축가 팔라스마(Juhani Pallasmaa)도 같은 방식으로 인간과 도시의 관계를 밝힌다. "나는 도시 안에, 도시는 내 안에 거주한다". 그렇기에 건축된 도시의 분위기와 구조에 따라 그 안에 사는 인간공동체의 욕망과 요구가 달라질 수 있고 그 결과로 도시 정책 및 비즈니스 방식이 재정의될 수 있다.

따라서 대전환의 미래를 향한 초거대 비전을 구체화하고 실질화하기 위해 미래세대를 위한 도시를 기획하는 작업은 건축의 역사적 미래적 그리고 공동체적 책임에 충실한 사회적 가치를 창조할 수 있어야 한다. 그리고 이 미래세대를 위한 도시는 현대문명이 빠져있는 복합적 존재론적 병리를 극복하는데 기여해야 한다. 코로나 위기와 지구가열화는 인간을 포함한 모든 존재하는 것들이 멸절의 위기상황에 빠진 복합적 존재론적 병리(Onto-Syndemic)를 폭로하고 있다. 이런 맥락에서 미래의 도시를 구상하는 작업은 건축의 일부에 국한하는 건축철학, 즉 건축의 기술적 측면 아니면 건축의 미학적 측면 등에 편중된 건축철학으로는 감당할 수 없다. 지금 절실히 요청되는 건축철학은 존재하는 모든 것들을 포괄하는 가운데 건축과 인간의 삶을 본연에서부터 접근하여 건축을 근본적으로 존재론적으로 이해해야 한다. 동시에 현대기술을 반성적으로 성찰하며 기술의 대전회를 시도해야 한다. 그러한 건축철학만이 미래도시를 기획하는 통찰을 제공할 수 있다. 그리고 이렇게 건축과 기술을 근본적으로 존재론적으로 이해하면, 자연의 근본적 두 차원, 즉 하늘과 땅, 그리고 인간과 기술이 화해하고 융화할 수 있는 미래 인간들의 집을 짓는 비전이 설계될 수 있을 것이다.

그런데 과연 그런 건축철학이 있는가? 다행스럽게도 건축을 존재 전체를 포괄하는 차원에서 탐색하며 현대기술의 근본적 문제점을 고찰하는 철학이 있다. 하이데거(M. Heidegger)의 존재론으로부터 발아하여 크리스티안 노르베르그 슐츠(Chrtistian Norberg-Schulz)에서 건축 현상학으로 성숙되는 존재론적 건축 현상학이 바로 그것이다. 이 존재론적 건축현상학이 미래를 향한 기획에 요청되는 이유는 우리가 살아왔던 현대 그리고 탈 현대 도시 나아가 최근 대세를 형성하고 있는 미래도시비전인 기술중심적 스마트 시티의 문제점을 밝혀보면 더욱 절실해진다.

2. 현대 도시, 탈현대 도시, 테크노스마트시티

1) 현대 도시의 문제점

현대도시들은 특히 전적으로 현대적으로 지어진 신도시들은 그 도시가 어디에 터하고 있든지 거의 동일한 모습을 보이고 있다. 현대도시는 어디를 가나 유사한 기하학적 스타일의 건물로 채워져 있으며 그 건물들이 들어선 대지는 그 건물이 들어 설 수 있도록 대대적인 공사를 통해 평탄화되어 있다. 이러한 경향은 신도시, 분당과 일산을 가보면 너무도 뚜렷하게 마주치는 사태이다. 균일하게 조성된 아파트단지 그리고 격자형으로 체계화된 가로, 넓은 폭으로 공간을 단절시켜 만남을 저지하는 자동차 도로들이 오늘날 도시를 규정하는 일반적인 모습이다.

현대도시공간은 이미 근대에서 출발한 동질적 공간을 향한 강력한 조작의 원리에 의해 지배되고 있다. 실로 공간을 텅 빈 동질적 연장성으로 파악한 데카르트는 이미 도시를 합리적으로 건설하기 위해 강력한 파괴가 선행되어야 함을 설파한 적이 있다. 그리고 19세기 건축의 영역에서 도시에 대한 데카르트의 태도는 구체성을 지니고 나타난다. 쌍뗄리아(Sant'Elia)는 "무에서 출발하는 도시"(City ex novo)를 주장하였고 많은 아방가르드 건축가는 이에 동참하였다. 이후 현대 건축의 아버지 르 코르비제(Le Corbusier)는 다음과 같이 설파한다. "우리는 대량생산의 정신, 집을 대량생산하는 건축의 정신을 창조해야 한다. 우리가 집과 관련된 모든 죽은 개념을 우리의 가슴과 마음에서 지워낸다면, 그리고 문제를 비판적이고 객관적인 관점에 바라본다면, 우리는 기계로서의 집 개념에 도달해야 한다."

이는 모든 것은 제거되고 추상화된 동질적 기하학적 공간에 기계로서의 집과 도시를 짓는 새로운 계획으로부터 출발해야 한다는 것을 뜻한다. 그러나 동질적 공간은 사실 기하학에만 존재하는 공간으로 우리 삶이 진행되는 어디에도 없는 공간이다. 현대도시의 거주지들은 동질적 공간, 즉 불모지로 가공되어 각 풍경의 고유한 성격을 상실한 공간에 부동산으로서의 경제적 가치, 실용적 용도, 그리고 장식물로서 발하는 도시미화 효과에 따라 건축되고 배치되어 있다. 이러한 건축물에서는 하늘과 땅의 관계도 상실된다. 하늘과 땅은 현대도시에서 사실상 실종되어 있는 것이다. 물론 현대도시는 평평한 땅 위에 지어진 고층건물로 돋보이지만 이는 하늘과 땅의 방향성을 구체화한 수평수직 구조와 전혀 다른 의미를 지닌다. 현대도시 건축은 하늘과 땅이 건축물을 중심으로 펼쳐지는 터에 어떻게 어우러져 어떤 분위기가 감도는가에 대해서는 관심이 없다. 현대 건축은 기껏해야 고층건물들의 고저가 어떤 스카이라인을 형성하여 먼 곳에서 보았을 때 어떤 감각적 장식미를 산출하는가만 중요하다. 나아가 현대도시에서 수평은 계속 확장되는 공동체, 수직은 고층건물에 의해 상징화되듯 경제적 성공, 부의 축적을 과시하고 있을 뿐이다. "현대 건축가들의 손에서 공간은 무차별적인 간격의 연속이며 지어진 형상들은 성격을 상실한 채 터의 의미에 어떠한 기여도 하지 못하는 반복체일뿐이다. 그 결과 현대 도시는 우리를 어떤 곳을 향한 산책으로 초대하지 않는다. 어떤 곳도 다 동일하기 때문이다."

현대도시에서 풍경 안의 거주지는 상실되었으며, 공동체적 삶의 장소로서 도시의 중심은 상실되었고, 인간들이 자신의 개인성과 공속성을 동시에 체험하는 의미 있는 장소로서의 건물도 상실되었다. 그리하여 하늘과 땅의 관계도 상실된 것이다.

근대 이후 풍경은 물질이 위치하는 과학적 공간으로 대체되었다. 그리하여 실존하는 인간의 거주도 사실상 증발해 버린 것이다. 풍경은 이제 그 자체로는 아무 의미가 없는 물질 공간이 되었으며 인간의 거주도 의미 없는 공간 안에서의 물리적 동선이 된 것이다. 현대도시에서 겪는 어디에도 없음이란 살풍경은 현대도시의 건물 내부에서도 마찬가지로 반복된다. 중성적이고 평평한 표면은 세밀한 형태의 천장을 대치했으며, 창문은 측정될 수 있는 양의 공기와 빛을 받아들이는 도구로 전락했다.

이렇게 그 자체 무의미한 물질공간은 이익창출의 목적에 따라 마구잡이로 개발되어야 할 것이며, 이러한 개발과정 속에서 풍경과 실존 거주는 끊임없이 파괴되어 왔다. 이것이 현대화의 과정에서 보여준 개발, 혹은 난개발이란 이름의 파괴 드라마였다.

2) 포스트모던 건축의 문제점:

20세기 후반 난개발이란 드라마의 현대건축으로부터 탈출하려는 움직임이 등장하였다. 소위 탈현대건축이 그것이다. 1975년 찰스 젠크스(Charles Jencks)는 "포스트모던 건축의 언어"라는 논문으로 건축에 포스트모더니즘이 스며드는 사건의 선구자가 된다.

젠크스의 포스트모던 건축은 모던 건축에 대한 비판으로 시작된다. 모던 건축 역시 엘리트 지향적이며 일상에서 매일 건축물을 대하는 대중을 건축물로부터 소외시키고 있다는 것이다. 아울러 젠크스는 포스트모던 문학의 선구자, 레슬리 피들러(Leslie A. Fiedler)의 이중 코드 전략을 건축에 원용한다. 그에 따르면 건축은 형상화된 언어이며, 이렇게 건축이 언어인 이상 건축물은 단지 기능을 효율적으로 수행하는 기계가 아니다. 오히려 건축물은 의미를 다양하게 소통시키는 매체로서 두드러진다. 포스트모던 건축이 모던 건축을 결정적으로 벗어나는 지점은 바로 여기다. 모던 건축은 장식을 죄악시하며 "적은 것이 많다"와 "집은 기계이다"라는 슬로건으로 대변되는 기능적 경제적 건축개념에 의해 독점되어 있었다. 그리고 이 건축개념은 근본적으로 모든 것에 체계적 통일성을 부여하려 한 근대 형이상학에 그 기초를 두고 있었다. 이에 반해 포스트모던 건축은 기능주의를 벗어나며 건축의 정체성을 의미현상과 동일시한다. 그리고 의미현상으로서 건축은 다양한 계층 및 집단 나아가 시대와의 소통이라는 과제를 갖는다. 즉 건축은 다의성을 갖는 소통매체이다. 그것은 엘리트적이며 대중적이고 전통적이며 현대적이고 기능적이며 환상적인 의미를 전달해야 한다는 것이다.

하지만 건축물을 구성하는 것은 단어나 문장이 아니다. 그것은 여러 양식들과 건축의 요소들 예컨대 창문, 기둥, 벽돌 등으로 이루어져 있다. 따라서 건축이 언어라면 그것은 다양한 양식들과 구성요소들이 서로 소통하는 텍스트로 나타난다. 이는 구체적으로 상이한 지역과 상이한 시대에 속하는 건축양식들이 자유롭게 건축물에 인용되며 절충되는 형태로 물질화된다. 이렇게 다중코드를 통해 건축물을 텍스트화하는 포스트모던 건축은 이제 후기구조주의와 조우하게 된다. 후기구조주의에 따르면 언어의 의미, 즉 기의는 기표들의 관계와 차이에서 발생한다. 기표에 대응하는 기표의 의미, 즉 기의는 이미 정해진 것이 아니다. 어떤 기표든 어떤 기표와 관계를 맺을 수 있으며 그러한 가운데 기의를 잉태할 수 있다. 기표들은 난무하듯 서로 자유롭게 관계하는 가운데 차이를 드러내며 기의를 분만한다. 그러나 이렇게 분만된 기의는 결코 확정되지 않는다. 기표들 간의 관계는 미리 정해진 것이 아니며 또 그 관계는 무한히 확장되는 연쇄를 이루기 때문이다. 기표의 의미, 즉 기의는 다만 잠정적으로 확보될 뿐, 그 궁극적 의미는 영원히 지연된다. 후기구조주의는 이렇게 차이와 지연을 의미의 생산요소로 파악하는 소위 차연의 의미론을 핵심으로 하고 있다. 이렇게 보면 포스트모던 건축과 후기구조주의의 조우는 필연적이다. 건축을 다의적 언어 소통 현상과 동일시하는 포스트모던 건축은 후기구조주의 기호학에서 자신의 입장을 더욱 세련시킬 수 있는 철학적 지반을 확보할 수 있기 때문이다. 실로 후기구조주의 철학은 포스트모던 건축에 깊숙이 침투하였고 건축은 이제 양식과 형상을 기표화하며 자유로운 차연의 놀이로 진행된다. 그리고 이러한 건축에 의해 도시가 지어지면서 도시는 이미 건축적 차원에서도 기표들이 자유롭게 놀아나는 텍스트가 된다. 80년대 이후 현대도시는 뉴욕에서 보듯 포스트모던 건축이라는 새로운 조류에 휩쓸리며 범람하는 기표들의 놀이터로 탈바꿈한다. 반면 기능과 경제성을 맹종하던 모던 건축은 곳곳에서 철거와 해체의 비운을 맞으며 폭파당한다. 물론 후기구조주의는 데리다에서 해체주의 철학으로 절정을 이루고 이 해체주의가 다시 포스트모던 철학과 포스트모던 건축에 지대한 영향을 미친다. 그럼으로써 80년대 말을 기점으로 포스트모던 건축은 해체주의 건축으로 전개된다. 이 해체주의는 다시 건축가에 따라 다양하게 해석되며 분화된다. 이 과정에서 특히 그 모태인 후기구조주의가 주장하는 의미의 불확정성은 공간적으로 번역되어 정형화된 공간의 해체를 통한 비정형적 건축의 출현으로 비화한다. 그리고 이는 다시 들뢰즈(Gilles Deleuze)의 이론과 만나면서 기호학적 패러다임 보다는 미적분, 기하학, 비유크리트 기하학, 복잡계이론 등의 수식어로 치장된 주름이론으로 방향을 바꾸며 소위 주름건축으로 변이한다.

그런데 모던건축을 추방하며 도시를 기표들의 놀이터로 변신시킨 포스트모던 건축은 또 다른 심각한 문제를 배태하고 있다. 분명 도시는 감상의 대상이나 독서의 대상이 아니라 우선 대체로 사람이 사는 곳이기 때문이다. 그리고 이러한 사실이 망각되지 않는다면, 도시에 건축을 통해 자유롭게 기표를 새기고 도시를 기표들이 차이의 운동을 벌이는 텍스트로 지어내기에 앞서 반드시 성찰해야 할 문제가 있다. 그것은 인간은 어디에 사는 가라는 문제이다. 그러나 불행하게도 포스트모던 건축에서는 이러한 문제가 실종된다. 모든 것은 텍스트이며 기표의 놀이일 뿐이다. 이 때문에 포스트모던 건축은 인간이 사는 실존적 공간, 즉 풍경과의 관계에서 심각한 문제를 노출한다. 포스트모던 건축에서는 삶이 거주할 풍경 그 자체에는 어떤 존재론적 의미도 인정되지 않기 때문이다. 모든 것은 기표가 쓰여 진 후 비로소 의미를 갖는다. 기표에 앞서 어떤 기표가 새겨져야 할지 길을 열어주는 의미출현의 근원적 차원으로서의 풍경은 없다. 풍경은 단지 아무것도 없는 텅 빈 백지일 뿐이다. 이 백지에 기표들은 자유롭게 난무하는 차이 혹은 차연의 운동을 펼치며 건축물로 새겨지는 것이다. 비록 포스트모던 건축은 근대적 건축의 고정관념으로부터 건축을 해방시키려 했지만 유감스럽게도 그들에게는 풍경이 없다. 기호학적 텍스트에 앞서있는 실존적 풍경은 모던 건축의 기능주의에서 벗어나려는 포스트모던 건축에서 조차 파괴되고 있는 것이다. 20세기 후반과 21세기 초반의 도시는 포스트 모던적 상상력에 의존하여 도시를 텍스트화하고 콘텍스트화하려는 경향에 사로 잡혀있기 때문이다. 특히 정처 없이 떠도는 기표들의 놀이라는 포스트 모던적 도시디자인이 벤치마킹이란 전략아래 페스티쉬(pastiche, 혼성모방)로 진행될 것 같아 두려움이 앞선다. 혼성모방은 포스트모던 텍스트 쓰기의 중요한 방식이다. 도시디자인에서 페스티쉬적 도시디자인은 우리나라의 도시디자인을 각국의 명품 도시의 부분 부분을 복제하여 혼성 잡종화하는 방식이다. 그런데 도시디자인이 이렇게 진행된다면, 그 결과는 불 보듯 뻔하다. 도시는 그곳의 사람들이 살며 이루어놓은 거주의 공간이 아니라 각국의 모사물들이 전시되는 쇼 케이스에 불과할 것이다. 그러한 모사 도시에서는 진품의 진정성과 예술성을 담보하는 작품의 고유한 분위기, 즉 아우라가 증발한다. 아우라가 사라진 곳에서는 그리움이 남지 않는다. 그리움이 사라진 곳은 다시 사람들이 찾지 않는다.

3) 테크노 중심 스마트시티의 문제점

2010년부터 본격적으로 추진되고 있는 테크노 중심 스마트 시티는 인공지능을 위시한 첨단 과학기술로 도시의 모든 시설물을 지능화하고 또 인간 욕망을 선제적으로 반영하여 형태와 기능을 실시간으로 탈바꿈하는 건축을 동경한다. 예를 들어 IOT가 설치된 카페에서는 디지털화된 도서관에 접속하여 특별한 학문적 연구를 작업할 수 있다. 이 경우, 카페는 도서관이나 연구실의 기능을 수행한다. 거기서 회의도 할 수 있다. 집도 단지 우리가 휴식을 취하는 장소 아니라 사무실이 될 수 있다. 뿐만 아니다. 집은 온라인 교육의 교실로 바뀔 수도 있고, Vod 시스템으로 주문한 영화를 즐길 수 있는 영화관으로 바뀔 수도 있다. 따라서, 건물은 이러한 다양한 기능을 수행할 수 있는 형태로 변형이 자유로워야 한다. 그러나 전통적인 기하학에 기반하여 현대적 기능주의에 따라 건축된 건물의 공간성은 그러한 다중 기능을 수행할 수 없다. 이미 지적한 바와 같이 근대 기능주의는 기능별로 도시공간을 구분하고 기하학적 공간의 척도에 따라 공간의 기능적으로 분할된 부분들과 서로 연결하는 기반시설을 가장 효율적으로 구축하였다. 여기서 건물이 여러 기능을 수용하기 위해 건물의 공간을 액체처럼 유연하게 만들자는 아이디어가 떠오르고 있다. 소위 "액체공간"(liquid space)에 대한 이 생각에서, 공간에 대한 경계의 분할은 기능의 다중화에 의해 그 의미를 잃는다. 건물의 공간 경계가 인간의 욕망에 상응하여 실시간으로 변화하는 유동적 공간의 건축이 미래의 건축이다. 즉, 건축이 곧 시시각각으로 변화하는 인간의 욕망과 욕구를 인지할 수 있도록 지능화되고 나아가 그 욕망과 요구를 충족시킬 수 있도록 공간을 물리적으로 변형시킬 수 있어야 한다. 이미 10년전에 고도화된 컴퓨터, 즉 인공지능과 나노테크놀로지와 같은 최첨단 기술 지원으로 실현될 이 미래의 스마트도시는 이미 전망되고 있었다. 2010년경 자하 하디드(Zaha Hadid) 건축회사의 엘리트 건축가 패트릭 슈마허(Patrik Schumacher)는 이러한 테크노 퓨처리스틱 스마트시티가 도달할 궁극의 미래를 다음과 같이 그리고 있다. "컴퓨터 덕분에 지어진 세상의 구조물들은 조만간 움직이는 액체를 닮은 퍼져나가는 물결, 얇은 조각으로 된 흐름, 상승하는 회오리로 이루어 질 것이며 건물들이 역동적으로 무리를 지어 움직이는 신체와 함께 떠다니는 풍경이 연출될 것이다."

그러나 이러한 극한의 기능주의 도시가 실현된다면, 그리하여 이렇게 공간이 연질화되기 시작하면 미래의 인간은 어처구니없게도 그의 집에서 조차 실종자로 전락할 것이다. 공간사이의 관계가 수시로 바뀌게 되어 그 공간에 거주하는 인간은 각 공간의 위치를 기억하고 접근할 수 없을 것이기 때문이다. 사용자는 항상 길을 잃은 상태에 방치되는 상황을 피할 수 없다. 유동공간에서 사용자는 다시 그가 늘 거주하고 생활하는 곳에서 조차 실종자가 되어 어디에도 이를 수 없는 것이다. 인간의 자연스러운 방향지각과 길 찾기는 기하학적 공간 위의 객관적 방위체계에 따른 것이 아니라 그가 살아온 삶 속에 의미를 가져다준 풍경과 거주지의 사물들을 기억함으로써 가능하다. 건축가 볼프강 마이젠하머(Wolfgang Meisenheimer)는 이를 다음과 같이 표현하고 있다. "풍경 속의 산이나 나무처럼 건축물은 길을 가르쳐 준다. 그것들은 방향을 정하는 것을 수월하게 만들고 일상적 행위의 출발점이 되기도 한다. 우리 마음 속의 안내도를 만들기 위해 우리는 교회의 첨탑, 모퉁이 탑(Ecketuerum), 가게와 선술집 앞에 눈길을 끌던 것들, 다리나 송신탑이 자리한 곳을 필요로 한다. … 이러한 것들은 우리들의 공간표상에서 선택된 형상기호들이며 도시의 장소는 이것들로 구성된다. 그것들은 도시에 물리적으로 발을 들여놓기 위해 선별된 것이 아니라 기억을 머물게 하기 위해 선택된 것이다. 이러한 장소의 몸짓에 집으로 돌아왔다는 우리들의 느낌이 스며있는 것이다. 누구에게나 잘 알려진 정향점들 사이에 오직 우리의 삶에 속한 그리하여 우리들의 일상적 삶이 전적으로 의존하고 있는 개별적인 특징들로 짜여진 카페트가 깔려있는 것이다."

3. 존재론적 건축현상학의 핵심내용와 미래를 향한 근본적 태도변경

이제 존재론적 건축현상학을 그 중추를 이루는 핵심으로 살펴보자.

존재론적 건축 현상학을 발아시킨 하이데거는 과학적이라는 이유로 그 절대적 타당성을 인정받은 절대공간, 즉 그 안에 어떤 사물이 위치하던지 사물에 무차별적으로 균질적이며 절대적인 공간의 허구성을 폭로한다. 그에 따르면 과학적 공간은 실재의 기반이 되는 공간이 아니라 여러 단계의 추상화 과정을 통해 형성된 이론적 구성물이다. 근원적인 차원에서 공간(space)은 오히려 터(place)로부터 이해되어야 하며 그 터는 다시 하늘과 땅, 사람과 신성함을 모으는 사물(thing)로부터 밝혀져야 한다. 공간은 이미 절대적으로 펼쳐져 있는 연장성이며 사물은 그 안에 위치를 차지하는 물체라고 생각되어 온 근대적 공간과 사물의 관계를 하이데거는 공간과 사물의 근원을 거슬러 올라가 전복시킨다. 사물은 각기 나름의 방식에 따라 사방이 모여드는 터를 열며 이러한 터들을 망라하는 공간은 결코 동질적이고 보편적인 연장 공간일 수 없다. 기하학적 공간 이전의, 나아가 대수학적 공간 이전의 근원적 공간은 각각의 사물들에 의해 비로소 열리는 이질적인 터들의 어울림, 즉 분위기 그 자체이다.

존재론적 건축 현상학을 성숙시킨 슐츠는 하이데거에 의해 공간에 대한 기하학적 이해 자체가 여러 단계의 이념화 과정의 결과라고 밝혀졌기 때문에 공간을 공간화하는 사물로서의 터개념을 연결노드로 삼고 건축의 영역으로 횡단한다. 그러나 슐츠는 이러한 터개념을 다음과 같이 좀 더 상세하게 해명한다. 터는 어떤 사물로 밀집되어 그것을 초점(foci)으로 펼쳐진다. 동시에 터는 중심으로부터 펼쳐지는 양태에 따라 다양한 방향, 리듬을 갖는 이질적 분위기이다. 그런데 터의 중심을 이루는 사물은 하이데거에서 드러나듯 물질덩어리가 아니다. 그것은 사방 즉 하늘, 땅, 죽을 운명의 인간, 신성함이 서로를 비추며 일어나는 현상이다. 따라서 슐츠는 터를 이미 완성된 정태적 존재방식을 갖는 것이 아니라 항상 어떤 방식으로 일어나는 고유의 동적 사건으로 파악한다. 아울러 사물을 중심으로 펼쳐지는 터의 방향성은 임의적이 아니라 궁극적으로 하늘과 땅이라는 시원적 방향성에 착근되어 있음을 강조한다. 슐츠의 건축 현상학에서 건축을 바라보면 건축은 풍경과 거주지의 관점에서 새롭게 기술된다. 풍경은 거주지의 물질적 조건이 아니며 거주지도 인간 생존을 보호하는 구조물이 아니다. 풍경으로부터 거주의 의미가 밝아오고 거주지는 그 밝아오는 의미를 응결시켜 짓는 행위이다. 풍경은 우리가 물리적 자연에 감성적으로 착색하는 주관적 경관이 아니다. 오히려 물리적 자연과 공간은, 설령 그것이 아인슈타인의 자연과 공간이라 해도, 풍경을 이념화한 기하학적 공간의 논리적 구조를 형식화하여 반복적으로 적용할 때 구성되는 수학적 집합인 것이다. 풍경은 그 자체로 이미 존재의 근본 아우라이며 이 존재의 근본 아우라는 사방이 서로에게 스며들며 상호 창조적으로 이루어내는 사건이다. 그리고 여기서 인간은 죽을 운명의 존재자로서 본래 모든 의미의 원천을 발견한다. 인간의 거주의 흔적이 발견되는 모든 곳에서 자연은 그저 우리 앞에 나타나는 대상세계도 우리가 생존을 위해 개발해야하는 자원의 저장소도 아니다. 그것은 본래 의미를 담고 인간에게 말 걸어오는 풍경이었다.

이러한 사실을 망각하지 않는다면 미래도시를 구상 하기 위해 가장 우선적으로 해야 할 일이 무엇인지 자명해진다. 미래의 건축은 바로 이러한 인간존재와 풍경의 만남이 일어나는 근본적 차원으로 귀환해야 하는 것이다. 이를 위해서 미래의 도시를 지을 때 우리는 설계도에 따라 대지를 개발하고 건물을 제작하는 자기 중심적 주체적 창조자이길 멈추어야 한다. 우선은 풍경으로부터 감동을 받을 수 있도록 자신을 비우고 인간존재의 근원적 터인 풍경으로 돌아와야 하는 것이다. 오직 그때에만 진정한 의미의 건축적 창조가 시작될 수 있다. 존 샐러스(John Sellers)의 표현처럼 "받아들이는 마음의 태도에서 비로소 우리의 감각이 풍경의 의미를 향해 열린다. 이 때 풍경은 비전과 말을 건네며 우리의 상상력을 불러일으키는 것이다." 건축에서 창조는 이렇게 오히려 존재의 근원적 터로 되돌아 올 때 일어난다는 것은 허황된 수사가 아니다. 그것은 한 위대한 건축가의 고백에서도 확인된다. 앞에서 우리가 살펴보았던 바르셀로나의 건축가, 일생 건축에 헌신했으며 가장 창조적 건축가의 중 한 사람으로 인정받고 있는 안토니오 가우디(Antoni Gaudí)는 그의 어느 감동적인 강연에서 다음과 같이 설파하고 있다. "창조는 끊임없이 예술가들 통해서 일어난다. 그럼에도 불구하고 예술가는 창조하는 것이 아니라 발견하는 것이다. … 그리하여 독창적인 것은 근원으로의 귀환을 뜻한다."

4. 메타버큘러노미: 메타버스와 순환경제의 융화로 탄생하는 미래경제

1) 건축과 경제의 필연적 관계

이렇게 근원으로 귀환한 건축과 인간의 존재론적 차원의 성찰에 기초하여 설계된 집이 건축되면 그 집(Oikos)에서 사는 인간들을 잘 살려내는(Well-being) 지혜로운 운영법이 필요하다. 이것이 바로 오늘날 경제(Economy)의 원 뜻인 Oikonomia이다. 경제생활(Economy)의 원 뜻은 집(Oikos)을 잘 보살펴 거기서 사는 사람들의 삶을 살려내는 활동이다. 이러한 경제생활의 원 뜻을 기억하며 다시 도시의 경제생활을 보면, 경제는 도시를 그 곳의 사람들이 공동체를 이루고 사는 집처럼 보살펴 그 안에 존재하는 사람들을 잘 살려내야 한다. 그러나 현대 도시 경제생활은 도시를 공동체의 집으로 보살피는 경제생활이 아니다. 그것은 지능화된 스마트 선형경제로서 폐기물을 양산하여 오히려 공동체의 집으로서의 도시를 파괴하고 있다. 미래도시는 따라서 현대문명의 치명적 과오로서 근본 원인인 스마트 선형경제를 극복하는 새로운 혁신 경제, 메타버큘러노미의 발흥지가 되어야 한다. 우선 현대문명의 과오를 실질적으로 생산하는 스마트선형경제의 작동방식을 살펴보고 난 후 미래도시가 발흥시킬 메터버큘러노믹스를 설계해 보도록 하자

2) 4차산업혁명의 실패?

현대문명은 1차산업혁명 이후 발전하는 과학기술에 의해 경제가 성장 팽창되었고, 또 최근에는 스마트 기술에 의해 급속히 지능화되면

서 성장하고 팽창하였다. 그러나 현대문명의 근간이 되는 경제는 1차에서 4차에 이르기까지 선형경제라는 점에서는 어떤 혁신도 없다. 다만 그 선형경제가 새로운 과학기술에 의해 더욱 고효율화되었을 뿐이다. 선형경제는 근대경제체제가 21세기 현재이르기까지 최근 유행하는 용어로 표현하면 1차에서 4차에 이르는 혁명을 겪었지만, 그 변혁을 관통하며 근저에 자리잡고 있다. 사실상 근대 산업혁명이후 오늘날에 이르기까지의 경제는 사실상 선형경제라는 점에서 변혁도 혁명도 없다고 해도 과언이 아니다.

선형경제의 작동 양상은 다음과 같다. 이 경제에서는 자연의 모든 것이 자원으로만 존재할 가치가 있으며, 따라서 자연으로부터 최대한 효율적으로 자원을 채굴된다, 그러나 자원은 그 자체 존재가 가치가 있는 것이 아니라 상품으로 제조될 때만 존재한다. 그리고 자원으로부터 제조된 상품은 인간으로 하여금 이것을 소비하게 함으로써만 존재가치를 실현한다. 이 과정에서 인간은 인간이 아니라 소비자로서 활동하도록 유혹받으며, 제품을 소유하고 소모함으로써 결국 폐기물을 양산해낸다. 이 선형경제는 따라서 우리의 소비 욕망을 무한으로 증식시키고 이는 자연으로부터 채굴한 물질의 과잉소비로 이어지며, 이 소비는 자원의 소모에 불과한 것이다. 결국 선형소비경제는 실질적으로 폐기물을 양산하는 시스템 그 이상도 그 이하도 아니다. 그리고 이 선형경제는 디지털전환과 4차산업혁명을 통해 스마트화되고 AI에 의해 지능화되면서 스마트 선형경제로 급성장하고 있다. 이 스마트 선형경제는 폐기물이 고효율 초고속으로 기하급수적 증가세로 천문학적 규모의 폐기물 양산 문명으로 급팽창하고 있다. 그 결과 모든 생명체의 근간이 되고 있는 자연은 더 이상 감당할 수 없는 수준의 폐기물로 넘쳐나는 상황으로 치닫게 된다. 이로써 생명체들의 생존 환경들의 경계가 무너지며 일대의 혼란이 생겨난다. 이는 인간의 세계와 동물의 환경이 뒤섞이는 존재론적 카오스(chaos)로 귀착되고 새로운 인수공통 감염병이 출현하며 글로벌 노마딕 생활양식을 통해 팬데믹으로 창궐하게 되는 것이다. 이러한 전염병이 출현하는 상황은 단순히 공중보건의 문제가 아니라 현대인의 삶과 생명체의 삶 전반을 파멸로 몰아넣는 상황이다. 이는 역으로 다시 스마트선형경제의 작동을 마비시키는 역습으로 되돌아오고 그 스마트선형경제의 굴레 안에서 그 경제에 의존하여 삶을 살아가는 인간들의 경제생활 자체를 위기에 몰아넣는다. 따라서 코로나 팬데믹은 보건이나 의료영역의 문제가 아니라 기후, 경제, 생명 공동체 전반의 존재론적 파멸의 상황으로 봉착하고 있는 것이다. 그러한 의미에서 코로나 팬데믹은 복합적인 존재론적 위기(Onto-Syndemic)라 해야 할 것이다.

3) 메타버스에서 비치는 희망의 빛

최근 스마트기술을 통해 급성장, 급팽창한 스마트선형경제는 근본적으로 인간 삶의 모태가 되는 자연을 자원의 저장소로 격하시키고 자연을 무자비하게 채굴하는 방식으로 자연과 관계하고 있다. 이러한 경제는 근본적으로 자연에 대한 공격과 파괴성을 극복할 수 없다. 따라서 스마트선형경제와 자연과의 관계를 성찰하며 자연에 대한 근본적인 사유의 전환이 절실하다. 그리고 이 성찰의 결과 미래의 경제로 떠오른 경제가 순환경제이다. 이 순환경제는 선형경제의 치명적 과오를 극복하려는 시도가 발아하는 현장이다. 특히 순환경제는 현재 세계 원자재의 90% 이상이 경제 분야로 다시 유입되지 않고 있다는 사실에 주목한다.

순환경제는 지속 가능하고 자연의 자원화를 최소화하는 경제 패러다임이다. 선형경제(Linear economy)는 자연에서 '원료 취득(take) → 생산(make) → 사용(use) → 폐기(dispose)'라는 방식으로 작동한다. 이러한 선형경제와는 달리 순환경제 그 자체는 회복력과 재생력을 갖도록 설계된다.

이 순환경제 모델은 기술적 순환과 생물학적 순환을 구분한다. 예를 들어, 생물학적 순환 내에서 소비가 일어날 때, 음식, 면직물, 나무와 같은 천연 재료들은 퇴비로 만들어지고 혐기성 발효 과정을 통해 시스템 순환으로 돌아간다. 기술 순환은 재사용, 수리, 재처리 또는 재활용과 같은 전략을 통해 제품, 성분 및 자재의 회수 및 회수를 담당한다. 이 원리의 목적은 자원 고갈의 위험에서 벗어나 인간과 생태계의 지속 가능한 삶을 이끌어낼 수 있도록 제품을 천연 또는 자원으로 완전히 재사용하는 것이다. 이러한 목표와 함께 기존 제품보다 품질이나 가치가 높은 제품을 만들고 자원의 선순환을 보장하기 위해 재료의 특성을 재활용하는 새로운 개념의 '업사이클링(upcycling)'이 제안되었다.

결국 순환경제에서 제품은 기획, 디자인 단계부터 생물학적으로 또 기술적으로 순환가능하도록 설계, 생산되어 야 한다.

순환경제는 이미 20세기 후반부터 유럽에서 모색되었다. 그러나 순환경제가 추구하는 순환을 실질적으로 또 효율적으로 실현하는 기술의 부재로 상당한 난관에 봉착하고 있었다. 순환경제가 실현에서 가장 중요한 인프라는 제품의 생산에서부터 폐기의 과정이 실시간으로 추적되는 시스템의 구축이다.

아울러 진정 사물이 소비품으로 소모되어 폐기물화되지 않기 위해서는 인간들과 사물과의 관계를 소비적 소모적 관계로 유혹하는 압박을 탈출하여 사물과 인간의 관계를 가치 순환적 관계로 설정하는 인간 정체성의 혁신이 절실하다. 즉 인간은 사물에 대해 더 이상 소비자로서의 자기정체성을 해체하고 새로운 인간 정체성을 정립해야 한다.

순환경제가 추구하는 목적이 효율적으로 현실화되고 인간의 정체성이 새롭게 구성되는 도시 경제를 실현시킬 수 있는 기술은 무엇인가. 그 기술은 바로 현재 선형경제를 고효율화 초고속하여 폐기물을 천문학적 규모로 양산하는 4차산업혁명의 기반기술에 잠재하고 있다. 바로 디지털 기술이다.

디지털 기술의 가상화 비물질화 능력과 디지털 기술의 극 정밀 추적 감시로 생성되는 빅데이터와 이를 AI를 통해 처리하는 능력을 지금과는 다른 방식으로 적용하면, 4차산업혁명에 의해 급팽창하고 있는 스마트선형경제의 굴레를 탈출할 수 있는 통로가 마련될 수 있다. 그리고 이 통로는 1차에서 4차에 이르는 산업혁명과는 근본적으로 추구하는 가치와 방향성이 다른 혁명이 될 것이다. 그러한 의미에서 이 혁명은 5차산업혁명이라고 불릴 자격이 차고도 넘친다.

이제 4차산업혁명의 기반기술인 디지털기술에서 새로운 가능성을 발견하기 위해 그 기술을 다시 살펴보자.

이 기술은 모든 것을 디지털화 시키며 가상화된 현실로 구현한다. 디지털 기술의 가상화 능력은 비물질화 나아가 탈물질화 능력이라 할 수 있다. 여기에서 우리는 물질 과잉 생산 소비로부터 탈출할 수 있는 기회가 제공된다. 특히 현재 MZ세대의 놀이터인 메타버스라는 디지털공간에서 일어나는 경제활동을 잘 살펴보면 이 기회가 포착된다. 코로나 이후 인간의 일상생활이 디지털공간으로 도피함에 따라 메타버스에 대한 관심이 급속히 증가하고 있고 메타버스를 둘러싸고 엄청난 담론이 폭증하고 있다. 이 담론은 메타버스라는 용어의 어원에서부터 메타버스를 구성하는 각종 기술에 이르기 까지 다양하게 전개되고 있지만 또 한편으로 그 내용이 각 논자들에게서 동일하게 반복되고 있을 만큼 정형화되어 가고 있다.

이제는 누구에게나 잘 알려진 사실이지만 메타버스란 용어는 1992년 스노우 크래시에 의해 창시되었다. 그러나 2021년의 "메타버스"는 이미 1992년 스노우 크래시의 "메타버스"를 넘어섰다. 그것은 정보 혁명(5G/6G), 인터넷 혁명(web3.0), 인공지능 혁명, 그리고 VR, AR, MR 혁명을 통합한다. 또한 '메타버스'는 인간사회의 궁극적인 디지털 변혁을 위한 새로운 길을 제시하고, 대항해시대, 산업혁명시대, 우주비행을 하는 시대와 같은 역사적 의미를 지닌 새로운 시대를 시사한다. 비마블(Beamable)의 설립자인 존 라도프(Jon Radoff)는 메타버스의 7가지 차원을 제안한다. 경험, 발견, 창조 경제, 공간 컴퓨팅, 분산, 인간과 컴퓨터의 상호작용, 그리고 디지털 인프라가 그것이다. 최근 '메타버스'는 투자계로부터 황금알을 낳을 수 있는 유망한 투자 테마로 여겨지며 디지털 경제 혁신과 산업 사슬의 새로운 개척지가 되었다. 그러나 이렇게 폭증하는 메타버스 담론에서 그 메타버스에서 일어나는 경제활동의 중요한 특성이 간과되는 아쉬움이 있다.

메타버스라는 디지털공간에서 일어나는 경제활동은 기존 경제활동과 다른 양상을 보인다. 메타버스에서는 어떤 물질적 상품이 생산 소비 소모되는 것이 아니다. 메타버스에서 참여하고 있는 미래세대들의 경제활동은 디지털 캐릭터, 아바타, 디지털 음원, 웹툰, 디지털 드라마와 같은 디지털 콘텐츠의 생산과 구매 그리고 소비로 이루어 진다. 그런데 이 메타버스에서 소비는 디지털 콘텐츠의 어떤 물리적 기능이 구매되고 사용되어 소멸됨으로써 결국 폐기되는 과정 속에 있지 않다. 디지털 콘텐츠를 구매하는 소비자는 어떤 물리적 기능 갖고 소유 가치를 제공하는 콘텐츠를 소비하는 것이 아니라 그 콘텐츠에서 물리적 소유가치와는 다른 비물질적 가치와 의미를 발견하고 그에 감흥하는 일종의 감상을 하고 있는 것이라고 볼 수 있다. 즉 물질을 가상화하는 디지털 기술의 기능에는 인간을 물질세계로부터 탈출시켜 비물질 세계로 진입시킬 수 있는 매우 중요한 기능이 잠재되어 있다. 그리고 이렇게 비물질화된 경제활동을 가능하게 하는 메타버스에서는 모두가 감상자이자 창작자가 되어 경제활동을 하는 미래가 암시되고 있다. 디지털 테크놀로지와 그것을 통해 형성된 메타버스에서 우리는 자신만의 역량을 선보일 수 있는 무대를 누구나 갖게 되었다. 최근에는 다양한 앱과 인공지능 도구를 잘 활용한다면 누구나 창작활동을 하며 크리에이터가 될 수 있는 장이 열렸다. 예컨대 이전의 음악 작곡은 고도의 악기 연주 실력이 있어야 가능했으나 현재는 떠올린 멜로디를 휘파람이나 음성으로 표현해낸 것을 녹음하면 프로그램을 통해 악보화되고, 원하는 악기로 연주된다. 개인들이 악기를 잘 다루지 못하더라도 그것을 음악으로 연주해낼 수 있는 기술적인 조력자들이 있는 것이다. 따라서 이를 잘 활용할 경우 작곡가가 될 수 있으며 이를 통해 남들로부터 공감을 이끌어낼 수 있다. 또한 평범한 사람이 작곡한 것을 누구나 들을 수 있는 시스템도 구축되어 있다. 또 로블록스(Roblox)같은 메타버스 플랫폼에서는 거기서 제공되는 여러가지 툴을 이용하여 게임을 창작할 수도 있으며 제페토 같은 플랫폼에서는 누구나 가상패션 디자이너가 될 수 있다. 심지어는 프로메테우스사의 AI 툴을 활용하면 누구가 손쉽게 인테리어 디자인 나아가 조경디자인을 가상 이미지로 창조할 수 있다. 이렇게 메타버스에서 우리는 이미지와 서사, 나아가 게임을 창조하고, 남에게 이미지를 감상하거나 게임을 즐길 수 있는 기회를 제공하는 것이라고 할 수 있다. 이를 통해 물질 과잉 소비 소모경제(Material hyper production&Consumption Economy)로부터 비물질적 창조감상경제(Immaterial Creation&Appreciation Economy)로 나아갈 수 있는 가능성을 실현할 수 있다.

그러나 안타까운 것은 현재 AI의 개발은 주로 인간이 해냈던 고도의 예술적 창작 능력을 해낼 수 있는가에 집중되어 있다는 것이다. 이 관점에서는 앞으로 AI가 인간의 예술적 창작활동을 대체하고 때에 따라 능가할 수 있다고 전망한다. 그러나 AI가 동주의 시 스타일을 학습하여 동주보다 더 동주 같은 시를 출력할 수 있어도 결코 동주가 살았던 역사적 현실을 살아낼 수 없듯이, AI가 출력하는 예술작품은 흉내 내기나 위조품에 불과하다. 사실 인간의 예술 활동은 인간 간의 공감을 이루어내는 중요한 사회문화적 활동이며, 따라서 예술 활동은 공감을 통한 사회문화적 공동체의 형성에 지대한 역할을 한다. 이 점이 중시된다면, 예술이 갖는 이러한 역할을 AI에게 이양할 것이 아니라 AI가 인간의 예술적 창작활동을 보조하는 도구로써 연구, 개발하는 방향으로 나아가야 한다. 이를 통해 모든 인간이 모든 인간에 대해 생산자와 소비자가 아니라 창작자와 감상자가 됨으로써 활성화되는 경제활동이 실현될 수 있다. 그리고 이는 물질과잉 생산소비경제를 비물질적 창조감상경제로 전환하는 결과가 될 것이다. 이러한 경제로 전환된다면 공감이 경제의 기초가 된다. 또 공감은 공동체 의식으로 고양될 수 있는 잠재력을 갖고 있다. 따라서 공감이 기초되는 경제는 공동체 경제로 고양될 수 있다.

5. 미래세대의 과제: 메타버큘러노미를 향하여

이렇게 메타버스의 경제활동은 물질 과잉 소비 선형경제를 비물질화할 뿐만 아니라 공감을 기반으로 한 경제활동을 촉진한다. 이 공감은 공동체 의식으로 고양될 수 있는 잠재력이다. 따라서 메타버스 경제에는 복합적 존재론적 위기의 병인이 되는 스마트선형경제를 스마트 순환경제로 전환시킬 수 있는 공동체적 책임감으로 발전할 수 있는 가능성이 있다. 그런데 이 전환에서 기술적으로 지금까지 활용해왔던 디지털 테크놀로지의 극 정밀 추적 감시를 통해 축적되는 빅데이터와 AI처리 능력을 지금까지와는 달리 역적용시키는 방식이 중요한 역할을 한다. 빅데이터AI 처리기술을 다른 방향으로 적용시키면, 우리가 사용하고 있는 모든 제품으로부터 또 다른 가치를 발견하여 그 가치를 다시 창조해내는 경제 시스템인 순환경제를 이룰 수 있다. 이를 이루기 위해서는 순환적 수요 공급망, 수요 공급의 실시간 조율 일치 공유 플랫폼, 그리고 Servitization(서비스로서의 제품)이라는 기제가 마련되어야 한다. 이러한 기제들을 실질적으로 구현하는 디지털 인프라의 기술은 Cyber Physical Systems-cross-industry collaboration, Sensoring, Intelligent market and logistics platform, the Internet of Things 이다. 그리고 이 모든 것을 총괄 조율하고 메타버스와 연동시켜 스마트순환경제로 전환시키는 역할은 바로 미래의 AI가 해야 하는 것이다.

온토신데믹의 위험에서 벗어나기 위해 절실한 것은 비물질적 창조 감상경제이고, 이 비물질적 창조감상경제 시장의 작동 원리는 공감이라고 할 때 이 공감이 잘 발전하면 스마트순환경제로 향하는 공동체 의식에 중요한 동기부여 역할을 할 수 있을 것이다. 이제 미래의 주인공이 될 우리의 젊은세대는 4차산업혁명을 넘어 스마트순환경제로 향하는 5차산업혁명의 선구자 역할을 해야하지 않을까. 이를 위해서는 스마트 순환경제와 메타버스를 연동시키는 미래세대의 과감하고 도전적 연구가 절실하다. 그리고 메타버큘러노미(metavercularnomy)는 세계를 완전히 새로운 눈으로 바라보는 경제가 될 것이다.

5차 산업 혁명에 의해 도래할 이 새로운 경제는 모든 존재하는 것들의 집을 잘 짓고 잘 보살피는 지혜로운 운영법이 될 것이다. 그렇게 되면 우리의 미래세대들은 그 집에서 잘 사는 삶(Well-being)을 누릴 수 있는 미래에 도착하게 될 것이다.

II

메타버스와
함께 하고 있는 지금

1

'가짜와 가상'에서 '또 하나의 잠재적 현실'로: 메타버스의 철학과 미학

김종규, 김화자

1. 메타버스 철학

1) 진리에서 추락한 '가짜'로서의 가상현실

서양의 기독교에서 모든 존재는 신의 말씀에서 탄생한다. 천사 역시 신의 창조물이다. 악마는 어떠할까? 천사와 악마가 애초부터 정해져 탄생한 것은 아닐 것 같다. 알려진 바에 따르면, 악마는 천사장 루스벨의 타락에서 탄생한다. 천사와 악마는 미리부터 있는 것이 결코 아니었다. 만일 그러하다면 신은 천사뿐만 아니라 악마도 창조한 것이 된다. 신은 루스벨을 창조하였지만, 악마를 창조한 것은 아니다. 만일 신이 악을 창조하시지 않았다면, 천사와 악마는 루스벨의 타락이 가져온 분화이자 개념으로 보아야 할 것이다.

〈 John Lenon - Imagine 〉

Imagine there's no heaven
It's easy if you try
No hell below us
Above us, only sky
Imagine all the people
Livin' for today
Ah
Imagine there's no countries
It isn't hard to do
Nothing to kill or die for
And no religion, too
Imagine all the people
Livin' life in peace
You

You may say I'm a dreamer
But I'm not the only one
I hope someday you'll join us
And the world will be as one
Imagine no possessions
I wonder if you can
No need for greed or hunger
A brotherhood of man
Imagine all the people
Sharing all the world
You
You may say I'm a dreamer
But I'm not the only one
I hope someday you'll join us
And the world will live as one

천사와 악마의 분화는 천국과 지옥의 분화와도 매우 밀접하며 닮아 있다. 천국이 없다면 어떨까? 존 레넌John Lennon은 그의 노래에 이런 발칙한 생각을 담았다. 천사와 악마처럼, 천국이 없다면, 지옥도 없다. 그저 하늘과 땅이 있을 뿐이며, 거기에는 그저 우리가 사는 현실만 있을 뿐이다. 사는 자로서의 우리의 임무는 미워하거나 싸우지 않고 서로 평화롭게 현실을 잘 살아가는 것이다. 현실은 인간이 살아가는 터전이다. 현실은 인간 삶의 흔적을 담아내며, 그리하여 그 현실은 늘 역동적으로 움직이며 모습을 바꿔간다. 현실과 인간은 서로의 모습이기도 하며 표현이기도 하다. 현실의 이 역동성을 가장 잘 표현하는 말은 virtus였다. 피에르 레비는 이렇게 말한 바 있다. '가상적'이라는 말인,

> virtuel이라는 단어는 중세 라틴어 virtualis에서 유래하였다. 이 단어는 힘, 능력이라는 뜻의 virtus에서 유래한 것이다. 스콜라철학에서는 실행 상태가 아니라 잠재된 힘의 상태로 존재하는 것이 가상적(virtuel)인 것이다. 가상적인 것은 실제적인 것으로 구현되려는 경향이 있지만, 실제적으로 혹은 형태적으로 구체화되지는 않는다. 가령 나무는 씨앗 안에 가상적으로 존재한다. 철학적 엄밀성에 입각한다면, 가상과 대립되는 개념은 실재(réel)가 아니라 실제(actuel)이다. 다시 말해서 가상성과 실제성은 존재의 두 가지 다른 방식일 뿐이다.[1]

현실은 고정되어 있는 것이 아니라 역동적인 것이기에 늘 한 모습으로 나타나기도 하지만, 늘 다른 모습으로의 변화를 향하고 있다. 한 모습과 다른 모습은 다른 것이 아니다. 그 둘은 하나의 흐름에 있을 따름이다. 현실에 대한 오해, 이 흐름에 대한 오해는 이 흐름을 단절

---

1   피에르 레비, 『디지털 시대의 가상현실』, 전재연 옮김, 궁리, 2002, 20쪽 참조. 여기서 이탤릭체로 표시한 부분은 필자가 원래의 번역어인 '현실'을 '실제'로 바꾸어 놓았기 때문에 표기해 놓은 것이다. 우리가 흔히 현실이라고 번역하는 reality는 real(réel)에서 온 말로서 실재라는 말과 병용되며, 이러한 의미에서 actuel을 현실로 번역하게 되면 혼동이 생길 수 있어, 인위적으로 번역어를 바꾸어 사용하였다.

시킨다. 그리하여 현실은 virtus로부터 멀어진다. 천사와 악마, 천국과 지옥처럼, 현실은 진짜의 모습과 가짜의 모습으로 분화되며, virtus는 그 가짜의 모습을 나타내는 말로 고착되기 시작한다. 그리고 현실(reality)과 가상(virtuality)은 더 이상 하나의 흐름으로 이해되지 못하면서, 가상현실은 현실보다 더 현실 같은 혹은 실재보다 더 실재 같은 '가짜'로 이해되었다.

아마도 진짜 중의 진짜가 있다면, 그것은 우리가 '진리'라 부르는 것일 게다. 그러한 진리를 우리는 고정되어 있으며 불변하는 어떤 것으로 이해한다. 현실이 역동성을 가질 수 있었던 것은 현실이 가상과 하나의 흐름에 있었기 때문이다. 가상과 실제는 끊임없이 서로를 촉진하면서 현실을 그 자체로 역동적인 것으로 가꾸어왔다. 하지만 가상이 현실에서 분리되면서 현실은 역동성이라는 특성을 상실하게 된다. 현실은 마치 물리적 공간처럼 인식된다. 그리고 그 물리적 공간은 시간이라는 교차된 축의 한계 내에서만 변화될 수 있는 것이 되었다. 그나마 그 시간 역시 흐름이 아닌 공간화된 것이다.

하이데거는 이와 같은 근대적 진리를 전혀 다른 방향에서 접근하고자 한다. 진리의 본래 의미와 모습을 추적하면서 그는 진리를 역동성의 한 가운데 놓아두었다. 진리는 은폐와 비은폐의 밀고 당김 속에 놓인다. 진리는 고정되어 있어 발견하거나 발굴하는 어떤 것이 결코 아니다. 진리는 그 모습을 드러낼 뿐이다. 때로 그 스스로 때로 또 다른 힘에 의탁하기도 하지만, 진리(aletheia)는 망각의 덮개(lethe)가 거치는(a) 과정이자 흐름으로 이해된다. 덮개가 거치는 것만이 아니다. 덮개가 펼쳐지는 은폐 없이 비(非)은폐는 결코 가능할 수 없다. 하이데거는 이러한 의미를 통상적인 진리와 구분하기 위하여 포이에시스

(poiesis)라는 또 다른 이름을 사용한다.

밖으로 끌어내어 앞에 내어놓음은 은폐성으로부터 비은폐성으로 끌고가는 것이다. 은폐된 것이 비은폐의 상태로 나타나는 한에서만 밖으로 끌어내어 앞에 내어놓음이라는 사건이 일어나고 있다. 이 나타남은 우리가 탈은폐라고 칭하는 바 그것에 기인하여 그 안에 전개되고 있다. 그리스인들은 탈은폐를 알레테이아라는 낱말로 표현했다. 로마인들은 그것을 "베리타스(veritas)"라고 번역했다. 우리는 그것을 "진리(Wahrheit)"라고 말하며 통상적으로 표상의 올바름 정도로 이해하고 있다.[2]

흐름으로서의 현실은 끊임없는 은폐와 비은폐 간의 교차이다. 다시 말해 가상(virtuel)과 실제(actuel) 간의 역동성이 곧 현실이었다. 이러한 의미에서 현실은 그 자체로 진리의 한 사건이었다. 그러나 가상과 현실의 분화 속에서 현실의 역동성은 파괴되고 상실되었다. 현실뿐만 아니라 가상 역시도 파국의 길에 들어선 것은 마찬가지였다. 이 분화 속에서 가상현실 역시 진리의 사건에서 떨어져 나와 가짜로서 추락한다. 플라톤 이래로 서양철학의 역사는 바로 이 추락의 과정이기도 하다.

"바로 이 점을 생각해 보게. 그림은 각각의 경우에 어느 걸 상대로 하

---

2   마르틴 하이데거, 「기술에 대한 물음」, 『강연과 논문』, 신상희·이기상·박찬국 옮김, 이학사, 2008, 17~18쪽.

여 만들어지는가? '실재'(實在: to on)를 상대로 있는 그대로 모방하게 되는가, 아니면 보이는 것(현상: to phainomenon)을 상대로 보이는 그대로 모방하게 되는가? 그것은 '보이는 현상'(phantasma)의 모방인가, 아니면 진실(진리: alētheia)의 모방인가?"

"그것은 보이는 현상의 모방입니다." 그가 대답했네.

"따라서 모방술(模倣術: hē mimētikē)은 진실된 것에서 어쩌면 멀리 떨어져 있으며, 또한 이 때문에 모든 걸 만들어 내게도 되는 것 같으이. 그야 모방술이 각각의 작은 부분을 건드릴 뿐인 데다, 이나마도 영상(影像: eidōlon)인 탓이지. 이를테면, 화가는 구두 만드는 사람과 목수 그리고 다른 장인들을 우리에게 그려는 주지만, 이 기술들 가운데 어느 하나에 대해서도 정통하지 못하다고 우리는 말하네. 하나, 그럼에도 불구하고, 그 화가가 훌륭할 것 같으면, 목수를 그린 다음 멀리서 보여주어, 진짜 목수인 것처럼 여기게 함으로써 아이들이나 생각 없는 사람들이 속아 넘어가게 하네."[3]

2) 시적 창작으로서 가상현실

현실을 어떻게 규정하건 간에, 우리가 거주하는 곳이 현실이라는 것을 그 어느 누구도 부인하지는 않을 것이다. 한나 아렌트의 말처럼, 우리는 지구를 우리 삶의 조건으로서 받아들여야 한다. 최소한 지금까지는 거주의 물리적 공간으로서의 지구가, 우리의 물리적 삶과 거주의 조건이라는 점에서, 우리의 현실이라는 것을 우리는 부인할 수

---

3   플라톤,『플라톤의 국가·정체(政體)』, 박종현 역, 서광사, 2005, 10권 598b-c.

없다. 그리하여 우리는 우리 자신을 위해서라도 우리의 거주를 잘 보살펴야 하며, 우리의 현실로서의 지구 역시 잘 보살펴야 한다. 만일 우주항공 산업의 눈부신 발전으로 그 물리적 조건이 확장된다고 하더라도, 그 보살핌은 마찬가지여야 할 것이다. 그런데 만일 우리의 거주가 그와 같은 물리적 한계 내에서만 펼쳐지는 것이 아니라면 어떠할까?

물리적 한계 내에서의 거주는 우리의 거주 역시 물리적인 것이라는 생각을 암묵적으로 요구한다. 그리고 그러한 요구를 우리가 받아들이게 될 때, 물리적 한계 너머의 거주의 가능성은 우리에게 점차 희박해진다. 물론 우리는 그 물리적 조건을 부인할 수 없다. 그러나 그 물리성이 거주의 유일하고 절대적인 조건이 아니라면, 우리는 그 조건의 인정 속에서도 보다 폭넓은 거주의 의미를 향유할 수 있을 것이다. 그리고 그 향유 속에서 우리는 현실을 은폐와 비은폐의 교차로서 다시 이해할 수 있는 가능성을 다시 새롭게 얻게 될 수도 있다. 그렇지만 이와 같은 이해는 지금도 여전히 그저 가능성으로서만 언급될 수 있을 뿐이다. 그것은 가상과 현실이 분화된 결과이기도 하며, 동시에 '추락'의 결과이기도 하다. 과연 가상과 현실의 분화는 현실에 대한 어떤 보살핌인가? 가상과 현실의 분화 역시 현실에 대한 보살핌이라면, 그 보살핌은 도대체 어떤 방식의 보살핌일까?

만일 가상현실의 추락이 현실의 진정한 의미를 발견하는 과정이었다면, 그 추락은 현실의 축복이었을 수도 있었을 것이다. 그러나 만일 추락의 과정이 현실의 진정한 의미를 발견하는 과정이 아니었다면, 가상현실의 추락은 곧 현실의 추락이기도 하다. 플라톤이 서양철학의 아버지로서 추앙받는 것은 사실이지만, 그리고 그러한 업적을 남긴 것도 분명하지만, 그의 철학이 오로지 진실이며 무오류의 것은 아니다. 그의 철학에서 연원된 어두운 그림자 역시 있었으며, 그 이후의 철학이 서양철학의 역사가 되었다는 점에서, 그 그림자 역시 그 역사를 이루는 것이기도 하였다. 따라서 플라톤에서 시작된 그 추락은 서양철학의 역사 속에서 진행된 또 하나의 역사이기도 하다. 현실을 하나의 방향과 시선 속에 가두어 온 경향은 그 대표적인 경우라 할 것이다.

플라톤에 있어 화가만도 못한 것이 시인(詩人)이었다. 화가는 2차 모방을 다시 모방하는 3차 모방쯤은 될 수 있지만, 시인은 그러한 모방조차도 하지 않기 때문이었다. 화가의 그림이 진리에서 멀리 떨어져 있는 것이라면, 시인의 시는 진리와는 무관한 것이었다. 폴리스를 위하여 폴리스의 젊은이들을 위한 교육은 진리와 유관한 것이어야 했으며, 따라서 이와 같은 사회적 목적에 시는 부합하지 않는 것이었다. 젊은이들을 향락과 타락에 빠지게 한다는 것은 어쩌면 시인을 비판한 플라톤의 핵심은 아니었을 것이다. 그 가장 중심에 놓여 있는 것은 인간의 세계와 현실을 바라보는 시선이었으며, 시인에 대한 비판은 그에게 있어 현실의 보살핌을 위한 일종의 중요한 방안이었을 것이다.

만약에 자네가 서정시에서든 서사시에서든 즐겁게 하는 시가(詩歌)를 받아들인다면, 자네 나라에서는 법과 모두가 언제나 최선의 것으로 여기는 이성 대신에 즐거움과 괴로움이 왕 노릇을 하게 될 걸세. … 시에 관해서 다시 언급하게 된 우리에게 있어서, 시가 그와 같은 성질의 것이기에, 우리가 그때 이 나라에서 시를 추방한 것은 합당했다는 데 대한 변론이 이것으로써 된 것으로 하세나. 우리의 논의가 그렇게 결론을 내렸으니까 말일세. 그러나 시가 우리의 경직됨과 투박스러움을 지탄하지 않도록 시를 상대로 우리가 말해 주도록 하세나. 철학과 시 사이에는 오래된 일종의 불화(diaphora)가 있다고 말이네. … 그럼에도 불구하고, 만약에 즐거움을 위한 시와 모방이 훌륭히 다스려지는(훌륭한 법질서를 갖춘) 나라에 자기가 있어야만 하는 어떤 논거를 말할 수 있다면, 어쨌든 우리로서는 반가이 받아들일 것인데, 이는 우리 자신이 이런 시에 의해서 매혹되고 있다는 걸 우리가 알고 있기 때문이라고 말해 두세. 그러나 진실이라 여겨지는 것을 배반하는 것은 실로 경건하지 못하이. 여보게나! 자네도 이런 시에 의해 매혹되고 있지 않은가? 호메로스를 통해 이를 생각하게 될 때는 특히 그러하지 않은가?[4]

물론 그 시선이 동일한 모습으로 일의적인 방향에서만 펼쳐진 것은 아니었다. 그 시선은 진리를 향한 것이었으며, 그 진리가 어떻게 규정되는가에 따라 그 시선이 주목하고 드러내는 세계도 달라졌다. 기독교의 세계상도 데카르트의 이원론도 근대과학의 세계관도 모두 이와 같은 경향을 반영하고 있다. 예를 들어 코페르니쿠스에 있어 현실은 수가 규정하고 수적으로 조화로운 세계였다. 경험이 알려주는 세계를 그가 현실로 수용했다면, 그는 결코 그 유명한 '전회(Wendung)'를 시도하지 않았을 것이다.

로고스의 전통 속에서 신화가 철저히 배제되어 온 것처럼, 특히 근대 이후의 과학적 경향 속에서 이와 같은 시선 밖의 것은 철저히 배

---

4 플라톤, 앞의 책, 598b-c.

제되고 도외시되었다. 그것을 벗어날 유일한 길은 그 시선 속에 머물러 있는 것이었다. 소위 '환원(Reduction)'은 이를 위한 핵심적이고 유력한 방법이었다. 그렇지만 이 경향 속에서 현실은 그저 그 시선들에 의해 규정될 따름이었다. 현실 그 자체의 본질적인 의미는 사실 이 규정들 속에서 무의미한 것이었다. 이러한 보살핌 속에서 현실은 어느 특정한 시각이나 방향에 이끌려 특정한 옷이 입혀진 모습으로만 그려졌다.

현실 그 자체의 모습이 드러날 수 있는 것은 이와는 전혀 다른 보살핌의 방식 속에서만 가능할 따름이다. 하이데거는 그 본래의 모습을 보살펴 드러내는 것이 아니라 특정한 방향 속에서 특정한 의미와 모습으로만 그 모습을 드러내는 보살핌의 방식을 닦달 혹은 쥐어짜냄이라고 불렀다. 닦달 혹은 쥐어짜냄은 모두 그 누군가를 몰아대서 억지로 무엇을 하게 한다는 뜻을 지닌 말들이다. 이렇게 보면, 이 보살핌은 그저 억지 보살핌에 지나지 않는 것이다. 하이데거는 이러한 억지 보살핌과 대비하여 또 다른 보살핌의 방식을 언급하였는데, 그 보살핌을 그는 포이에시스(poiesis)라 불렀다.

억지 보살핌은 일방적으로 어떤 모습을 강요하거나 드러나게 하지만, 포이에시스는 보살피는 것의 본래의 모습과 의미가 자연스럽게 드러나도록 지켜보고 응원하는 보살핌이다. 그에게 있어 자연은 최고 수준의 포이에시스이다. 누구의 보살핌 없이 스스로의 보살핌으로 자연은 그 모습을 드러내기 때문이다. 봄의 새싹처럼, 겨우내 스스로를 감추었던 자신의 생명을 스스로 싹틔워 드러내듯이, 자연 역시 은폐와 비은폐 간의 교차 속에서 펼쳐지는 역동적 사건 그 자체인 것이다. 억지 보살핌이 아닌 포이에시스로서의 보살핌은 이 역동적 펼쳐짐과 드러남에 주목하게 된다.

이미 언급하였듯이, 우리의 현실도 이 역동적 펼쳐짐과 드러남의 사건이다. 따라서 우리의 현실에 대한 보살핌도 바로 이 점에 주목해야 한다. 우리의 현실은 어떠한 역동적 펼쳐짐과 드러남이었는가? 이 짧은 글에서 그 모든 과정과 사건들을 이야기할 수는 없지만, 인간이 구축해 온 세계상에 대한 간략한 개괄을 통해 그 흐름을 엿보도록 해보자. 현실의 역동성은 인간이 자신의 세계를 구축해 온 다양한 방식에서 드러나고 전개되었다. 예를 들어 동양에서의 '문화(文化)'라는 개념은 인간이 문자라는 상징을 통해 문자의 세계를 구축해 온 것과 깊이 관련되어 있다. 문자로 구축된 세계는 때로 가시적이지도 않고 물리적이지도 않지만, 실제의 삶과 조응하며 끊임없이 가상(virtuel)과 실제(actuel)을 반복하고 순환시킴으로써 인간의 삶을 자연의 삶과 다른 방향과 모습으로 드러내도록 해왔다. 이러한 방식은 비단 문자뿐만 아니라 수(數)를 통해서도 음(音)으로도 전개되었으며, 이를 통해 우리는 다양한 세계들을 구축함으로써 현실의 다양성을 가꾸어왔다. 문자와 수 그리고 음은 물리적 매체를 통해 표현될 수는 있지만, 그 자체로 결코 물리적이지 않다. 그럼에도 불구하고 우리는 그 세계들을 현실과 분리하지 않는다. 더욱이 이러한 역동성에 우리의 보살핌이 주목하지 않는다면, 문자는 그저 기호에 지나지 않을 것이며, 하이데거의 말처럼, 진리 역시 표상의 올바름으로 이해될 뿐이며, 문자도 수도 그리고 음도 기계적 메커니즘 정도로 이해되어 자율적 자동화의 과정에 편입되고 말 것이다.

이러한 우려 속에서도 최근 우리는 또 다른 현실의 역동성을 목도하고 있다. 특히 이 사건은 현실과 분화되었던 가상과 관련해서 일어나고 있다. 이 역동적 흐름은 과거 다양한 이름으로 불려왔지만, 최근에는 '세계'라는 존재론적 특징까지 이 흐름의 이름으로 포함되었다. 우리의 현재 화두인 메타버스(metaverse)가 그것이다. 우리가 언급한 문자와 수 그리고 음뿐만 아니라 세계 구축 방식은 점진적으로 확장되어 왔다. 디지털 역시 또 다른 인간의 세계와 현실을 구축하는 방식이다. 물론 디지털이 수와 밀접한 연관을 맺는 것이기는 하지만, 그것이 구성하는 공간적 특성은 매우 다르다. 그렇지만 여전히 우리는 그 역동성에 주목하고 있지 못하다. 그리하여 그것이 갖고 있지 않은 물리적 특성과 연관하여 메타버스를 여전히 '가상세계'로서 이해하고 규정하고 있다.

인간의 세계는 근본적으로 인간이 제작함으로써 구축되는 세계이다. 이 점은 메타버스 역시 마찬가지이다. 제작의 관점에서 인간의 세계는 포이에시스와 밀접하게 연관된다. 제작의 본질 역시 포이에시스에 속하기 때문이다. 그러하기에 우리는 인간 세계 그리고 그 세계들이 펼쳐내는 현실의 역동성에 주목해야 한다. 이제 우리의 현실은 이 포이에시스라는 의미에서 보살펴짐으로써 그 고유의 역동성을 회복해야 한다. 그리고 메타버스 역시 이러한 보살핌 속에 놓여야 한다. 하이데거가 이야기하듯, 포이에시스의 본질적 의미는 시(詩)라는 이름 속에 감추어져 있었으며, 이러한 은닉은 '추락'의 역사와 함께였다. 이러한 의미에서 현실과 가상에 대한 우리의 물음은 하나의 보살핌이 된다. 그 보살핌을 통해 현실은 하나의 역동적인 사건으로 다시 드러나며, 그 과정에서 현실과 가상에 그 본질적 의미를 되돌려 줄 수도 있기 때문이다. 이와 같은 의미에서 이 보살핌은 곧 시적 혁신(poietic innovation)이자 시인의 복귀이기도 하다.

2. 메타버스 미학

실재를 가상(이미지)에 의존하지 않고 이해하려 했던 과거와 달리 우리는 이미지와 동맹을 강화하고 가상이 된 실재만을 믿을 수 있게 되었다. 가상 없이 실재에 다가갈 수 있을까? 〈로블록스〉나 〈제페토〉에서 아바타 친구들과 만나서 게임도 하고 공연이나 팬 사인회에 실시간으로 참여해 체험하는 메타버스의 가상현실(假想現實, virtual reality)을 과연 현실에 객관적으로 존재하지 않기 때문에 거짓 현상, 즉 가상으로만 보아야 할까?

메티버스는 진실을 감추거나 현실의 대체물로서 미적(예술적) 가상만을 체험하게 해주는 것인가? 아니면 아직 온전히 드러나지 않거나 보이지 않는 '잠재적 현실'을 체험하게 해 주는 것인가? 가상현실의 미학적 맥락도 철학적 맥락과 연관되어 있다. 만일 '볼 수 없는 현실'의 원형이자 진리가 존재한다면 '감각적 가상' 없이 어떻게 그 진리를 체험할 수 있을까? 미적 가상은 이데아(idea)의 감각적 모방인 현실의 모방으로서 오랫동안 환영, 가짜, 거짓으로 취급되어 왔다. 그러나 아리스토텔레스, 칸트(Immanuel Kant), 헤겔(Georg Wilhelm Friedrich Hege), 니체(Friedrich Wilhelm Nietzsche), 메를로퐁티(Maurice Merleau-Ponty)를 거치면서 미적 가상은 논리적인 진위나 기만적 장치로 더 이상 여겨지지 않게 되었다. 오히려 그것은 가상의 창작놀이로서 대립 항들을 연결하는 공감의 토대이자, 진리의 본질적 계기로 인식되기에 이르렀다. 이로써 미적 가상은 진리와의 대립 관계에서 벗어남과 동시에 진리로부터의 추락이라는 멍에로부터도 자유로워졌다.

1) 가짜의 혐의와 진리 드러내기 사이에서 가상현실

미학사를 통해 '가상'은 '빛 가운데 눈에 보이는 외관'만을 그려놓는 모사에 불과하다는 '미메시스' 개념과 연관되어 '보이지 않는 원형(진리, 본질)'의 재현, 상징, 표현, 제시, 시뮬라크르, 차이(자체) 등의 개념들로 변주되면서 나타난다. 눈에 보이게 만들거나 그려 놓은 것은 가상, 즉 모방과 상상에 의해 만들어진 '이미지'에 불과한가? 어떻게 가상 없이 '보이지 않는 원형(진리, 본질)'을 볼 수 있는가? 결국 가상은 보이지 않는 진리를 보이는 현실에 근거해 그려진 것이기 때문에 가짜이고 진리를 가릴 수밖에 없는가? 실재를 이미지에 의존하지 않고 이해하려 했던 근대와 달리 우리는 이미지와 동맹을 강화하고 실재(진짜)는 '가짜(이미지와 환상)'가 되어야만 믿을 수 있게 되었다. 가상 없이 진짜에 다가갈 수 있을까?

고대인들의 눈에 늘 변화하는 것처럼 보이는 현실은 불완전하므로 가짜, 즉 가상(假象)으로 여겨졌을 것이다. 가상(schein)은 schauen의 명사로서 빛에 의해 진짜(진리, 원형)가 감각적으로 가시화된 것이다. 진짜는 플라톤이 볼 수 없어도 변화하지 않는 것으로서 감각적인 세계의 근원이자 변하지 않는 본질인 이데아라고 명명한 것이다. 그런데 이데아도 '본다'의 의미를 지닌 'idein'에서 유래해 보이는 것과 무관하지 않다. 플라톤은 동굴에 갇힌 죄수처럼 인간이 볼 수 있는 것은 벽에 비친 동굴 밖 세계의 그림자, 즉 가상이므로 진리를 알기 위해서는 가상으로부터 탈출을 주장했다.[5] 따라서 그는 회화를 '진리(실재,

---

5   플라톤, 앞의 책, 7권 515a-d 참조.

to on)가 아닌 보이는 현상(phantasma)'만을 닮게 재현한 모방에 불과하므로 '영상(eidōlon, 환상)'에 불과하다고 비판한다. 플라톤이 보기에 화가의 미메시스는 장인들처럼 기술에 정통하지 못해 이데아에 대한 진리를 추구하지 않고 감정이 추구하는 놀이에 불과해 모상을 만든다는 것이다. 상상력과 감정에 취해 환상을 만들고 청년들을 감각적으로 유혹하는 시인은 이상국가에서 추방해야 한다고 강조한 플라톤은 진리로부터 멀어지고 차이 나는 간격을 이데아에 대한 사랑으로 좁혀가야 한다고 주장한다. 즉 가상의 놀이가 만든 차이들을 이데아와 닮음을 추구하는 지성적인 행위로 줄여가야 한다는 것이다.

올바르게 에로스 관련 일들을 향해가는, 혹은 다른 이에 의해 이끌리는 것이란 바로 이것이니까요, 즉 이 아름다운 것들에서부터 시작하여 저 아름다운 것을 목표로 늘 올라가는 것 말입니다. 마치 사다리를 이용하는 사람처럼 […] 마침내 그는 아름다운 바로 그것 자체를 알게 되는 거죠.[6]

그러나 헤겔에게서 진짜이자 진리인 절대정신은 '가상'을 통해 추상적인 이념을 구현할 수 있는 것이었다. 이로써 가상은 진리를 가리는 것이 아니라 오히려 나타나게 해주어 마침내 이미지는 가짜의 혐의를 벗어날 수 있었다. 진리가 감각으로 경험할 수 있는 가상을 통해 현실에 나타날 수 있다는 점에서 이미지-가상은 추방되어야 할 것

---

6   플라톤, 『향연』, 강철웅 옮김, 이제이북스, 2017, 211b-c.

이 아니라 삶의 필수불가결한 놀이가 된다. 세계의 근원인 정신은 사유활동을 통해 자신을 전개시키는 과정에서 자기격리, 소외, 외화라는 단계를 거치면서 주관적 정신(개별적 자아), 객관적 정신(국가), 절대적 정신으로 전개되는 것이다. 말하자면 정신은 인간의 의식을 매개로 문화를 일구면서 예술, 종교 철학의 단계로 발전해서 마침내 자신의 참된 모습을 이해하는 절대정신이 된다.

우리가 가상을 존재하지 않아야 되는 것으로 설정한다면 예술의 현존은 확실히 기만이다. […] 그러나 가상이라는 것, 그 가상이 본질에 대해 어떤 관계를 가질 것인가에 대해서는 모든 본질, 모든 진리는 공허한 추상이지 않으려면 현상해야만 한다고 말해야 한다. […] 가상은 비본질적인 것이 아니라 존재 자체의 본질적인 계기이다.[7]

플라톤은 현실을 이미지보다 우위에 놓았다. 그런데 헤겔이 볼 때, 현실은 직접 정신을 매개할 수 없어 정신의 이념을 제대로 구현하지 못하나 예술가의 이미지는 현실과 정신을 매개할 수 있다는 것이다. 여기서 더 나아가 니체는 진리가 가상을 필요로 하고, 인간은 언제나 가상의 놀이에 의해 진리를 말한다고 주장한다. 즉 그의 예술적 충동이론은 가상과 진리의 지위를 완전히 전도, 전복시켜버린다. 이로써 진리를 고정되고 불변하는 것이라 여긴 기존의 도덕과 이상은 폐기된다. 인간이 경험하는 세계는 변화와 생성의 세계이고 현재의 자

---

7   게오르그 빌헬름 프리드리히 헤겔, 『헤겔 예술철학 - 베를린 1823년 강의』, 한동원, 권정임 옮김, 미술문화, 2008, 78쪽.

기 자신을 끊임없이 초극하며 자기를 조형하는 힘이 자신의 삶, 세계의 질서, 진리를 형성한다. 이 힘은 삶의 수만큼 다양하고 여러 가지의 '진리'가 존재한다고 보고 니체는 소크라테스로부터 발원되는 합리적-이성적 철학의 탄생 이전 축제의 일환으로 상연된 그리스 비극을 연구한다. 그 결과 예술적 가상을 창조하는 원천은 아폴론적 충동(질서, 조화, 균형을 추구하는 조형예술의 신)과 디오니소스적 충동(근원적 혼돈에서 변화의 차이를 추구하는 음악의 신)'의 산물이라는 것이 밝혀진다. 두 충동이 상호 역동적인 관계를 통해 아티카의 비극을 산출하고 나아가 문화를 형성하는 것이다.

니체는 『비극의 탄생』의 「비도덕적 의미에서의 진리와 거짓에 관하여」(1873)에서 진리의 인식은 인간의 해석적 기만이기 때문에 하나의 절대적 진리는 존재하지 않는다고 주장한다. 실재와 진리 자체에 대해 알 수 없고, 실재에 대한 인간의 언어는 일치할 수 없는 해석적 기만이므로 실재는 은유적 언어인 가상의 놀이를 통해 나타날 뿐이다. 실제로 우리가 색깔에 관해 '벽돌 같은' 빨강 색, '오렌지 같은' 주황색, '병아리 같은' 노란색이라고 말할 때 본질과는 일치하지 않는 '벽돌, 오렌지, 병아리' 외에 각각의 색 자체에 대해 말한다고 할 수 없다.

그렇다면 진리란 무엇인가? 유동적인 한 무리의 비유, 환유, 의인관들이다. 간단히 말해서 시적, 수사학적으로 고양되고 전용되고 장식되어 이를 오랫동안 사용한 민족에게는 확고하고 교의적이고 구속력이 있는 것으로 여겨지는 인간적 관계들의 총계이다. 진리는 환상들이다. 진리는 마멸되어 감각적 힘을 잃어버린 비유라는 사실을 우리가 망각

해버린 그런 환상이며 [⋯].**8**

가상과 진리의 이분법적 종속 관계를 해체하고 진리와 가상을 동일시한 니체에게 진정한 위버맨쉬(Übermensch)는 합리적인 인간이 아니라 생의 충동을 힘에의 의지를 통해 실재(진리)를 창의적인 가상(은유)으로 표현하는 사람이다. 즉 가상에 의해서만 진리와 실재는 표현될 수 있기 때문이다. 요컨대 서구 미학사를 관통하며 나타난 가상과 실재 사이의 위계적인 이분법은 사라지고 두 세계는 자신의 존재를 위해 상호 연관적인 세계임이 밝혀진다.

현대에 이르러 실제 현실을 치밀하게 복제해 내는 기술장치들과 디지털 소프트웨어의 발달로 감각적 현실을 2차원의 이미지들로 대체할 수 있게 되었다. 그 결과 상상하는 모든 것을 표현할 수 있다는 기대감과 감각적 현실이 가상이 되어 사라지는 것이 아닌가 하는 두려움도 공존한다. 최근 메타버스의 부각으로 현실을 초월한 가상세계로의 삶이 가속화되는 것에 대한 기대와 우려가 동시에 큰 것도 이 때문이다.

프랑스의 사회학자 보드리야르(Jean Baudrillard)는 현대에 이르러 가상이 현실을 초과하는 모방으로 인해 아예 현실을 대체하게 되어 '현실과 상관없는 이미지 자체'로서 '시뮬라크르(simulacre)'가 되었다고 진단한다. 제국의 정밀한 지도가 제국의 전영토를 덮어 사라지게 할 것이라는 보르헤스(Jorge Luis Borges)의 우화가 "시뮬라시옹

8　프리드리히 니체, 『니체 전집』, 제 3권, 니체편집위원회, 책세상, 2005, 450쪽.

(simulation, 시뮬라크르 하기가 작동하는 동사)"의 좋은 비유라는 것이다. 여기서 시뮬라시옹은 그리스어 판타스마(phantasma)를 어원으로 둔 라틴어 시뮬라크룸(simulacrum)의 번역어로서 환상, 환영이라는 의미 의 가상이다.

> 시뮬라시옹은 더 이상 영토 그리고 이미지나 기호가 지시하는 대상 또 는 어떤 실체의 시뮬라시옹이 아니다.[9] 즉 이미지가 원래의 모델에 따 라 바뀌는 것이 아니라, 자기 고유의 미혹으로부터 영구히 빛을 발하 는 완벽한 시뮬라크르였다.[10]

실재와 가상, 현실과 재현, 원본과 복제, 실재와 기호 사이의 다름 이 사라져, 두 대립항들이 서로 구별되지 않고 하나로 결합된 거대한 시뮬라시옹의 세계가 탄생한다. 현실과 가상 사이의 거울이 깨져 모 든 것이 자기동일성의 무한히 반복 순환하는 이 세계에서 진정으로 새로운 것은 없다는 것이다.

현실을 온전히 대체해버린 보드리야르의 시뮬라크르는 무한히 생 산되고 소비되는 상품들처럼 가상과 현실 둘 사이의 구별은 사라지 고 실재(진리)는 애초부터 없었는데 그런 진리가 있었던 것처럼 보이 는 것을 저지하는 가상들만이 존재한다는 것을 의미한다. 그렇다면 최첨단의 과학기술이 융합되어 추동되고 있는 메타버스의 가상세계 는 현실을 대체해버리는 보드리야르식의 시뮬라크르를 추구해야 할

---

9   장 보드리야르, 『시뮬라시옹』, 하태환 옮김, 민음사, 2001, 12쪽.

10   앞의 책, 24쪽.

까? 아니면 현실과는 구별되지만 분리되지 않고 현실에서 다 드러나지 않은 잠재적인 세계를 구현하는 가상현실이 되어야 하는가?

2) 지성–감성, 나–타자의 융화를 창작 놀이로 실현하는 가상현실

인간 세계에는 크게 4 유형의 리얼리티, 즉 '객관적·과학적 리얼리티, 사회적 규약에 근거한 사회적·집단적·문화적 리얼리티, 비물질적·산술적·잠재적 리얼리티, 개인의 주관적인 리얼리티'[11]가 존재한다고 볼 수 있다. 여기서 '잠재적 리얼리티'는 힘을 의미하는 라틴어 virtus, virtutis에서 유래한 중세의 virtuel(가상적)의 리얼리티로서, 21세기 들어와 디지털의 산술적·활성적인 세계에서 그 자율성을 획득했다. 매체이론가 레비에 따르면, 가상은 '허위적인 것, 상상적인 것'과 상관없고 '절대 실재(réel)의 반대 개념'도 아니며 가상화란 "하나의 존재 방식에서 다른 존재방식으로의 다양한 전환 방식"[12]을 의미한다. 가상현실의 실재는 현실성과 잠재성의 통합으로 존재한다. 그렇다면 '변화, 이동, 탈주'를 실현하는 '잠재적인 힘'으로서의 '가상'이 미학사를 통해 어떻게 변주되어 왔는지 살펴보자.

아리스토텔레스는 운동에 대한 분석을 통해 '변화란 어떤 잠재태가 현실태로 되는 것'으로 진단하고 미적 가상을 만드는 미메시스는 현상의 모방 넘어 이런 변화를 이끌어 낼 수 있다는 질료형상론으로 설명한다. 즉 질료는 그 자체로는 단지 잠재태일 뿐이며, 형상이 질료

---

11 François-Gariel Roussel/Madeleine Jeliazkova-Roussel, *Dans le labyrinthe des réalités: La réalité du réel*, temps du virtuel, Paris: L'Harmattan, 2012, p. 73.

12 피에르 레비, 『디지털 시대의 가상현실』, 14쪽.

에 새겨짐으로써 비로소 현실태로 실현된다는 것이다. 아리스토텔레스에게서 미메시스는 외관의 모방이 아닌 자연에 결여된 것을 채워 잠재적인 힘을 지닌 미적 가상을 만드는 놀이였다.

비극은 진지하고 일정한 길이를 가지고 있는 완결된 행동을 모방하는 것이며, 쾌적한 장식이 된 언어를 사용하고 각종의 장식은 각각 작품의 상이한 여러 부분에 삽입된다. 그리고 비극은 희곡적 형식을 취하고 서술적 형식을 취하지 않으며 연민과 공포를 통해 이러한 감정의 카타르시스를 행한다.[13]

시인은 '일어났던 일'을 말하는 것이 아니라 '일어날지도 모르는 일' 즉 허구(가상)을 만드는 창작 놀이를 통해 사람들과 감정으로 소통할 수 있는 정서적 체험인 카타르시스를 불러일으킨다. 여기서 창작 놀이로서 미메시스는 카타르시스를 통해 진리에 다가가게 해주어 플라톤이 끊어 놓은 현실과 실재(진리)를 연결시키는 힘을 지닌다. 미메시스를 현상의 모방이 아닌 가상의 놀이로 간주한 아리스토텔레스의 관점을 메타버스의 놀이의 자율성에서 발견할 수 있다. 아울러 놀이의 효과로서 '카타르시스'가 의미하는 것은 가상(예술)의 미란 객관적인 성질에 존재하지 않고 주관적으로 체험되는 것인데 이 역시도 메타버스 내 놀이의 특성과 일치한다.

칸트는 놀이가 인간이 물리적, 도덕적으로 강제 되지 않는 무관심

---

13 아리스토텔레스, 『시학』, 천병희 옮김, 문예출판사, 2002, 1449b 25(49쪽).

한 상태에서 미에 대한 취미판단을 내릴 수 있다고 주장한다. 칸트에 따르면, 우리가 자연을 인식할 때나 자유를 욕구할 때와 달리 미적(예술적) 가상은 쾌와 불쾌의 감정으로 판단하는 취미판단의 문제이다. 즉 가상은 쾌적하거나 유용하거나 선한 것을 추구하는데 관심을 두지 않고 '상상력과 지성이 자유롭게 유희'[14]하면서 보는 사람의 쾌, 불쾌의 감정에 따라 아름답거나 아름답지 않다고 판단되는 것이기 때문이다. 다시 말해 예술작품에 대한 판단은 개인의 사적인 관심을 배제하고 감각적인 정보들의 다양성을 종합하는 상상력과 이런 정보를 개별 범주 아래 포섭하는 오성이 놀이하면서 느끼는 쾌감을 통해 가능하다. 여기서 놀이는 가상이 왜 아름다운지 개념으로 규정하지 않아도 되고, 어떤 목적에 수단이 되지 않아도 되어 주체의 감정에만 충실하게 해준다. '상상력과 지성을 조화시키는 놀이'에 의해 쾌감은 목적과 강제로부터 자유로워 개인의 사사로운 쾌에 머물지 않고 타인들과 공감할 수 있는 보편적인 쾌, 즉 '공통감(sensus communis)'이므로 사회적 소통의 토대가 된다.

실러(Friedrich von Schiller)는 소유와 활용의 관심에 무관심한 "미적 상태"[15]의 이성과 감성의 조화로운 놀이에서 총체적 인간성을 형성할 수 있음을 발견한다. 왜냐하면 총체적인 인간성은 시공간의 한계를 지닌 물질적 소재를 향한 신체의 감각충동과 불변의 통일과 지속성을 지향하는 이성적인 형식충동이 조화된 유희충동의 자유에서 실

---

14 임마누엘 칸트, 『판단력비판』, 이석윤 옮김, 박영사, 2017, 65(84쪽).

15 프리드리히 폰 실러, 『미학 편지 – 인간의 미적 교육에 관한 실러의 미학 이론』, 안인희 옮김, 휴먼아트, 2012, 517쪽.

현되기 때문이다. 유희충동을 일으키는 대상은 이성과 감성이 균형을 이룬 아름다운 대상이다. 요컨대 조화의 상태를 자유롭게 만드는 유희하는 인간이야말로 총체적인 인간성을 획득할 수 있게 된다.

이처럼 가상은 놀이를 통해 인간의 지성과 충동을 조화시킬 뿐만 아니라 보이는 것과 보이지 않는 잠재적인 세계가 연결되어 있음을 드러낸다. 프랑스의 현상학자, 메를로퐁티(Maurice Merleau-Ponty)는 가상(이미지)이 악평을 받아 온 이유가 부차적인 개인의 심적 이미지로 치부되었기 때문이라고 진단하고, 『눈과 정신』에서 이미지를 '부재한 것의 투사'로 정의한다. 나아가 이미지는 보는 주체와 보이는 대상 사이의 존재론적 조화를 가시화 한 것이므로 예술적 가상으로서 회화는 상상적인 것과 실재가 더 이상 분리될 수 없이 얽혀있는 것으로 밝혀진다.

> 그것들[소묘와 회화]은 외적인 것의 내적인 것이고 내적인 것의 외적인 것이며 감각함의 이중성을 가능하게 하고 외부와 내부 없이 우리는 상상적인 것의 모든 문제를 만드는 준-현전과 임박한 가시성을 결코 이해하지 못할 것이다.[16]

상상적인 것(가상)은 정신이 구성해 낸 것이 아니라 '보이지 않는 존재'가 있고, 이 '보이지 않는 것은 보이는 것'과 서로 연결되어 있는 '준-현전'임을 입증해 준다. 따라서 '보이는 현실'이란 완전히 관찰될

---

16 Maurice Merleau-Ponty, *L'OEil et l'esprit*, Gallimard, 1964, p. 23.

수 없는 시공간의 간극을 지평으로 내포하기 때문에 완전한 현전도 극단적인 부재도 아닌 "잠재적인 것(le latent)"[17]의 현전이다. 이런 보고-보이는 나르시시즘적 시선 사이에 생기는 틈이 바로 나와 타자가 연결되어 소통할 수 있는 공통지대를 형성한다.

실제 현실을 치밀하게 복제해 내는 기술장치들, 즉 사진, 영화, 디지털 기술, 포토샵 등의 발달은 상상하는 모든 것을 표현해 낼 수 있을 뿐만 아니라 4차원의 감각적 현실을 2차원의 이미지로 대체해 버렸다. 바르트(Roland Barthes)에 따르면, 사진의 기록이란 '존재했음'은 인증해 주지만 그 상황의 의미는 인증할 수 없어 단순히 '증거자료'가 아니라 '빛의 흔적'이라고 주장한다. 사진은 빛이 남긴 '완성될 수 없는 실재의 잔여'[18]로서 공백을 지니고, 이 공백으로 인해 기술 복제 이미지도 감각적인 현실을 대체할 수 없는 것으로 밝혀진다. 따라서 실재가 사라지면서 남긴 흔적의 공백은 그 의미가 고정되지 않고 계속해서 역동적으로 '보충의 유희'에 의해 대리될 수 있다는 점에서 차이(差移)의 역동성을 함축한 데리다(Jacques Derrida)의 차연(差延, différance)[19]으로 해석될 수 있다. 온전히 확인될 수 없는 실재의 공백은 관람자의 확신에 균열을 내는 푼크툼(punctum)[20]이란 강렬한 체험을 통해 이질적인 잠재적 존재들을 수용하게 해준다.

---

17 모리스 메를로퐁티, 『보이는 것과 보이지 않는 것』, 남수인·최의영 옮김, 동문선, 2004, 353쪽.

18 François Soulages, *Esthétique de la photographie*, Armand Colin CINEMA, 1999, p. 305.

19 자크 데리다, 『그라마톨로지』, 김성도 옮김, 민음사, 2010, 168쪽.

20 롤랑 바르트, 『밝은 방: 사진에 관한 노트』, 김웅권 옮김, 동문선, 2006, 42쪽.

사진 매체 이후, 첨단과학과 디지털 기술의 융합으로 1986년에 최초로 HMD와 장갑을 착용한 레이니어(Jaron Lainer, 미국의 음악가)에 의해 잠재적인 비물질적 정보는 가상현실의 환경으로 체험될 수 있게 되었다. 그 이후 가상현실은 '사이버스페이스'는 물론 현실에서도 디지털 융합장치에 근거한 '몰입형 체험환경'[21]으로 정의된다. 몰입형 체험환경은 현실 사용자의 몸과 연결된 웨어러블 기기에 의해 비가시적 정보가 물리적인 공간이 아닌 가상적으로 수행된다는 점에서 '잠재적(virtual)'이다. 따라서 레비는 가상적인 것이 현실적인 것으로 구체화되지 않는 경우가 있기 때문에 디지털 환경에 의한 가상성을 '잠재적인 비물질적 정보가 사용자의 수행작업을 통해 현행화 된 것'[22]으로 정의한다. 가상현실은 이미 실재하지만 현실 세계에 현행화되지 않은 잠재적인 것이므로 디지털 장치들에 의해 체험될 수 있다. 가상현실의 실재는 현실성과 잠재성의 통합으로 존재한다는 것이다.

여기서 디지털 매체와 상호작용에 의해 생성된 가상현실은 사용자의 몸이 이미지로 코드화된 정보의 잠재성을 공감각적으로 체험해 낸 현실의 실존적 확장이라는 점에 주목해야 한다. 들뢰즈(Gilles Deleuze)에 따르면, 잠재적인 것으로서의 가상은 더 이상 동일한 실재로서

---

21 박민수, 『가상-미학의 개념』, 연세대학교출판문화원, 2016, 203-204쪽 참조. 윌리엄 깁슨(Wiliam Gibson)의 소설, 『뉴로맨스Newromancer』(1984)에서 처음 유래한 사이버스페이스는 가상현실이지만 모든 가상현실이 사이버스페이스는 아니고 한 부분을 이룬다는 점에서 가상현실과 사이버스페이스를 동의어로 볼 수 없다는 것이다.

22 피에르 레비, 『디지털 시대의 가상현실』, 19-20쪽. 레비는 "가상과 대립되는 개념은 실재(réel)가 아니라 현실(actutel)이고 가상성과 현실성은 실재의 두 가지 다른 방식'이라고 강조한다.

이데아에 귀속되는 존재가 아니고 힘의 의지가 수행하는 '잠재태(le virtuel)'로서 유사하지 않는 차이 나는 존재자들의 놀이터라는 것이다.

요컨대 미학적 맥락에서 살펴본 가상현실 역시 현실과 구별되지만 분리되지 않고 나와 타자, 감성과 지성의 조화로운 연결을 가능하게 해 줄 수 있다. 이로부터 우리는 가상현실로서 메타버스를 단순히 '닮음'이나 '진실(사실)임직함(vraisemblance)'의 문제가 아니라 다음과 같이 이해해 볼 수 있을 것이다. 메타버스는 우리가 현실이라 불러 온 것과 구별되는 다른 것이지만, 그렇다고 현실과 분리되거나 가상으로 온전히 대체된 세계가 아니라는 것이다. 이러한 점에서 메타버스는 확장된 현실로서 창조적인 가상의 놀이를 통해 사용자들을 잠재적으로 연결해서 다양한 경험을 할 수 있게 해주는 새로운 현실이라는 것이다. 이것이 바로 메타버스에 대한 우리 논의의 시작점이기도 하다.

참고문헌

게오르그 빌헬름 프리드리히 헤겔,『헤겔 예술철학 - 베를린 1823년 강의』, 한동원,권정임 옮김, 미술문화, 2008.

롤랑 바르트,『밝은 방: 사진에 관한 노트』, 김웅권 옮김, 동문선, 2006.

마르틴 하이데거,「기술에 대한 물음」,『강연과 논문』, 신상희·이기상·박찬국 옮김, 이학사, 2008.

모리스 메를로퐁티,『보이는 것과 보이지 않는 것』, 남수인·최의영 옮김, 동문선, 2004.

박민수,『가상-미학의 개념』, 연세대학교출판문화원, 2016.

아리스토텔레스,『시학』, 천병희 옮김, 문예출판사, 2002.

임마누엘 칸트, 『판단력비판』, 이석윤 옮김, 박영사, 2017.

자크 데리다, 『그라마톨로지』, 김성도 옮김, 민음사, 2010.

장 보드리야르, 『시뮬라시옹』, 하태환 옮김, 민음사, 2001.

프리드리히 니체, 『니체 전집』, 제 3권, 니체편집위원회, 책세상, 2005.

프리드리히 폰 실러, 『미학 편지 - 인간의 미적 교육에 관한 실러의 미학 이론』, 안인희 옮 김, 휴먼아트, 2012.

플라톤, 『플라톤의 국가 · 정체(政體)』, 박종현 역, 서광사, 2005.

_____, 『향연』, 강철웅 옮김, 이제이북스, 2017.

피에르 레비, 『디지털 시대의 가상현실』, 전재연 옮김, 궁리, 2002.

Merleau-Ponty, Maurice, *L'OEil et l'esprit*, Paris: Gallimard, 1964.

Roussel, François-Gariel/Jeliazkova-Roussel, Madeleine, *Dans le labyrinthe des réalités: La réalité du réel, temps du virtuel*, Paris: L'Harmattan, 2012.

Soulages, François, *Esthétique de la photographie*, Armand Colin CINEMA, 1999,

2

문화적 공간으로서의 메타버스와 공공성

울산대학교 김종규

1. 메타버스를 위한 '현실' 이해의 필요성

이 글은 메타버스(metaverse)에 관한 이야기이다. 그런데 이 이야기의 시작은 '현실'에 대한 것이다. 왜 메타버스에 대한 이야기의 시작이 '현실'일까? 메타버스에 대한 모든 논의에서 등장하는 개념은 '가상'이다. 우리는 '가상'을 무엇과 연관하여 이해하는가? 그것은 물론 '현실'이다. 그래서 메타버스에 대한 모든 논의에서 '현실'이라는 개념도 등장한다. 최근 메타버스에 대한 이야기가 너무도 흔한 것이지만, 사실 메타버스는 우리에게 낯설다. 이 낯섦은 이런 것이다. 우리는 때로 메타버스에 대해 '아~~ 들어봤어' 정도일 뿐, '그건 ~~야'라는 정도의 확실한 대답은 할 수 없는, 오히려 '그런데 그게 뭐야?'라는 물음이 더 어울리는 그런 말이다. 이런 낯선 것을 이해하거나 접근할 때, 전략적으로 가장 좋은 것은 일단 아는 것에서 출발하는 것이다. 그리고 그 아는 것이 알아야 할 것과 연관성이 깊으면 깊을수록 좋다. '현실'은 그래서 메타버스를 이해하는 데 훌륭한 실마리가 된다. 그런데 우리는 '현실'에 대해 잘 알고 있는가?

소크라테스: 나는 자네가 어릴 때 학교나 다른 곳에서 주사위 놀이를 하거나 다른 어떤 놀이를 할 적에 이런 말을 하는 걸 여러 번 들었다네. 자네는 정의로운 것과 정의롭지 못한 것에 관해 어쩔 줄 몰라 하지 않고, 자네가 마주친 아이가 누구든 그를 두고서 '못돼 먹고 정의롭지 못한 자이다'거나 '정의롭지 못한 짓을 한다'고 아주 단호하게 큰 소리를 쳤다는 이야기였지. 내 말이 사실이 아닌가?

알키비아데스: 아니, 소크라테스 선생님, 어떤 이가 저에게 정의롭지 못한 짓을 할 때 제가 뭘 할 수 있었겠어요?

……

소크라테스: 그러면 자네는 아이였을 때도 정의로운 것들과 정의롭지 못한 것들을 안다고 생각했던 것 같군 그래.

알키비아데스: 저는 그랬지요. 실제로 알고 있었어요.

소크라테스: 어느 시점에 찾아내어 알게 된 것인가? 적어도 자네가 알고 있다는 생각을 하던 그 시점은 틀림없이 아니었을 테니까 말일세.

알키비아데스: 그 시점은 분명 아닙니다.

소크라테스: 그러면 자네가 무지하다고 믿고 있던 시점은 어느 때였나? 생각해보게. 어차피 그 시점을 찾아내지는 못할 거야.

알키비아데스: 전혀 아닌 것 같습니다.[1]

이 글은 플라톤의 대화편 중 하나인『알키비아데스』편의 한 대목이다. 이 대목에서 소크라테스는 알키비아데스와 '정의'에 대해 이야기하고 있다. 알키비아데스는 이 '정의'에 대하여 조만간 대중 연설을 하고자 했기 때문이었다. 소크라테스는 그런 알키비아데스에게 '정의란 무엇인가?'에 대해 물음을 던진 것이었다. 이에 대한 문답은 꽤 오랫동안 이루어졌으며, 인용된 부분에서 알키비아데스는 정의로운 것과 정의롭지 않은 것에 대해 자신이 알지 못했다는 것을 시인하고 있다. 이어지는 대목에서 알키비아데스는 정의에 대해 대중들에게 들었다고 대답하며, 소크라테스는 대중은 정의에 대해 대답해 줄 수 있는 적절한 스승이 아니라는 점을 해명하면서 알키비아데스가 정의가 무엇인지에 대해 이제부터라도 알아가야 한다는 점을 깨닫도록 한다.

알키비아데스는 왜 정의에 대해 모르면서 안다고 생각했던 것인가? 소크라테스에 따르면, 이 잘못은 알키비아데스가 정의에 대해 안다고 생각한 것 그 자체에서 연원하는 것이다. 쉽게 이야기하면 이런 것이다. 여러 사람들이 정의라는 말을 하게 되고, 그 말에 익숙해짐으로써 어느 순간 그 익숙함을 자신의 지식으로 착각하게 된다는 것이다. 다시 말해 많이 들어 본 말이라서 자기가 안다고 착각을 하게 되는 것이다. 소크라테스에 따르면, 우리는 안다고 생각하는 것에 더 이상 질문을 던지지 않는다. 그래서 알키비아데스는 정의에 대해 안다고 착각을 하는 순간 정의가 무엇인지에 대한 물음을 전혀 묻지 않은 것이다.

1 　플라톤,『알키비아데스』, 김주일·정준영 옮김, 2014, 54~55쪽.

소크라테스와 플라톤의 이야기를 우리의 메타버스 논의로 가져와 보도록 하자. 우리는 앞서 메타버스를 이야기하는데 있어 '가상'과 '현실'이 밀접한 연관을 맺고 있다고 말하였다. 그리고 '현실'은 메타버스를 이해하는 데 중요한 실마리라고 이야기했다. 그런데 '현실'은 무엇인가? 그리고 '가상'은 무엇인가? 우리는 이것들에 대해서 알고 있는가? 이 가상과 현실에 대한 앎이 없이 우리는 메타버스를 이해할 수 있는가? 우리는 기껏해야 〈마인크래프트〉나 〈포트나이트〉의 사례를 열거하는 방식의 직시적 정의만을 내릴 가능성이 크다. 만일 이것이 자칫 메타버스에 대한 지식으로 착각된다면, 우리는 메타버스에 대한 물음을 더 이상 하지 않을 것이다. 이것은 메타버스의 게임들 마냥 모래 위에 지어진 건물과도 같은 것일 따름이다. 더욱이 현실과 가상에 대한 이해 없이 그런 앎을 기대한다는 것은 너무도 무모하고 무책임한 일이 될 수도 있다.

물론 우리는 플라톤과 소크라테스의 시대를 살고 있지 않다. 그리고 세상의 모든 사람들이 철학자는 아니다. 그러니 그 모든 개념을 명석 판명하게 규정하고 나서 메타버스의 길을 가려는 것도 무모한 일이 될 가능성이 높다. 하지만 그렇다고 하더라도 어림짐작 정도의 수준에서 현실과 가상을 이해하고, 이에 기초하여 메타버스를 이해하는 것이 섣부르다는 것은 너무나도 분명하다. 물론 이 정도의 수준에서 할 수 있는 것들도 많을 수 있다. 메타버스와 관련된 기술 및 사용으로 어떤 이득을 취할 수 있고, 기술적으로 어떤 활용이 가능하다는 전망도 우리는 내릴 수 있을 것이다. 소크라테스와 플라톤의 시대에도 이와 같은 태도와 방식은 만연하였다. 더욱이 이러한 기획과 전망이 폴리스의 운명을 좌우하기도 하였다. 소크라테스가 유력한 정치가로 성장할 수 있던 알키비아데스에게 정의에 대한 무지를 깨닫고 그것에 대한 앎의 필요성을 일깨운 것은 그런 그의 섣부름이 자칫 폴리스를 심각한 위기로 몰고 갈 수 있었기 때문이었다.

메타버스에 대한 기대가 매우 크다. 기업들의 투자뿐 아니라 주식시장에서도 메타버스 관련 주들의 상승을 심심치 않게 볼 수 있다. 필자와 같은 인문학자도 이렇게 메타버스에 대한 글을 쓰고 있다는 것은 메타버스에 대한 현재의 기대를 방증하는 것이라 봐도 무방할 듯하다. 그렇지만 우리는 최소한 경험적으로라도 기대가 큰 만큼 위험역시 크다는 점을 잘 알고 있다. 그래서 우리는 그 위험을 조금이라도 줄일 필요가 있다. 이를 위해 우리는 모든 것 혹은 충분한 것 정도는 아닐지라도, 메타버스와 관련을 맺고 있는 중요한 개념들에 대해어느 정도라도 묻고 해명함으로써 메타버스의 미래를 위한 최소한의토대는 마련해야 할 것이다.

2. 인간 삶의 터전으로서의 '현실'

우선 익숙한 사전적 정의에서 '현실'을 이해해나가보도록 하자. 국립국어원 표준국어대사전에 따르면, '현실'은 다음과 같이 정의되고 있다.[2]

가장 익숙한 것은 첫 번째의 정의 '실제로 존재하는 사실이나 상태'

---

2   https://stdict.korean.go.kr/search/searchView.do

```
「명사」

「1」 현재 실제로 존재하는 사실이나 상태.

 • 분단 현실.
 • 어려운 농촌 현실.
 • 현실을 직시하다.

 「반대말」이상(理想)

「2」 「철학」실제로 존재하는 사실.

「3」 「철학」사유의 대상인 객관적·구체적 존재.

「4」 「철학」주체와 객체 사이의 상호 매개적·주체적 통일.
```

이다. 사실 이런 말뜻을 따라가 보면, 서로 반복되어 서로를 정의하는 경우가 많은데, 사실 이 경우도 그러하다. '실제로'라는 뜻은 '거짓이나 상상이 아니고 현실적으로'라는 뜻이다. 그리고 '상상'은 '실제로 경험하지 않은 현상이나 사물에 대하여 마음속으로 그려 봄'이다. 서로의 말이 반복되는 탓에 정확한 정의가 어렵기는 하지만, 이러한 정의들에서 대략적인 현실의 의미를 찾아볼 수 있다. 우선 상상으로부터 시작해보도록 하자. 상상에서 '실제로 경험하지 않은'이라는 말은 어떤 물리적인 경험을 뜻하는 것으로 이해해볼 수 있다. 다시 말해 머릿속에서 기하학의 도형을 그리는 것과 같은 정신적 경험이 아닌 신체를 중심으로 한 물리적 경험을 지칭하는 것으로 이해된다. 그러니 '실제로'는 눈앞에 물리적으로 드러나 있는 상태 정도를 의미하는 것으로 이해해 볼 수 있을 듯하다. 이 두 말을 이렇게 이해해보면, '현실'은 어떤 물리적 상태를 뜻하는 것으로 이해할 수 있다. 우리는 몸을 가지고 있으며, 몸은 물리적인 것이다. 현실이 어떤 물리적 상태를 뜻하는 것이라면, 이런 몸이 드러나 있는 것도 바로 현실이다. 몸과 같은 물리적 사물이 존재하기 위해서는, I. 칸트의 말처럼, 공간이 전제되어야 한다. 『순수이성비판』에서 그가 말한 것처럼, 빈 공간은 상상할 수 있지만, 공간 없는 사물은 상상할 수도 없기 때문이다.

> 사이버스페이스가 공간의 개념을 분명히 나타내고 있다면, 그것이 예증하고 있는 것은 정확히 무엇인가? … 그러한 논의를 관통하는 주제는 서구 문화에서 오랜 기간 지속되어 온 육체와 정신의 긴장 관계이다. … 공간과 관련하여 이 긴장은 변천을 거듭해 온 물질 공간과 정신 공간의 개념, 즉 우리의 육체가 속해 있는 공간과 우리의 '정신' 혹은 '영혼'이 속해 있는 공간의 개념들 속에 고스란히 배어 있다.[3]

몸과 같은 물리적 사물이 드러나는 사태가 현실이라면, 현실은 그러한 사태 자체가 존재하기 위한 조건이기도 하다. 마거릿 버트하임의 언급에 따라 본다면, 서구의 문화 속에서 오랜 기간 지속된 물질 공간과 정신 공간의 긴장관계 구조에 있어 현실은 물질 공간을 지칭하는 개념으로 이해된다. 서구의 문화도 그러려니와 일상의 이해 속에서 현실은 물리적 경험의 장으로 이해되는 것이다. 그리고 우리의 신체가 경험을 수행하는 것으로 이해하게 되면, 우리의 경험적 삶이 펼쳐지는 것도 곧 현실이 된다. 다시 말해 현실은 곧 삶의 터전인 셈이다.

그런데 이러한 생각을 해보도록 하자. 우리가 누군가와 사랑을 나

---

3 마거릿 버트하임, 『공간의 역사』, 박인찬 옮김, 생각의 나무, 2002. 41쪽.

눈다고 생각해보자. 사랑하는 상대와 나는 사랑을 하고 있다. 물론 우리는 때로 육체적인 관계를 사랑을 나눈다고 표현하기도 한다. 그러나 여기서의 사랑은 그런 행위를 의미하지 않는다. 그렇다면 그 둘은 현실 속에서 사랑을 하는 것이 아닌가? 만일 정신 공간과 물질 공간이 서로 이질적인 것이어서 완전한 경계를 기준으로 나뉘어 있는 것이라면, 이 둘 간의 교차점은 존재하지 못할 것이다. 이 경우 정신 공간 내의 행위로 간주되는 앞서의 사랑은 현실 속에서 펼쳐질 수 없다. 그런 정신 공간의 행위는 실제로 존재할 수 없는, 그래서 그저 상상일 뿐이다. 그리고 '거짓 혹은 상상'이라는 말처럼 거짓과 상상이 교차적으로 이해될 수 있는 것인 한, 이 상상은 거짓일 수도 있다. 이런 경우는 어떠할까? 만일 정신 공간이 현실 공간 내에 있는 것이라면 말이다. 이 경우 우리는 어쩌면 이 둘 간의 교차점을 발견할 수도 있다. 그러나 이 정신 공간의 행위는 물리적으로 경험되는 것이 아니기에 실제로 존재하는 현실 공간 내에는 있을 수 없다. 방법은 단 한가지이다. 그러한 정신적 행위는 물리적 현상의 잘못된 표현이라 보는 것이다. 이 경우 정신적 현상으로서의 사랑은 뇌의 한 부분에서 일어나는 호르몬의 작용쯤으로 환원되어 이해될 수도 있을 것이다.

물론 이러한 이해는 물리적 설명을 위해서는 매우 적합한 것일 수 있다. 하지만 이러한 이해 속에서 우리는 인간 삶의 역사 속에서 그리고 특히 문화적 삶 속에서 그와 같은 사랑이 차지하고 수행해 온 수많은 영향과 흔적들을 모두 거부하고 지워야 한다. 그러한 설명력이 이러한 가치를 갖는 것인지는 논외로 하더라도, 아마도 대부분의 사람이 그러한 설명력을 위해 자신의 역사를 도려내는 선택을 하지는 않을 것으로 보인다.

지나친 극단화와 가정으로 보일 수 있다. 하지만 극단화와 가정은 현실을 이해해 온 우리의 정의에서, 우리의 언어 사용에서 기인된 것이다. 과연 현실은 그러한 것인가? 우리의 상상은 그것이 물리적인 것 혹은 물리적 토대를 갖고 있지 않는 한 그저 거짓인 것인가? 우리의 사랑은 그저 거짓의 모습, 즉 가상(假像)인 것인가?

virtuel이라는 단어는 중세 라틴어 virtualis에서 유래하였다. 이 단어는 힘, 능력이라는 뜻의 virtus에서 유래한 것이다. 스콜라철학에서는 실행 상태가 아니라 잠재된 힘의 상태로 존재하는 것이 가상적(virtuel)인 것이다. 가상적인 것은 *실제적인 것*으로 구현되려는 경향이 있지만, 실제적으로 혹은 형태적으로 구체화되지는 않는다. 가령 나무는 씨앗 안에 가상적으로 존재한다. 철학적 엄밀성에 입각한다면, 가상과 대립되는 개념은 실재(réel)가 아니라 *실제(actuel)*이다. 다시 말해서 가상성과 *실제성*은 존재의 두 가지 다른 방식일 뿐이다.[4]

만일 '실제로 존재한다'는 제한이 현실의 유일한 조건이 아니라면, 피에르 레비의 분석처럼, 우리는 현실과 가상을 전혀 다른 관점과 구도에서 이해할 수도 있다. 이 구도에서 현실은 물리 공간으로 규정되지 않는다. 그렇다고 이 공간이 정신 공간으로 규정되지도 않는다. 물

---

4   피에르 레비, 『디지털 시대의 가상현실』, 전재연 옮김, 궁리, 2002, 20쪽 참조. 여기서 이탤릭체로 표시한 부분은 필자가 원래의 번역어인 '현실'을 '실제'로 바꾸어 놓았기 때문에 표기해 놓은 것이다. 우리가 흔히 현실이라고 번역하는 reality는 real(réel)에서 온 말로서 실재라는 말과 병용되며, 이러한 의미에서 actuel을 현실로 번역하게 되면 혼동이 생길 수 있어, 인위적으로 번역어를 바꾸어 사용하였다.

리적으로 경험되지 않는다면 그 어떤 것은 존재하지 않는 것이 아니다. 만일 씨앗 안에 가상적으로 존재한 나무가 실제 발현되지 않는다고 하더라도, 그것이 존재하지 않는 것은 아니기 때문이다. 따라서 이러한 구분이나 구별은 이제 의미가 없어지게 된다. 오히려 이 구분과 구별의 붕괴 속에서 우리는 우리 삶의 전(全) 모습을 현실이라는 이름 아래 둘 수 있다. 현실은 그저 신체적으로 경험될 수 있는 삶의 터전만이 아니라 물리적 성격과는 전혀 다른 행위가 펼쳐질 수 있는 터전이기도 하다. 우리가 흔히 '가상'으로 번역해 온 'virtual' 혹은 'virtuality'가 현실이라는 의미를 담고 있듯이, 현실에 대한 물리적 규정을 토대로 가상과 현실을 구분해 온 경계의 붕괴는 현실에 대한 새로운 이해를 가능하게 한다.

우리는 여기서 가상과 현실의 관계성에 대한 물음이 '나', 즉 인간의 존재 문제와 결부되었다는 점을 상기해 볼 필요가 있다. 그럴 수밖에 없는 이유는 인간 존재는 그의 삶에서 드러나고, 인간의 현실이란 그의 존재가 드러나는 삶 그 자체이기 때문이다. 우리가 이미 가상현실에 대한 논의에서 살펴보았듯이, 전통적인 관점에서 가상의 실재성을 확보하려는 시도는 가상에 있어 '나'의 존재 터가 마련될 수 있는가의 문제였다. 만일 '나'의 존재 터가 가상에서 마련될 수 있다면, 그것은 이미 가상이 아닌 현실이다. 더 나아가 만일 '나'의 존재 터가 가상에서만 마련된다면, 오히려 그것이 현실이며, 우리가 상식적으로 이해해 온 현실은 역으로 가상으로 간주된다. 반대로 이러한 현실에, 다시 말해 상식적 혹은 연장적 혹은 물질적 현실에 기초한다면, ― 근대의 과학적 전통이 보여주는 바와 같이 ― '나'는 물리적 존재, 즉 육체로서의 '몸'으로 규정되며, 가상의 '나'의 존재 터에서 제외된다. 따라서 '나'와 '몸'이 별개의 것이 아니라면, 가상과 현실의 관계성에 대한 문제는 결국 '나'와 '몸'의 의미에 대한 새로운 이해를 요구하게 된다. 이것은 또한 가상-현실 연속체로서의 혼합현실이 이념적으로 요구하는 바이기도 하다.[5]

우리가 물리적인 것을 기준으로 하여 현실과 가상을 구분하지 않는다면, 우리의 현실은 그 어느 하나의 선택이 아닌 '가상-현실 연속체로서의 혼합현실'로서 이해될 수 있다. 이 이해 속에서 가상과 현실은 결코 대립해있거나 어느 하나가 다른 어느 하나에게 의해 규정되지도 않는다. '실제'와 '가상'은 그야말로 얽혀 융화됨으로써 현실이 되며, 바로 이러한 의미에서 현실은 말 그대로 혼합현실인 것이다.

3. '현실'의 조건 – 문화와 공공성

우리는 물리적 삶만을 살아가지 않는다. 물리적 삶으로의 이해는 자칫 우리 인간의 활동을 생존이라는 틀 속에서 이해하도록 만들 수도 있다. 물론 우리는 생존을 위한 활동을 수행해야 한다. 우리는 결코 물리적 자아로서의 나를 부정하거나 거부할 수 없기 때문이다. 그러나 인간의 활동이 그 안에만 예속되어 있는 것은 아니다. 잘 알려진

---

5   김종규, 「디지털 오디세이: 춤추는 몸과 디지털 컨버전스」, 『대동철학』, 제63집, 2013.06, 212~213쪽.

것처럼, 한나 아렌트(Hannah Arendt)는 생존과는 또 다른 목적을 가진 인간 활동의 두 범주로서 '일(work)'과 '행위(action)'을 구분한 바 있다.

일은 모든 자연적 환경과는 분명하게 다른 '인공적'인 사물세계를 제공한다. 각각의 개별적 삶은 그 경계 안에 자리 잡고 있지만, 이 세계 자체는 개별적 삶보다 더 오래 지속되고 이를 초월하는 것으로 여겨진다. 다시 말해 일의 인간적 조건은 세계성이다. 행위는 사물이나 물질의 매개 없이 인간들 사이에서 직접적으로 이루어지는 유일한 활동이다. 행위는 다수성이라는 인간의 조건, 즉 한 인간이 아니라 다수의 인간이 이 지구상에 살고 세계에 거주한다는 사실과 일치하다. … 어떤 누구도 지금까지 살았고 현재 살고 있으며 앞으로 살게 될 다른 누구와 동일하지 않다는 점에서만 모든 인간은 동일하다. 이 때문에 다수성은 인간 행위의 조건인 것이다.[6]

한나 아렌트처럼, 인간의 활동을 3개의 범주로 엄격하게 구분한다면, 인간만의 고유한 활동으로 볼 수 있는 것은 일과 행위라는 두 범주가 될 것이다. 하지만 이런 구분은 목적에 따른 구분일 뿐, 실제 삶의 과정에서 이 활동들을 범주적으로 명확히 구분할 수는 없다. 그렇

---

6   한나 아렌트, 『인간의 조건』, 이진우 역, 한길사, 2017, 73~75쪽. 번역자는 work를 '작업'이라고 번역하였으나, 여기서는 '일'로 번역한다. work는 인간이 호모 파베르일 수 있는 조건으로서의 활동이다. 일을 하는 존재가 바로 호모 파베르인 것이다. 일은 곧 호모 파베르의 구실(ergon, 일)이며, 이러한 의미에서 여기서는 work를 일로 번역하여 사용한다.

지만 일단 생존은 인간만의 조건이 아닌 생명을 가진 존재로서의 기본적 조건이라는 점에서 제외해 보기로 하자. 우선 '일'은 인공적 사물 세계를 구축하는 활동이다. 도구는 그 대표적인 사례이며, 도구를 매개로 인간은 자연과는 다른 인간만의 세계를 구축한다. 이러한 의미에서 일의 인간적 조건이 자연성이 아닌 세계성이 된다. 한나 아렌트는 물적 세계의 구축이라는 점에서 일과 행위를 구분한다. 행위는 "사물이나 물질의 매개 없이 인간들 사이에서 직접적으로 이루어지는 활동"이다. 이 활동이 개별적 인간 차원에서 이루어지는 것이 아니라 '인간들 사이'에서 직접적으로 이루어지는 것은 그 활동이 혼자가 아니라 함께 이루어진다는 것을 의미한다. 함께 이루어지는 근본적인 조건은 그 모든 인간들 개개가 서로 다르기 때문이다. 그리하여 인간은 경쟁이 아니라 협력하며, 이 협력의 결과는 결코 개인에게만 귀속될 수 없다. 자연과 다른 인간의 사회는 이 행위의 결과로 드러나는 인간 삶의 공간이다. 인간의 사회 역시 행위를 통해 구성되는 것이다.

  물론 도구의 제작이 한 개인의 작업으로 한정하여 이해될 수도 있지만, 그러한 결과라면 개별적 삶을 초월하는 인공의 세계를 구축하는 결과로 나아갈 수 없다. 도구의 제작 역시 개인에 한정된 활동이 아니라 인간과 인간 간의 관계 속에서 펼쳐지는 것이며, 다만 그것은 '사물이나 물질'을 매개로한 것일 뿐이다. 이렇게 본다면, 인간과 인간의 관계라는 점에서, '일'은 '행위'와 근본적으로 구분되기 어려워진다. '사물 혹은 물질'의 매개를 배제한다면, 일과 행위 모두 인간과 인간의 관계이며, 그 결과 역시 이 관계에 기초한 것이기 때문이다. 더욱이 인공의 세계도 구축되며, 인간의 사회도 구축되고, 이 둘 모두 자연과는 다른 인간의 고유한 세계라는 점에서도 그러하다.

앞서 언급한 혼합현실의 관점에서 일과 행위를 바라본다면 어떨까? 이 관점에서 최소한 우리는 '사물 혹은 물질'이라는 매개를 이 둘을 구분하는 계기로 인정하지 않을 수 있을 것이다. 그러하다면, 우리는 일과 행위 모두를 인간 세계의 구축을 위한 혼합적 활동으로 이해해 볼 수도 있을 것이다. 즉 인간은 물리적으로도 혹은 비물리적으로도 인간의 고유한 세계를 구축해 온 것이다. 하지만 사실 자연과 다른 인간의 고유한 세계를 지칭하는 이름이 이미 존재한다. '문화(文化)'가 바로 그것이다.

문화는 결코 개인에게 한정될 수 있는 개념이 아니다. 물론 개인이 문화에 기여하는 바가 있을 것임에는 분명하다. 그렇지만 문화가 어떤 특정 개인에 의해 만들어지는 것은 아니다. 예를 들어 우리나라의 김치와 같은 음식 문화는 어느 한 개인이 아니라 그와 같은 문화를 향유하는 전체의 공유 과정을 통해 형성된 오랜 숙성의 결과이다. 그러나 하나의 문화는 고정되고 유일하며 획일적인 행동 지침을 결코 의미하지 않는다. 앞서 언급한 김치 문화의 경우에서처럼, 개인들은 이 문화의 형성 과정에 개입함으로써 그 문화의 일원으로서 자기 자신을 확인하기도 하지만, 다른 한 편으로 또 다른 문화의 방향을 만들어가는 데 일조하게 되기 때문이다. 이른바 문화는 다수성이라는 인간의 조건을 토대로 하며, 이들 간의 지속적이고 끊임없는 활동과 재생산 속에서 역동적으로 구축되어 가는 것이다. 이 역동적인 문화의 형성 과정에서 한나 아렌트가 언급한 인간 활동의 범주들은 서로 얽히고 융합되어 펼쳐진다. 인간은 결코 이 문화라는 세계의 외부에 놓여 있지 않다. E. 카시러가 말하듯, 인간은 문화를 통해 인간으로서 성장해 나간다.

인간이 문화를 통해 인간으로서 성장하는 것이라면, 문화는 인간의 조건이다. 인간으로서의 삶은 자연이 아닌 문화 속에서 이루어지는 것이며, 이러한 의미에서 문화는 어느 특정인의 소유가 아닌 인간모두가 함께 갖는(公共, 공공) 방식으로 소유된다. 문화야 말로 다수성이라는 조건 하에서 구축된 세계이기 때문이다. 따라서 이와 같은 공유의 특성으로 인하여 문화는 양도할 수할 없는 것이 된다. 이 양도할수 없는 조건이 바로 인간으로서의 삶의 조건이며, 이 조건 하에서만인간으로서의 삶의 가능성은 확보된다. 만일 혼합현실로서의 현실이인간 삶의 터전이라면, 이 현실 역시 문화와 무관할 수 없다. 특히 우리 인간이 인간으로서의 삶을 추구하며 살아가고자 한다면, 인간 삶의 터전으로서의 현실은 그 자체로 문화세계여야만 하는 것이다. 그리고 그러한 한, 현실 역시 문화세계의 양도될 수 없는 소유의 특성,즉 공공성(公共性)을 공유해야 한다.

4. 메타버스는 '현실'인가?

우리는 지금껏 가상과 현실의 관계를 일상적인 의미에서부터 분석을시작하여 이념적 역사의 과정과 종합하여 현실을 혼합현실로서 규정하였다. 그리고 이 규정 속에서 한 편으로 가상과 현실은 더 이상 대립적 개념으로서 이해되지 않으며, 다른 한 편으로 혼합현실로서의현실은 인간의 문화세계로서 이해된다. 이제 지금까지의 이해와 논의를 메타버스의 논의와 연결시켜 보도록 하자.

이미 많은 메타버스 연구서들에서 소개된 것이지만, 우리가 지금까지도 메타버스에 대한 이해에서 참조하고 토대를 두고 바탕으로 삼는 것이 2007년 발표된 〈METAVERSE ROADMAP – Pathways to the 3D Web(메타버스 로드맵-3D웹으로 가는 길)〉이다.[7] 그리고 이 속에서도 메타버스라는 이름이 닐 스티븐슨의 *Snow Crash*에서 연원되고 있음을 발견할 수 있다.

우리는 메타버스라는 용어를 닐 스티븐슨이 *Snow Crash*라는 사이버펑크 과학 소설에서 발명해낸 것을 포함하고 토대로 삼는 방식으로 사용한다. 그것은 가상과 3D 기술에 의해 광범위하게 재편된 미래를 담아내고 있다.[8]

닐 스티븐슨이 Snow Crash를 발표한 것은 1992년이었다. 사실 1990년대는 디지털 기술의 개발과 활용과 관련하여 많은 변화가 있었던 시기였다. 예를 들어 컴퓨터 사용의 획기적인 전환을 가져온 Windows 95가 세상에 모습을 드러낸 시기였으며, Paul Gilster가 Digital Literacy라는 개념을 발표했던 시기이기도 하였다. 또한 Gerry Kasparov가 IBM의 Deep Blue에게 패배를 한 것도 이 시기에 벌어진 사건이었다. 서로 다른 사건들이기는 하지만, 이 사건들 모두 디지털 기술과 인간 삶과의 연관 속에 놓인 사건들이었다. 이른바 인간과 기술의 관계 양상의 변화가 이러한 사건들을 촉발한 것으로 이해해 볼 수 있다. 우리가 최근 사용하고 있는 개념을 사용해본다면,

---

7   https://www.metaverseroadmap.org/overview/

8   https://www.metaverseroadmap.org/overview/

우리는 이 사건들을 디지털 전환(Digital Transformation)이라는 흐름 속에서 이해해 볼 수 있을 것이다. 그리고 이 사건들 중 가장 큰 개념은 메타버스라고 판단된다. 이 개념은 그야말로 '세계'라는 뜻을 포함하고 있기 때문이다.

> 그러니까 히로는 전혀 다른 곳에 존재하는 셈이다. 그는 고글과 이어폰을 통해 컴퓨터가 만들어 낸 전혀 다른 세계에 있다. 이런 가상의 장소를 전문용어로 '메타버스'라 부른다. 히로는 메타버스에서 많은 시간을 보낸다. 임대 창고에 사는 괴로움을 잊게 해 주기 때문이다. … 실제로 존재하는 곳은 아니다. 하지만 바로 지금 수백만 명의 사람들이 그 거리를 이리저리 오가는 중이다.[9]

스티븐슨의 소설 속에서 언급되는 것을 보면, 메타버스는 컴퓨터가 만들어 낸 가상공간을 지칭하는 말로 탄생한 용어이다. 이 가상공간은 실제로 존재하는 곳은 아니지만, 수많은 사람들이 오가는 것으로 느껴지는 현실과 유사한 공간이다. 메타버스 맵이 이야기한 것처럼, 현실 세계와 마찬가지로 3차원의 공간이다. 최근에도 사용되는 HMD와 유사한 고글과 이어폰을 통해 우리는 이 공간으로 접속해 들어갈 수 있다. 아마도 〈레디 플레이어 원〉을 본 사람이라면, 이 접속의 형태를 눈앞에서도 그려볼 수 있을 것이다. 이른바 현실과 가상을 넘나드는 것이다. 그런데 이러한 가상은 우리가 앞서 이야기한 상상이나

---

9   닐 스티븐슨, 『스노우크래쉬①』, 남명성 옮김, 문학세계사, 2021, 38~39쪽.

거짓과는 거리가 있어 보인다. 왜냐하면, 이 가상의 공간 내에, 비록 아바타이기는 하지만, '나'라는 존재가 개입되기 때문이다. '나'가 개입되어 있는 한, 그 공간 역시 인간의 활동과 삶의 공간일 가능성이 생기게 되는 것이다.

요약하면, 앞서 논의된 변화들에 대한 최선의 관점으로, 우리는 메타버스를 가상공간이 아니라 물리 세계와 가상 세계의 연결(junction) 혹은 연쇄(nexus)로 생각할 것을 제안한다.[10]

메타버스 맵에서 밝히고 있듯이, 메타버스는 현실과 대립적으로 규정되는 가상공간으로 이해되고 있지 않다. 여러 가지 면에서 가상과 현실은 말 그대로 연결되어 있다. 사실 이 개념이 처음 등장한 것은 메타버스 맵이 공개된 2007년도의 일이 아니다. 이것과 유사한 관점은 이미 디지털 전환의 중요한 시기인 1990년대에 개진되었다. 우리에게 잘 알려진 '혼합현실(mixed reality)' 개념이다. 밀그램(Paul Milgram)과 키시노(Fumio Kishino)는 혼합현실을 "완전한 현실 환경과 완전한 가상 환경 사이를 잇는 가상성 연속체 위의 어딘가에서 현실 세계와 가상 세계가 결합하는 곳", 즉 '가상 – 현실 연속체(Reality-

---

10 https://www.metaverseroadmap.org/overview/ 이러한 입장들은 메타버스 로드맵 곳곳에서 발견된다. 예를 들어, 다음과 같이 메타버스를 가상과 현실 둘 중 하나의 선택으로 보지 말 것을 메타버스 로드맵은 강조한다. "The Metaverse is the convergence of 1) virtually-enhanced physical reality and 2) physically persistent virtual space. It is a fusion of both, while allowing users to experience it as either."

Virtuality Continuum)'**11**로 정의하였다. 이들의 이러한 생각은 다음의
도식에서 분명하게 이해될 수 있다.

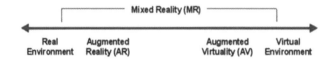

밀그램과 키시노의 혼합현실 개념 속에서 현실과 가상은 분리된
것이 아니라 하나의 스펙트럼으로 묶여 있다. 물론 이들이 가상과 현
실이라는 기존의 용어를 사용하고 있는 까닭에, 마치 현실과 가상이
여전히 대립적 구도에 놓인 것처럼 보이기도 한다. 하지만 이 구도
의 핵심은 그러한 대립을 넘어서야만 기술적으로 혼합현실이 구현될
수 있다는 점이다. 따라서 이들은 가상과 현실을 대립이 아닌 연속체
(continuum)의 관점에서 이해하고자 한다.

물론 메타버스는 이와 같은 혼합현실을 포함하는 보다 큰 개념이
다. 그리고 때로 확장현실(eXtended Reality)이라는 개념을 통해 혼합
현실과 관련된 일련의 기술들을 통합하여 표현하기도 한다. 하지만
메타버스 로드맵이 밝히고 있는 메타버스 시나리오 속 메타버스의
구도에서도 가상과 현실을 대립적인 관계가 아니라 연속체로 이해하
고 있다.

시나리오 세트를 구성하기 위해 우리는 메타버스가 전개되는 방식에

11   P. Milgram & A.F. Kishino, "*Taxonomy of Mixed Reality Visual Display*", *IEICE
     Transactions on Information Systems*, E77-K(12), 1994.

영향을 미칠 수 있는 두 개의 핵심 연속체들(continua)을 선택하였다: 증강에서 시뮬레이션에 이르는 기술들과 애플리케이션의 스펙트럼과 (동일성-중심의) 친밀성에서 (세계-중심의) 외부성(external)에 이르는 스펙트럼.[12]

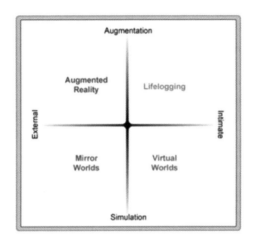

이 그림 속에서 증강현실, 라이프로깅, 거울세계, 그리고 가상세계는 구별되는 것이 아니라 스펙트럼 상의 특징을 나타낼 뿐이다. 메타버스가 연속체들이 두 스펙트럼의 교차로 구축되는 것인 한, 이것들은 상호 연관되고 연결됨으로써 새로운 방향의 모습들이나 기획들로

---

12 https://www.metaverseroadmap.org/overview/ 볼드는 필자 표기. 기술적 용어이다 보니 의미의 혼동을 피하기 위해 원문을 병기하는 것이 필요할 수도 있다고 판단되어 병기하도록 한다. 이와 관련된 메타버스 로드맵의 원문은 다음과 같다. "To construct our scenario set we selected two key continua that are likely to influence the ways in which the Metaverse unfolds: the spectrum of technologies and applications ranging from augmentation to simulation; and the spectrum ranging from intimate (identity-focused) to external (world-focused)."

전개될 수 있다.[13]

이 그림 상에서 우리에게 최근 센세이셔널하게 다가온 메타버스는 가상세계(Virtual Worlds)와 관련되어 있다. 이러한 까닭에 많은 경우 메타버스를 기존의 가상현실이라는 개념과 연관하여 이해하고 있기도 하다. 하지만 기존의 가상현실 개념이 추구하던 이념은 결코 연속체의 교차로서의 메타버스와는 다른 것이다. 기존의 가상현실 개념은 가상과 현실의 대립 구도 하에서 이해되었다. 이 구도 하에서 가상은 현실과 대립적 구도로 이해되어야만 하였으며, 이를 위하여 가상은 현실만큼의 실재성을 확보해야 하는 과제가 부여되었다. 이 과제의 가장 손쉬운 방법은 가상을 현실처럼 만드는 것이었다. 이로부터 '현실보다 더 현실 같은' 혹은 '실재 보다 더 실재 같은'이라는 일종의 표어가 가상현실의 신조(信條)로 자리 잡게 되었다.[14]

물론 연속체라는 개념 하에서 공통적 요소를 전혀 갖고 있지 않은 완벽한 다름은 지향점이 될 수 없을 것이다. 하지만 이 연속이 그저 공통의 요소들을 연장시켜 놓는다는 의미는 결코 아니다. 그러나 '현실보다 더 현실 같은'이라는 신조는 공통의 요소를 연장하는 방식 그 이상도 이하도 아니다. 그러한 한 우리는 현실보다 더 현실 같은 공간 내에서 새로운 경험의 가능성을 상실하게 된다.

---

13 증강현실, 라이프로깅, 거울세계, 그리고 가상세계는 우리가 그간 여러 파편적 기술을 통해 접해 온 것이기도 하다. 이에 대한 자세한 설명은 〈김상균, 『메타버스-〈디지털 지구, 뜨는 것들의 세상』, 플랜비디자인, 2020. 44~277쪽(PART2~5)〉/ 〈서성은, 「메타버스 개발동향과 발전전망 연구」, 한국HCI학회 학술대회, 2008〉을 참조할 것.

14 김종규, 앞의 글, 209쪽.

증강현실 메타버스는 현실 위에 가상의 이미지, 신기한 물건, 판타지적 세계관이나 이야기 등을 덧씌워서 만든 세계였습니다. 라이프로깅 메타버스에서 우리는 삶의 기록을 텍스트, 영상 등으로 다양하게 공유하고 서로 격려하며 지냈습니다. 거울 세계는 현실 세계를 거울에 비추듯이 메타버스 안에 구현해서 더 효율적으로 많은 것들을 할 수 있게 확장해 준 메타버스였습니다. 마지막 메타버스인 가상 세계는 현실에 존재하지 않는 전혀 다른 신세계입니다.[15]

현실과 똑같은 가상에서 우리는 '새로움'을 느낄 수 없다. 또한 현실보다 더 현실 같지만, 그것이 현실 그 자체가 아닌 한, 현실과 똑같은 가상은 그저 가짜일 따름이다. 일반적인 개념 사용에서 현실과 가상의 혼합, 좀 더 정확한 개념적 사용에서 실제와 가상의 혼합은 그 어느 하나가 다른 하나로 환원될 수 없는 나름의 고유성에서 기인되는 것이다. 그리고 그러한 한에서만, 우리는 '전혀 다른 신세계'를 경험할 수 있다. 그렇지만 이러한 신세계와 구세계가 그저 다르기만 한 것은 아니다. 이 둘 모두 '나'가 거주한다는 공통점을 갖기 때문이다. 물론 그 거주의 방식은 다르더라도, 나는 구세계에서도 신세계에서도 거주하며, 서로 다른 경험들 속에서 또 다른 나를 발견하고 인식하는 계기들을 마련할 수 있다. 우리가 그간 물리 공간을 현실이라고 이해해 온 것은 인간의 물리적 존재성이 거주할 수 있는 유일한 공간이었기 때문이다. 물론 인간이 갖고 있는 물적 토대를 부정할 수는 없지

---

15 김상균 앞의 책, 212쪽.

만, 그렇다고 인간이 오로지 물적 존재로만 존재하는 것은 아니다. 만일 우리가 인간에 대한 제한적 이해라는 한계에서 벗어난다면, 우리의 거주는 스펙트럼 어디에서도 가능할 수 있다. 다시 말해 내가 거주하는 공간이 현실이라면, 구세계뿐 아니라 신세계로서의 메타버스 역시 모두 나에게는 현실인 것이다.[16] 그리고 그 현실이 각기 나름의 고유성을 갖는 구세계와 신세계 모두를 포괄한다는 점에서, 그 현실은 곧 혼합현실이자 '살아 있는 현실'[17]이며, 진정한 의미의 확장된 현실이다.

5. '현실'로서의 메타버스가 갖추어야 할 조건- 메타버스의 미래와 공공성

그런데 과연 메타버스는 '현실에 존재하지 않는 전혀 다른 신세계'로 경험되는가? 물론 여러모로 물리적 공간 내에서 경험해 온 것들과는 다른 경험들이 있는 것은 분명하다. 하지만 근원적 차원에서도 그러한 것인가? 최소한 그 이전의 가상현실 기술과 기획들에서 전제되

---

16 이러한 의미에서 본 필자는 현재 메타버스로 대표되는 기존의 가상현실이라는 용어를 '디지털 현실(Digital Reality)'로 표현하고자 한다. 이 용어는 기존의 '현실'이라는 개념과 더불어 또 다른 인간의 현실을 지칭하기 위해 제안된다. '디지털 현실'이 또 하나의 현실일 수 있는 것은 그것 역시 기존의 현실과는 다른 시간과 공간의 개념을 갖고 있으며, 이 시간과 공간 내에서도 우리의 삶이 영위될 수 있기 때문이다.

17 이종관·김종규 외, 『디지털철학』, 성균관대학교출판부, 2013, 155쪽. '살아 있는 현실'은 특정 이데올로기의 개입으로 정립된 가상과 현실이라는 이원론적 구도 배후에서도 여전히 상존해 온 인간 본연의 실존적 현실을 의미하는 개념이다.

었던 모방적 세계의 구현을 벗어날 수 있는가? 이와 관련하여 우리는 '업랜드 Upland'라는 흥미로운 사례를 살펴볼 필요가 있다. 업랜드 역시 메타버스 상의 한 플랫폼이다. 이 플랫폼에서는 구글 지도에 등장하는 실제 부동산 정보를 바탕으로 메타버스에 참여하는 사람들끼리 실제 주소와 연결된 업랜드상의 부동산을 사고팔 수 있다. 또한 UPX라는 자체 발행한 화폐가 있어, 이 화폐를 가지고 부동산 거래를 할 수 있다.[18] 업랜드 뿐만 아니라 Earth2 역시 메타버스 내에서 공간을 분할하고, 분할된 공간을 판매하는 부동산업 플랫폼이다. 흔히 메타버스가 게임을 위한 공간으로 이해되기도 하며 그런 방식으로 운영되지만, 이 게임들 역시 즐기면서 돈을 벌 수 있다는 강력한 유인책을 일반적으로 가지고 있다. 일종의 상업적 공간으로 성장해가고 있는 셈이다.

부동산이 토지와 관련된 재산이다. 부동산업은 이 재산을 상품으로 거래하는 행위를 일컬으며, 이 상품의 거래는 부동산시장에서 이루어진다. 토지가 거래되기 위해서는 우선적으로 상품이 되어야 한다. 상품으로서 거래될 수 있는 가장 근본적인 조건은 그 상품이 양도될 수 있는 것이어야 한다는 것이다. 배타적 소유는 양도될 때 실현될 수 있으며, 판매가 배타적 소유를 위한 행위인 한, 양도는 판매에 전제되어야 하는 것이다. 다시 말해 상품은 팔리기 위해 존재하며, 양도가능성은 그 조건이다.

---

18 김상균, 앞의 책, 190쪽.

시장의 메커니즘은 상품이라는 개념의 도움으로 비로소 산업생활의 다양한 요소들과 맞물리게 된다. 상품은 여기서 경험적으로 정의되어, 시장에서 판매하기 위해 생산한 물건이라는 의미이다. … 노동·토지·화폐는 산업의 필수 요소이며, 이것들도 시장에서 조직되어야 한다. 사실 이 시장들이야말로 경제 체제에서 다른 무엇보다도 중요한 부분을 형성한다. 그러나 토지·노동·화폐는 분명 상품이 아니다. 매매되는 것들은 모두 판매를 위해 생산된 것일 수밖에 없다는 가정은 이 세 가지에 관한 한 결코 적용될 수 없다. … 이들 어떤 것도 판매를 위해 생산되는 것이 아니다. 그러므로 노동·토지·화폐를 상품으로 묘사하는 것은 전적으로 허구이다.[19]

칼 폴라니가 토지를 상품으로 묘사하는 것이 전적으로 허구라고 주장하는 까닭은 토지가 판매를 위해 생산된 것이 아니라는 근거에 서이다. 헨리조지는 자신의 저서 『진보와 빈곤』에서 자연에 의해 주어지는 것은 결코 개인의 소유가 될 수 없다고 주장하였다. 자연에서 주어진 것은 모두의 것으로 그 어느 누군가에게 개인적으로 소유될 수 있는 것이 아니다. 어느 누구도 자연에서 주어진 것을 자신의 배타적 소유로 주장할 수 있을 정도로 그 존재에 기여하지 못하기 때문이다. 따라서 우리는 그저 빌려서 사용할 수 있을 뿐이다. 하지만 시장 사회는 이 허구를 뛰어넘으며, 토지를 배타적으로 소유하는 방식으로 하나의 상품으로 만들었다. 국가가 소유한 토지 역시 때로 개인에게

---

19 칼 폴라니, 『거대한 전환』, 홍기빈 옮김, 길, 2009, 242~243쪽.

불하하기도 하며, 그 판매에 있어 국민의 의사를 전제로 삼지 않는다.

토지는 아니더라도 하천의 경우에도 유사한 지배와 소유는 진행되고 있다. 법적으로 하천을 개인이 소유할 수는 없지만, 토지의 소유를 통해 간접적으로 하천을 지배하는 데 성공할 수는 있다. 강변을 둘러싼 값비싼 아파트의 소유는 강의 전망을 배타적으로 소유할 수 있는 유력하고 그야말로 '현실적인' 방법이다. 이러한 소유의 방식은 우리의 현실을 공공의 공간으로서가 아니라 개인 간의 경쟁을 통한 확보의 대상으로 전락시킨다. 상품화의 대상은 집뿐만 아니라 우리의 도시 역시 가리지 않고 있다. 그리고 이 과정은 시장사회 속에서 정당화된다.

과연 메타버스 공간은 우리의 물리적 현실의 시장사회와 근본적으로 다른가? 오히려 이 시장사회를 그대로 모방하고 있는 것은 아닌가? 물론 Earth 2나 Upland의 경우 회사가 구축한 플랫폼이기에 그 공간에 대한 배타적 소유권을 주장하며 그 매매를 정당화할 수 있을지는 모르겠다. 하지만 이러한 입장이야말로 메타버스 공간을 소위 가상의 시장사회로 만드는 것이나 다름없다.

가상의 시장사회로서의 메타버스에서 우리는 소위 현실 속에서 경험하고 있는 공공성의 약화 혹은 붕괴의 경험을 그대로 반복하고 재현할지도 모른다. 시장에서의 협력이란 자기이익의 최대화를 위한 전략일 뿐이다. 따라서 만일 메타버스가 가상의 시장경제를 구현하는 방식을 지속적으로 유지하고 확대한다면, 그 공간 내에서 우리는 결코 협력에 기초한 공공적 질서와 공간의 공공성을 기대하기는 어려울 것으로 보인다.

이 같은 비판의 목적은 메타버스의 암울한 미래 전망과는 거리가 멀다. 오히려 이 비판은 메타버스가 미래 인간의 문화적 삶의 조건이 될 수 있기 위한 가능성을 높이는 데 그 목적이 있다. 예를 들어 리니지2의 바츠 해방전쟁이 메타버스의 세계 내에서 펼쳐질 수 있는 개인 간의 협력과 메타버스 공간의 공공성 회복의 가능성을 우리에게 보여주었던 것처럼, 메타버스의 경험 속에서도 암울한 미래와는 다른 또 다른 가능성을 우리가 경험할 수 있기 때문이다.

메타버스에 대한 기업들의 투자는 매우 활발하다. 페이스북이 회사의 명칭을 META로 변경할 만큼 메타버스에 대한 기업들의 신속한 대응과 대규모 투자가 이루어질 전망이다. 아마도 이 투자는 메타버스를 연장된 시장사회로 만드는 데 있을 것이다. 정부 역시 이러한 투자 대열에 동참할 것으로 보인다.[20] 기업 활동의 활성화를 위한 정부의 투자는 필요한 것이기도 하다. 하지만 이와 같은 방식의 투자와는 또 다른 방식의 투자도 동시에 이루어져야 할 것으로 보인다. 기업의 경우에는 사회적 책임을 다하기 위해서, 정부의 경우 그 고유하게 제일의 임무인 시민이 인간적 삶과 사회적 안정을 위해서, 시장성만이 아니라 메타버스의 공공성을 강화하는 방향의 투자와 활성화를 위한 정책과 지원에 적극적으로 나서야한다. 특히 메타버스가 수많은 '나'의 참여가 활성화될 수 있다는 점에서 공공성에 기반한 사회 정책의 산출 및 수행을 메타버스를 기반으로 실현해 내는 방식의 활성화도

---

20 정부는 2021년 7월 한국판 뉴딜 2.0에서 메타버스와 블록체인 등 '초연결신산업'을 육성하기 위해 2025년까지 2조 6,000억원의 예산을 투입한다고 밝힌 바 있다. 특히 메타버스 전문기업을 2022년 56개로 늘리고, 2025년에는 150개로 확대하겠다는 목표도 제시한 바 있다.

가능할 것으로 보인다. 예를 들어, 스마트시티 사업을 비롯한 도시 개발의 공공성 제고를 메타버스를 통해 이루어 낼 수도 있을 것이다. 메타버스 내에서 시민의 자발적 참여를 기반으로 한 미래 스마트시티 및 정책 시뮬레이션이 진행된다면, 우리는 보다 구체적인 방식으로 스마트시티를 비롯한 도시개발이 가져올 수많은 미래의 가능한 폐해들을 효과적으로 줄이며, 시민이 진정한 문화적 존재로서 거주할 수 있는 공간인 미래 도시를 실천적으로 구현해 낼 수도 있을 것이다. 그리고 이러한 방식이 사회의 더 많은 분야에 활용됨으로써, 메타버스 세계 속에서의 새로운 미래 경험을 우리의 실제 공간에 투영하는 혼합현실 기반 공공성 회복 전략을 추진해 볼 수도 있을 것이다.

인간의 현실은 결코 정태적이지 않다. 그 현실은 오히려 역동적이며, 따라서 늘 변화하고 변경된다. 인간 문화의 역사는 인간이 자신의 현실과 역동적인 상호 작용 속에서 한 편으로 스스로를 인식하고 강화해가며, 다른 한 편으로 현실의 변화를 촉구함으로써 스스로 자기 인식의 또 다른 조건을 구축해 온 과정을 잘 보여준다. 하지만 유념해야 할 것은 역사가 늘 긍정적인 방향으로만 흐르는 것은 아니라는 점이다.

과거 히틀러 치하의 나치정권이 신화를 하나의 기술적 무기로 사용함으로써 인간의 현실을 끔찍한 방향으로 유도해가기도 하였다. 이 현실 속에서 독일의 지성인들조차도 유대인에 대한 탄압을 스스로 정당화하는 비지성적 만행을 저지르기도 하였다. 현실의 역동성이 갖는 방향은 결코 정해져 있지 않다. 따라서 인간의 현실이 어떠한 방향으로 역동적으로 펼쳐질 수 있을지 우리는 늘 주시해야만 한다. 이러한 교훈은 메타버스에 있어서도 유효하다. 메타버스 또한 현실의 일원으로서 현실의 역동성을 구성하기 때문이다. 물론 나의 의도가 즉각적으로 세계에 반영되지는 않는다. 현실의 변화는 결코 개인적인 수준에서 일어나지 않는다. 하지만 현실이 우리가 거주하는 세계이고 공간인 한, 우리의 태도는 현실의 역동성에 있어 중요한 계기일 수밖에 없다. 그래서 우리는 메타버스를 그저 익숙한 어떤 환경 정도로 생각해서는 안 된다. 우물 안의 개구리(井底之蛙)가 그 우물을 벗어나기 위해서는 그 우물의 익숙함을 거부할 수 있어야 하듯이, 우리 역시도 우리의 현실에 대해, 메타버스에 대해 물음을 멈추지 말아야 할 것이다. 특히 우리 미래 거주 터로서의 현실을 가꾸어 나가기 위하여 나를 포함한 우리가 어떤 미래를 살아갈 것인지에 대해 물어야만 한다. 특히 메타버스를 모방의 세계로, 결국 가짜의 세계로 만들어 갈 것인지, 아니면 진정한 인간의 거주를 허용하는 현실의 일원으로서 받아들일 것인지에 대한 결단과 물음은 미래 메타버스인(人)인 우리에게 너무도 중요한 것이다. 이것이 바로 우리가 메타버스의 공공성(公共性)에 대한 물음을 결코 놓쳐서는 안 될 이유이기도 하다.

참고문헌

김상균,『메타버스-〈디지털 지구, 뜨는 것들의 세상』, 플랜비디자인, 2020.

닐 스티븐슨,『스노우크래쉬①』, 남명성 옮김, 문학세계사, 2021.

마거릿 버트하임,『공간의 역사』, 박인찬 옮김, 생각의 나무, 2002.

이종관·김종규 외,『디지털철학』, 성균관대학교출판부, 2013.

피에르 레비,『디지털 시대의 가상현실』, 전재연 옮김, 궁리, 2002.

플라톤, 『알키비아데스』, 김주일·정준영 옮김, 2014.

칼 폴라니, 『거대한 전환』, 홍기빈 옮김, 길, 2009.

한나 아렌트, 『인간의 조건』, 이진우 역, 한길사, 2017.

김종규, 「디지털 오디세이: 춤추는 몸과 디지털 컨버전스」, 『대동철학』, 제63집, 2013.06.

서성은, 「메타버스 개발동향과 발전전망 연구」, 한국HCI학회 학술대회, 2008.

Milgram., P & Kishino. A.F., "Taxonomy of Mixed Reality Visual Display", *IEICE Transactions on Information Systems*, E77-K(12), 1994.

Metaverse Roadmap ⟨https://www.metaverseroadmap.org/overview/⟩

https://stdict.korean.go.kr/search/searchView.do

새로운 플랫폼공동체를 위한 메타버스 트랜스포메이션: 생활공감플랫폼(ECOP)[1]

김화자

1. 디지털 환경에서 메타버스 환경으로

1) 디지털 자동화 환경

4차 산업혁명은 지능형 CPS(Cyber Physical System)에 의한 초연결적 자동화가 핵심이다. 이를 위해 신속하게 선택적으로 연결할 수 있는

---

[1] 필자는 메타버스를 생활공감플랫폼(E-coplatform, ECOP)으로 정의할 수 있다고 본다. 플랫폼 앞에 붙인 'E-co'는 디지털 인터페이스에 근거해 생활전반에 걸쳐 협력적으로 '정서적인 것, 경제적인 것을 비물질적 친환경적인 것의 경험으로 공유'한다는 점에서 'e-lectronic, e-motion, e-conomy, e-cology, e-xperence'의 5개 E의 함께(co)를 의미한다. 참고로 메타버스에 대한 다른 연구자들은 메타버스를 5C 즉 'Canon(세계관), Creator(창작자), Currency(디지털 통화), Continuity(일상의 연장), Connectivity(연

센서와 다양한 CPU를 탑재한 임베디드(Embedded) 컴퓨팅 기술이 중요했다. 따라서 4차 산업혁명이 추동하는 디지털 트랜스포메이션은 다양한 혁신기술들(인공지능, 사물인터넷, 무인 운송 수단, 3D 프린터, 로봇공학, 나노기술..등)을 연결해 최적의 자동화 서비스를 제공하는 데 있다. 자동화 서비스는 생산과 소비를 일원화해 개인 맞춤형 비퍼(before) 서비스를 목표로 한 것이다. 따라서 온라인과 오프라인의 신속한 자동 연결에 효율적인 플랫폼은 VR(Virtual reality, 가상현실)보다 현실에 데이터가 증강된 AR(Augmented reality, 증강현실)이었다.[2] 그런데 최적의 생산과 소비 자동화의 편리함은 과잉소비와 폐기물의 양산 또한 초래하게 되었다.

게다가 스마트폰 액정에서 놀이와 일을 해결하며 살아가는 우리는 꼼짝 않고 엄지손가락만 움직여도 시공간의 제약 넘어 사물, 타인과 연결할 수 있다. 그 결과 현대인은 직접 만나서 얼굴보고 대화하는 것보다 SNS로 교류하는 것에 익숙해진 '포노사피엔스(Phonosapiens)'[3]가 되었다. 거기에 코로나 팬데믹으로 직접적인 만남이 단절되면서 언택트(Untact) 삶의 물리적 제한을 넘어서는 온택트(Ontact)의 실감 문화를 추구하고 있다. 이로써 기존 〈세컨드라이프〉(Second Life)와 〈싸이월드〉(Cyworld)는 생활소통의 메타버스(Metaverse)로 새롭게 재

결)'(고선영 외 3인, 「메타버스의 개념과 발전 방향」, 『정보처리학회지』, 제28권, 2121, 10~11쪽 참조) 또는 '4I(Immersion, Interaction, Imagination, Intelligence)의 경험가치 전달'(이승환, 『메타버스 비긴즈: 인간×공간×시간의 혁명』, 굿모닝미디어, 2021, 55쪽)로 간주한다.

2   김화자, 「4차 산업혁명의 O2O 플랫폼으로서 AR」, 『인문과학』, 인문과학연구원, 제65집, 2017, 66쪽 참조.

3   최재붕, 『포노 사피엔스 – 스마트폰이 낳은 신인류 』, 쌤앤파커스, 2019, 6쪽.

구축되어 소환된 것이다. 즉 자유로운 대면생활이 어려워져 '현실을 초월한 세계('초월meta'와 '세계verse'의 합성)'라는 의미로서 3D 디지털 가상현실(3D Digital Virtual Reality)을 지칭하는 메타버스로 실감형 교류를 추구하고 있다. 이런 점에서 세컨드 라이프는 단순히 "게임이나 놀이가 아닌 월드 와이드 웹(World Wide Web)의 창조와 견줄 수 있는 인터넷의 표석"[4]으로 평가 받는다.

메타버스는 닐 스트븐슨(Neal Stephenson)의 『스노 크래시Snow Crash』(1992, 사이버 펑크 SF 소설)[5]에서 가상세계로 처음 언급된 이후 기술의 발달과 융합에 의해 다양한 유형으로 구체화 되었다. 기술 연구 단체인 ASF(Acceleration Studies Foundation)에 따르면, 메타버스는 SNS처럼 일상을 기록하는 라이프 로깅(Lifelogging: 라이프Life와 로그Log의 합성어), 영화 〈레디 플레이어 원〉(2018)의 게임 같은 가상현실(VR), 〈포켓몬고〉와 같은 증강현실(AR), 지구를 거울처럼 복제한 〈Earth 2〉와 같은 거울세계(Mirror World)의 4가지 종류로 분류된다. 실제 사회전반에 걸쳐 제작되는 메타버스 유형[6]은 4개의 독립된 유형

---

4 Eliane Schlemmer/Luciana Backes, *Learning in Metaverses: Co-Existing in Real Virtuality*, IGI Global, 2014, p. 70. 린든 랩이 2003년 개발한 인터넷 기반 〈세컨드 라이프〉는 3G와 PC에서만 가능했으나 현재는 5G와 클라우드로 빨라졌다. 〈싸이월드〉 또한 2019년에 폐쇄되었다가 메타버스 환경을 갖추고 2021년 〈싸이월드 Z〉으로 다시 개방했다.

5 메타버스란 명칭이 처음 언급된 이 장편 소설은 린든 랩을 창업하고 '세컨드 라이프'를 개발한 필립 로즈데일(Philip Rosedal)에게 영감을 주었을 뿐만 아니라, 메타버스의 기술적 혁신에 중추가 되는 회사, 엔비디아(NVDA)의 최고 경영자인 젠슨 황(Jensen Huang)에게도 영감을 주어 현재 메타버스 환경(https://www.yna.co.kr/view/AKR20210614124300005 참조)의 시발점이 된다.

6 https://www.waytoliah.com/1489 참조

보다 가상현실 게임영역과 라이프로깅의 생활소통영역으로 나뉜다. 최근에는 업무영역[7]으로도 확장되고 있다. 마침내 메타버스는 게임, 생활소통이 하나의 플랫폼으로 총체화 되어 다양한 경험과 서비스를 제공하게 되었다. 그렇다면 게임, 생활, 업무가 하나의 플랫폼으로 총체화 되어 실시간 협력적, 지능적, 공감적 경험을 통해 새로운 가치를 생성하고 있는 메타버스 환경을 기존 디지털 트랜스포메이션이 추구하는 것과 같다고 보아야 할까? 아니면 삶과 일의 양식을 근본적으로 변화시킬 수 있는 메타버스 트랜스포메이션으로 보아야 할까?

2) 메타버스 공감 환경

현재 가상현실로서 메타버스의 가상(virtuel)은 더 이상 실재하지 않는 세계를 지칭하는 것이 아니라 '잠재적 힘'을 뜻하는 중세 라틴어 'virtualis'[8]의 의미로 해석된 확장현실(Extended Reality)로 통용되고 있다. 기존 가상현실로서 메타버스가 라이프 로깅, 게임콘텐츠, 엔터테인먼트에서 주로 사용되었다면 미래에는 일상과 산업 전반으로 확장될 것이다. 그것은 디지털 자동화 환경이 메타버스의 생활공감 환경으로 변화되고 있기 때문이다. 그렇다면 기존 가상현실 게임에 적용된 기술 환경과 비교해서 특별히 새롭지 않은 메타버스가 왜 최근

---

[7]   오프라인 사무실을 메타버스 업무 플랫폼으로 구현한 것에는 Virtway, Teooh, Rumii, MeetingRoom … 등 다수가 있고, MS도 협업 플랫폼으로 'Mesh'를 공개했다. 나아가 페이스북은 헤드 마운틴 디스플레이(오큘러스 퀘스트)만 착용해도 일할 수 있는 메타버스 사무실 'Infinite Office'를 발표했다.(https://www.donga.com/news/It/article/all/20210820/108641937/1 참조)

[8]   피에르 레비, 『디지털 시대의 가상현실』, 전재연 옮김, 궁리, 2002, 19쪽.

갑자기 미래사회 전반을 견인하는 기술환경으로 급부상하고 있을까? 메타버스로의 환경 전환에서 가장 중요한 것은 무엇인가? 직접 만나거나 접촉하지 않아도 일상생활은 물론 타인들과 함께 상호작용하면서 다양한 활동을 경험할 수 있는 몰입환경의 구축인가? 아니면 몰입환경에 입각해 다른 가치를 추구할 수 있기 때문인가? 최적의 자동화에 초점이 맞춰졌던 기존 디지털 환경에서 메타버스 트랜스포메이션을 추동할 수 있게 된 변화된 기술적 환경에 대해 살펴보는 것이 필요하다.

프랑스의 대표적 기술철학자인 시몽동(Gilbert Simondon)은 기술적 대상들의 진화가 단지 인간의 필요성에 의해서가 아니라 시스템 자체(기술적 요소들)의 문제들을 해결하려는 내적 환경과 자연과 인간이란 외적 환경과의 관계에서 변화되었다고 진단한다. 그 변화는 추상적인 양태에서 구체적인 양태로의 변화, 즉 분리된 폐쇄적 기능에서 열린 다기능의 융합적 기능으로 변화되었다는 것이다.[9] 이런 기술적 구체화의 진화를 메타버스 환경에서 찾아볼 수 없을까? 실시간 감각적으로 놀이, 소통, 생활, 비즈니스를 경험하며 원스톱으로 구현하려는 메타버스에서 기존 디지털 시스템의 기술적 요소와 언택트 환경 사이에서 제기된 문제들을 해결하기 위해 열린 다기능의 융합적 기능으로 변화된 양태를 찾아볼 수 있다.

엔비디아가 출시한 옴니버스(Omniverse)는 기존 기술에 비해 '실시간 협업경험'이 가능하도록 구체화 된 실례로 들 수 있다. 옴니버스

---

9   질베르 시몽동, 『기술적 대상들의 존재 양식에 대하여』, 김재희 옮김, 그린비, 2011, 30쪽.

의 인공지능 기반 GPU는 가상현실에서 실시간 랜더링에 의한 시뮬레이션을 통해 각기 다른 영역의 사용자들 사이의 협업을 가능하게 해주었다. 이를테면 실시간 포토리얼리스틱 랜더링은 창작자, 엔지니어, 연구자들이 가상현실에서도 공동작업의 체험이 가능해 산업전반에 구체적으로 활용될 수 있게 진화한 혁신적인 시스템이다.[10] 또한 직관적이나 가공에 한계 있는 3D 스캐닝과 질감은 좋으나 정밀도가 떨어진 사진측량(Photogrammetry)의 융합은 메타버스의 XR 데이터로 사용되면서 더욱 생생한 몰입감을 부여한다. 여기에 가상 사설 서버 (Virtual private server, VPS)는 사용자들이 하나의 물리서버를 여러 개의 가상 서버로 나누어 공유하면서도 각자 독립적으로 사용할 수 있게 해준다. 그 결과 가상공간에서 VR사용자, AR 사용자는 동시에 현실감과 현장감을 느낄 수 있다.

이 외에도 인공지능, 데이터 처리능력, 5G와 무료로 배포된 게임엔진들이 메타버스에서 실시간 다양한 협업을 가능하게 해준다. 주로 게임콘텐츠 제작에 사용되었던 게임엔진 플랫폼인 유니티 엔진(Unity Engine)과 언리얼 엔진(Unreal Engine)[11]이 생활소통영역은 물론 업무용 메타버스 제작에도 활용되고 있다. 왜냐하면 두 게임 엔진은 메모리의 제한에서 벗어나 다른 프로그램들과 실시간으로 상호작용하면서 영화수준의 뛰어난 3차원 세계를 구현할 수 있기 때문이다. 또한

---

10   이승환, 『메타버스 비긴즈: 인간×공간×시간의 혁명』, 굿모닝미디어, 2021, 84-87쪽 참조.

11   유니티 엔진과 언리얼 엔진은 개발 플랫폼으로서 메타버스의 기술적 환경을 쉽게 구현할 수 있게 해주면서도 무료로 배포되어 다양한 협업 환경을 구축할 수 있는 확장성도 지닌다.

에픽게임즈(Epic Games)의 〈메타휴먼 크리에이터〉는 전문가가 아니어도 애니메이션이나 모션 캡처에 의해 인간의 표정, 움직임과 매우 유사한 디지털 휴먼을 만들어 밀접한 공감대를 형성할 수 있게 해준다. 아울러 공감각적 체험의 질을 높일 수 있게 정교해진 헤드 마운틴 디스플레이 세트(HMD, 오큘러스의 퀘스트 2와 콘트롤러), 마이크로소프트 사의 홀로렌즈 2, 페이스북의 손목밴드, 애플의 반지, 최근 촉감을 느낄 수 있게 출시된 햅틱 장갑[12]의 진화는 메타버스 내의 아바타들과 감성적인 소통 효과를 극대화시킨다. 새롭게 출시된 VR기기들은 기존 버전(version)에 비해 가격도 저렴해지고 멀미와 어지러움 증상을 줄여주어 평면 디스플레이의 3인칭 관찰자 시점에서 느낄 수 없는 생생한 공감각적 실감 체험을 가능하게 해준다.

게다가 복제 가능한 디지털 창작물을 상품으로 만들어 소유권을 부여하고 가상화폐를 받고 팔 수 있어 수익창출도 가능한 NFT 생태계(블록체인기술, 오픈씨, 이더리움)는 메타버스와 현실을 연계한 경제활동을 편리하게 만든다. 메타버스 환경에서는 개개 기기의 발전과 각 영역의 분리보다 5G 통신망을 토대로 스마트폰, VR/AR 기기가 호환되는 멀티 디바이스 환경이 중요하다.[13] 요컨대 메타버스 환경은 기존 디지털 기술 환경에서 완전히 새로운 기술혁신으로 전환된 것은 아니다. 그러나 인공지능 기반의 3D 가상표현기술에 데이터와 5G의 네트

---

12 https://zdnet.co.kr/view/?no=20211117092513 참조. VR 콘트롤러 기능을 겸비한 플라스틱 팽창식 에어패드로 가상의 물체에서 촉감을 느낄 수 있게 만들어진 장갑이다.

13 CPND: ICT 시장에서 콘텐츠, 플랫폼, 네트워크, 디바이스가 연계되면서 새로운 가치를 만들어낸다고 보는 생태계적 관점의 개념.(http://www.snunews.com ckawh 참조).

워크 기술, HMD와 햅틱 글러브처럼 웨어러블 기기들의 협력적인 기술융합을 통해 메타버스는 세계에 대한 총체적 경험을 제공할 수 있게 되었다. 메타버스 플랫폼에서 창작자, 엔지니어, 연구자들의 창의적인 협력은 물론 제작과 사용(소비)의 상호적인 체험도 가능해졌다.

요컨대 콘텐츠, 플랫폼, 네트워크, 디바이스가 연계되고 게임과 생활을 실시간으로 연결할 수 있는 메타버스의 환경은 과거 기술에 비해 협력적인 실감 활동을 실현할 수 있는 방향으로 변화되고 있다고 볼 수 있다. 따라서 메타버스 기술환경은 기존 디지털 트랜스포메이션이 추구했던 초연결적 자동화 서비스가 추구하는 가치에서 자연, 인간, 기계가 다시 협력적 정감적으로 다양하게 교류가 가능한 가치로의 트랜스포메이션을 가능하게 해준다.

2. 세계로의 존재에서 메타버스로의 존재로

1) 세계로의 존재

미래 학자 캐시 해클(Cathy Hackl)은 메타버스에서 사람들이 혼자 존재하는 것보다 다른 사람들과 우정을 맺고 브랜드는 게임의 상호작용적 스타일에 계속 적응해야 할 것이라고 예견한다. 캠브리지 사전에 정의된 '초월'의 의미를 지닌 'meta'의 그리스어 μετά는 '뒤, 넘어서'의 뜻도 있지만 '함께, 접하여, 스스로'의 뜻도 지닌다. 따라서 메타는 현실의 생활과 '함께'하는 가상세계 그리고 현실의 나와 '함께'하는 디지털 분신들의 세계라는 의미를 지닌다. 그렇다면 메타버스 트랜스포메이션이란 거대한 변화 속에서 체험형 가상현실 버스에 탑

승해야 한다는 각계의 주장에 앞서 인간의 고유한 삶의 방식에서 '함께'라는 의미에 대한 연구가 선행되어야 한다. 말하자면 공동체를 이루며 살아가도록 운명지어진 인간에게 메타버스 공동체가 구축해 갈 새로운 플랫폼이 미래 인간의 삶에 어떤 의미와 가치를 지니는가에 대해 살펴보는 것이 중요하다.

프랑스의 현상학자 메를로퐁티에 따르면, 생명체에게서 환경 (Umwelt)이란 생명체가 운동의도에 맞게 선택해서 대응하며 자기실현을 통해 생성된다. 지골을 도려낸 풍뎅이가 멈추지 않고 대체작용을 수행하면서 계속 걸어가는 것은 주어진 환경에 적응하며 기능을 재조직하는 행동이라는 것이다. 생명체가 재조직하는 행동은 외부 자극에 단순히 반응하는 것이 아니며 설명할 수 없는 무엇인가를 향해 고유한 기능을 수행하는 활동이다. 생명체는 환경의 자극에 인과적으로 반응하지 않고 상호작용적으로 행동한다. 그런데 여타의 생명체와 달리 인간은 주변 환경에 기능적으로 대처하는 상호관계에 머물지 않고 생명적인 본능을 의식적인 의미와 가치가 드러나는 행동으로 통일시킨다. 말하자면 인간은 주위환경과 상호 순환적인 작용을 통해 문제를 해결하는 '행동적 환경'을 만들고, 자신이 지향하는 가치를 실현하기 위해 부단히 몸과 마음을 타인들이 존재하는 '세계로의 존재 (être-au-monde)'로 경주하며 살아간다.

몸은 세계-로의-존재의 운반도구이고, 몸을 가진다는 것은 생명 존재에 대하여 일정한 환경에 가담하는 것이며 어떤 기획과 일체가 되는 것이고 계속적으로 거기에 참여한다는 것이다.[14] 내가 탄생하는 한, 몸과 자연적 세계를 가지는 한, 나는 우리가 앞서 설명한 대로 그러한 세계에서 나의 행동이 얽혀 있는 다른 행동들을 발견할 수 있다.[15]

이처럼 '세계로의 존재'란 인간이 주변 환경에 맹목적으로 적응하거나 골방에서 사유만하는 주체가 아니라 타인들과 직접 소통하고 함께 어울려 사는 존재다. 타인에게 무엇인가를 지향해서 표현하며 행동하는 '세계로의 존재'는 감각적인 몸에 근거한다. 그 지향 점에 다른 존재들은 항상 암암리에 전제되어 있다. '세계로의 존재'로서 내가 이미 세계에 존재하고 있는 타인과 사물을 몸으로 체험함으로써 관계를 맺을 수 있다는 점에서 내 정신은 몸과 분리될 수 없다. 또한 이런 내 몸은 타인과 분리되지 않는 공동체의 삶을 살 수 있다. 따라서 '세계로의 존재'란 타자의 존재를 인정하고 그들과 관계 맺는 가운데 자신의 행동이 의미를 지니게 된다는 점에서 이미 사회적인 존재를 의미한다.

요컨대 인간은 타인들과 함께 공동체를 형성할 때 진정한 삶을 살아갈 수 있다는 것이다. 여기서 메를로퐁티는 책상을 만지는 내 오른손과 이 손을 만지는 내 왼 손의 이중감각(만짐-만져짐)은 보는 내 몸이 보이는 대상이 되어 나를 세계, 즉 타인, 사물과 하나로 연결해 줄 수 있는 마치 살과 같은 감각적인 공통지대라고 강조한다. 또한 이중감각을 가능하게 해주는 만짐과 만져짐 사이의 틈은 보이는 것에서

---

14 모리스 메를로퐁티,『지각의 현상학』, 류의근 옮김, 문학과지성사, 2002, 143쪽.
15 앞의 책, 535쪽.

'보이지 않는 잠재적인 것에로 이행할 수 있는 장소'[16]이기도 하다. 그 렇다면 이 간극은 내 몸이 기계장치와 결합해서 가상현실의 잠재적 인 존재들과 연결될 수 있는 '메타버스로의 존재'를 가능하게 해준다 고 볼 수 있다.

2) 메타버스로의 존재

자신이 기획하는 것을 이루려는 인간은 자연적인 몸이 성취할 수 없 는 것을 기술적인 도구로 보완하며 타인들과 함께 새로운 문화를 일 구며 살아왔다. 인류는 한편으론 자연의 지리적 환경과 다른 한편으 론 다양한 도구들에 의한 기술적 환경을 만들고 양쪽을 횡단하며 삶 을 가꿔왔다. 그런 세계에 타인들은 이미 존재하고, 내 행동의 의미 는 나 자신보다 타인들의 시선 속에 보다 명료하게 드러난다. 나아 가 "[…] 물리계는 주변의 주어진 힘들에 대해 균형을 이루고 동물 유 기체는 필요와 본능의 단조로운 선천적(a priori) 틀들에 부합하는 안 정적 환경을 마련하는 반면에 인간의 일은 세 번째 변증법을 창시한 다."[17] 즉 인간은 생존본능에만 적합한 안정적인 환경을 마련하는 대 신 자신이 추구하는 일을 자신의 행동 사이클(cycle)에 적합한 새로운 환경으로 만들어 왔다.

　프랑스의 과학철학자 세르(Michel Serres)는 타인에게 자신의 생각 과 감정을 전달하거나 자신이 지향하는 것을 실현하기 위해 도구를

16　모리스 메를로퐁티, 『보이는 것과 보이지 않는 것』, 남수인·최의영 옮김, 동문선, 2004, 329쪽.

17　모리스 메를로퐁티, 『행동의 구조』, 김웅권 옮김, 동문선, 2008, 263쪽.

만들고 스스로 환경에 투사하며 살아가는 인간을 동물적 진화에 벗어난 '탈다윈적인 문화적 존재'로 진단한다.

이런 탈다윈적 문화는 잘린 최초 돌과 함께 탄생하고 이런 돌 장치들의 총체가 탈진화적 문화를 발전시켰다고 나는 상상한다. 이것이 바로 우리가 진화로부터 분기하기 시작한 것이다. 인간이 시작해서 분명 점진적으로 이 결정적인 사건에 개입했을 때 결국 세계의 다른 거주자들과 분리되었다.[18]

세르는 식물이 가지를 뻗으면서 나무 외관을 갖추고 자라는 것을 "오미네상스(hominescence)의 과정"[19]으로 보고 몸의 결함을 보충하기 위해 도구들을 사용하거나 착용하며 성장해가는 인간 존재도 이 과정에 속한다는 것이다. 즉 그는 네트워크로 정신과 영혼을 연결해서 살아가는 현대인을 '오미네상스'라고 정의한다. 호모사피엔스는 소통의 망을 관통하며 단일하고 유일한 주체로 존재하는 것이 아니라 다양하고 횡단적이며 모자이크와 같은 오미네상스가 된다. 이로써 호모사피엔스의 진화는 더 이상 동일한 주체가 아니고 '다중적 자아'가 된다. 실제로 우리는 메타버스에서 실시간으로 연결된 다중적인 디지털 자아들로 학교에 가서 공부도 하고 사무실에서 일도 하고 다른 친구들과 공연도 볼 수 있게 되었다.

저비용의 가벼워진 HMD와 렌즈, 초정밀 VR모션 슈트와 장갑, 렌

---

18 Michel Serres, *Hominescence*, Éditions Le Pommier, 2001, p. 53.

19 Ibid., p.14.

즈, 밴드와 같은 첨단 실감 장치들이 메타버스 환경 구축에 일조하고, 우리는 메타버스로의 존재로 전환을 추동하고 있다. 즉 인공지능 기반의 메타버스는 XR을 현실과 유사하게 만들고 현실의 경험을 XR의 경험으로 확장 연결하려는 것이다. 메타버스는 '세계로의 존재'로서 일상에서 몸으로 실천해 온 인간 자신만의 자율성, 타자와의 연결성, 생활의 경제성을 비대면으로도 지속하려는 인간의 실존적인 행동방식에 적합하게 만들어진 환경이다. 이제 우리는 실시간으로 현실의 자아와 가상의 자아가 현장감을 경험하며 일상의 일들을 지속할 수 있는 메타버스 환경에서 '메타버스로의 존재'로 되어 가고 있다.

현대인은 물리적 세계와 비물질적 정보를 지능적으로 연결해서 고객 맞춤형 서비스에 중점을 두는 4차 기술혁명 시대를 거쳐 언택트 삶의 문제를 해결하기 위해 추동했던 메타버스의 환경에 의해 실시간의 온택트 경험을 공유하는 문제로 나아가게 되었다. 결국 오미네상스는 비대면의 불편함을 게임플랫폼, 인공지능, 데이터 처리기술, 네트워크, 웨어러블 기기들을 융합한 기술적 혁신으로 메타버스 환경을 조성해서 잃어버린 일상을 회복시킬 수 있게 되었다. 요컨대 사무실을 열거나 건물을 짓는데 소비되는 비용을 절감할 수 있는 비물질적 세계와 물질적 세계의 균형, 제조와 소비의 조화, 게임의 즐거움과 일의 성취감, 창작 활동과 수익 활동을 동시에 경험할 수 있는 메타버스 트랜스포메이션이 가능해 졌다.

아리스토텔레가 『영혼에 관하여』에서 중간자(metaxu, 메타쿠)를 의미하는 매체를 수단이나 도구가 아니라 우리 사이에 존재하지만 자연스런 몸이 감지할 수 없는 초월적 세계를 경험하게 해주는 것으로 정의했듯이 매체는 그런 현실의 잠재적 세계를 확장시켜 왔다. 그 결과 기술적인 물건들은 정신과 물질 사이를 연결해 줄 뿐만 아니라 우리 몸의 변화가 따라갈 수 없는 것을 기술적 환경의 진화를 통해 인간 자신만으로는 성장하기 어려운 '오미네상스'의 꿈을 실현하게 해 준다. 메타버스로의 존재로서 인간의 능력은 단순히 기술 장치의 혁신에 있는 것이 아니다.

> 인간을 규정하는 것은 생물학적 자연을 넘어서 제2의 자연—경제적, 사회적, 문화적 자연—을 창조하는 능력이 아니라, 그보다는 창조된 구조들을 초월해 그것들을 다른 구조들로 창조하는 능력이다.[20]

메를로퐁티가 진정한 인간 존재의 특징을 인공적인 것의 창조 능력이 아닌 '창조된 구조들을 초월해 그것들을 다른 구조들로 창조하는 능력'으로 간주한 것처럼, 메타버스는 디지털 환경에 근거해 그와 다른 메타버스 환경구조로 전환시킨 데 있다. 여기서 새로운 구조들을 창조하는 능력이란 바로 인간 주체가 낯선 존재들이 거주하는 세계에 참여해 그들과 함께 소통하고 살아가기 위한 새로운 구조들을 창안하는 상징적인 행동을 의미한다. '세계로의 존재'로서 미래 인간은 현실과 메타버스의 세계를 자유롭게 오가며 타인들과 만나서 게임도 하고 일도 하면서 새로운 공동체를 형성해 나갈 것이다. 그렇다면 변화된 메타버스 환경에서 만들어가게 될 공동체는 기존 공동체(公同體)와는 어떻게 다를까?

---

20 모리스 메를로퐁티, 『행동의 구조』, 283쪽.

3. 인간 - 디지털 분신들의 상호작용적 플레이 경험공감체

1) 인간-디지털 분신들의 상호작용적 플레이

최근 메타버스 패러다임으로의 가속화에는 온택트에 대한 열망과 MZ 세대가 있다. 이는 '~할 수 있는 몸주체'들이 대면 접촉의 시공간적 제한을 벗어나 자신을 대신하는 디지털 분신과 다른 '아바타(avatar)'들과 함께 '플레이(play)'[21]하며 다양한 경험을 구축하는 것이다. 『스노 크래시』에서 피자 배달부였던 주인공은 가상신체 아바타를 빌려 메타버스에서 검객이자 해커로 활동하였다. 디지털 분신으로서 내 아바타는 '현실의 나'와 구별되지만 분리될 수 없는 '디지털 나'로서 메타버스와 현실을 왕래하며 타인들과 함께 게임(놀이), 소통, 생활하는 데 필수적인 '메타 자아'이다. 메타버스의 '메타(meta)'가 '~함께'란 의미를 지닌다는 점에서 현실과의 '연결성'이 중요한 만큼 아바타 또한 시각적 이미지로 만들어진 가상자아라 할지라도 '현실의 나'와 연결되어 있다는 점에서 나의 '잠재적 자아(virtual ego)'이다. 즉 내 아바타는 현실과 메타버스를 오가며 게임에서 확장된 소통, 생활, 업무를 볼 수 있기 때문에 비록 게임원리로 구축된 메타버스이지만 메타버스에서의 '플레이'를 게임 플레이로만 제한할 수 없다.

---

21 영어 'play'는 단지 '놀이(하다), 게임(하다)'만을 의미하는 것이 아니라 '역할(연주) 하다'라는 의미를 지닌다. 이처럼 '~ 역할을 한다'는 의미의 '플레이'는 몸을 움직여야 하므로 3D 프로그램으로 만들어진 메타버스에서 어떤 역할이든 자유롭게 수행하기 위해서는 내 몸을 대신할 분신, 즉 아바타가 필요하다. 아바타와 현실의 나 그리고 내 아바타와 다른 아바타들 사이의 상호작용적 플레이가 바로 메타버스 환경을 이루는 핵심 원동력이다. 다시 말해 플레이는 현실의 내 몸과 e-아바타들을 기술적 장치로 연결해서 몰입체험을 가능하게 해준다.

메타버스에서의 플레이는 소통과 관련된 공연, 사인회, 영화제와 같은 엔터테인먼트 분야를 넘어 제조, 판매, 경제, 교육, 의료처럼 생활 전반으로 확장, 연결되고 있다. 이처럼 메타버스가 게임 외에 공연장, 선거유세장, 대학 캠퍼스, 신입사원 연수회장, 미술관, 사무실처럼 인간 삶의 전 영역으로 확장되며 신드롬을 불러일으키는 이유는 무엇일까?

컴퓨터로 접속해야만 제 2의 인생이 가능했던 기존 〈세컨드라이프〉에 비해 메타버스 환경은 아바타를 활용해 게임을 현실에 연결해서 실시간 소통은 물론 업무처럼 경제활동까지 총체적인 생활경험이 가능하게 되었다. 그 실례를 샌드박스형 게임의 메타버스인 〈로블록스Roblox〉, 〈마인크래프트Minecraft〉, 〈제페토ZEPETO〉에서 찾아볼 수 있다. '유권자와 바이든의 소통장면'을 통해 메타버스와 현실세계와의 연결성을 보여 준 〈모여봐요, 동물의 숲〉과 마켓 플레이스를 활용해 유저들이 직접 새로운 세계를 구축(버클리와 펜실베니아 대학, 초등학교 졸업식, 청와대의 어린이날 행사..)하는데 필요한 물건들을 사고 팔수 있는 〈마인크래프트〉도 온전한 경제적 활동은 이루어지지 않았다. 여기서 〈마인크래프트〉보다 3년 앞서 출시된 〈로블록스〉는 자신의 아바타를 제작하는 것은 물론 게임 개발자들이 만든 1800개 넘는 게임들을 할 수 있다. 사용자들이 청소년들인데도 특별한 코딩 지식 없이 게임을 개발할 수 있게 설계된 프로그램과 전자 화폐 로벅스로 상거래 활동이 가능한 〈로블록스〉는 PC와 모바일은 물론 VR 기기와 연동한 플레이가 가능해서 실시간 창의적인 제작과 수익이 가능하다. 아울러 〈포트나이트〉의 파티로얄에서는 게임의 경쟁원리에서 벗어나 힙합가수 트래비스 스킷(Travis Scot)의 콘서트와 BTS의 뮤직 비디오가 공개되었다. 게다가 〈제페토〉에서는 한국 걸 그룹의 공연과 사인회 외에 다양한 아이템의 제작과 판매도 가능하다.[22]

이처럼 샌드박스형 게임들에서 청소년은 물론 성인 사용자들이 게임에 참여하지 않고도 공연 외의 집무, 교육, 영화제, 졸업식, 연수회 같이 타인들과 함께 실제 생활세계의 멀티 태스킹이 가능하다. 그 결과 참여자들 사이의 공감과 연대감은 물론 수익창출도 할 수 있어 메타버스는 생활 전반에 걸쳐 상호작용적인 창작플랫폼이 될 수 있다. 여기서 메타버스의 의미는 현실과 얼마나 유사하냐의 문제가 아니고 창작 놀이를 하면서 느끼는 공감이 타인들과의 협력적 연대감을 생성하는 데 있다.

2) 플레이 공동체로서 협력적 경험공감체

우리는 게임 개발자들이 상주하면서 아바타를 이용해 다른 게임도 제작할 수 있는 〈로블록스〉에서 메타버스가 단순히 게임플랫폼 넘어 게임의 즐거움과 함께 생활과 업무가 가능하도록 진화된 생활공감플랫폼의 가능성을 발견할 수 있다. 요컨대 〈리니지〉, 〈마비노기〉〈월드오브크래프트〉와 같은 기존 가상현실 게임들은 아바타와의 상호작용에 의해 우연적인 유희성을 경험할 수 있으나 현실과 단절된 폐쇄적인 게임세계에 불과했다. 반면 메타버스는 현실 생활과 연결된다. 그

---

22 샌드박스형 게임이란 사용자가 게임 속에서 친구들과 만나 놀고 소통하는 것 외에 도구들을 활용해 아바타를 꾸미는 소비자이면서 게임에 필요한 아이템(item)을 제작해서 파는 창작가가 되어 전자화폐로 수익을 내는 경제활동까지 가능한(이임복, 『메타버스: 이미 시작된 미래』, 천그루숲, 2021, 78-101 쪽 참조.)게임을 의미한다.

렇다면 실제로 나와 나의 다양한 아바타들이 타인의 아바타들과 어떻게 새로운 메타버스의 공동체가 될 수 있을까? 어떻게 현실에서 직접 만나 교류하지 않는데 메타버스 공간 안에서 나의 다양한 분신들이 다른 아바타들과 멀티 태스킹과 커넥팅의 경험이 가능하고, 상호 교감적·협력적인 공동체가 될 수 있을까? 메타버스에서 플레이가 게임 넘어 생활 전반의 플레이로 확장되는 데는 게임의 놀이적 특징에서 찾아볼 수 있다. 놀이의 특징은 노동과 달리 상상력의 산물로서 결과보다 놀이 과정 그 자체가 목적이므로 결과를 예측할 수 없는 우연과 경탄을 동반하는 사회적 활동이기 때문이다.[23]

　정보의 가소성에 근거한 디지털 문화가 인간 삶의 의미와 가치를 지니려면 바로 실존적인 내 몸과 현실 생활과의 연결은 필수적이다. 즉 인간 존재와 메타버스 존재인 가상 아바타들과의 상호교감적 경험이 가능해야 한다. 상호교감적 경험은 현실의 감각적인 몸과 아바타의 탈신체적 몸, 인간의 자기 생성적인 몸과 다지털 캐릭터의 타자 생성적, 잠재적 몸과의 교류에서 생성된다. 이 교류의 경험은 시몽동(Gilbert Simondon)의 기술철학이 강조했던 '인간-기계에 의한 앙상블'에 의해 이해될 수 있다. 기술적 대상이란 '기계와 인간의 관계 맺음'에서 의미를 얻기 때문에 인간과 짝이 되어 상호작용적이어야 한다. 여기서 탈신체가 아닌 현실의 내 몸과 아바타와의 감각적 교감은

23　정낙림, 『놀이하는 인간의 철학: 호모 루덴스를 위한 철학사』, 책세상, 2017, 19-21쪽 참조. 하위징아(Johan Huizinga)의 '문화로서의 놀이'를 철학적 관점에서 연구해 온 정낙림은 노동과 비교해 놀이의 특징을 다음의 네 가지, 즉 '물질적 보상보다 명예추구, 이익보다 놀이 그 자체의 목적성, 예측 불가능한 우연성, 꿈과 상상력의 산물, 과정을 중요시하는 사회적 활동'으로 규정한다.

촉각과 시각을 연결하는 기술장치에 의해 메타버스의 경험을 현실의 경험으로 실감나게 확장시킬 수 있다. 왜냐하면 촉각은 운동감각적 공간에서 심리적 공간을 만들고 상호 감각적 교감을 형성하게 해 줄 뿐만 아니라 상상적 공간도 제공해 주기 때문이다. 이에 관해서는 메를로퐁티가 강조한 다음의 언급에서 만짐-만져짐의 촉각이 왜 시각과 연관되어 있는지 알 수 있다.

> [⋯] 눈에 보이는 광경은 '만질 수 있는 성질들'보다 더 많이도 아니고 더 적게도 아니게 촉각에 속한다. 우리는 보이는 것이 무엇이나 만져지는 것 가운데서 재단되었다고, 만질 수 있는 모든 존재는 어떤 식으로든 가시성을 약속받고 있다고 생각하는 데에 익숙해져야 한다.[24]

시각적인 것은 촉각적인 것으로, 촉각적인 것은 시각적인 것으로 상호작용적 횡단에 의해 두 감각은 서로 연결되어 공감각과 상상도 가능하다. 동일한 메타버스 플랫폼이나 공간에 접속한 사람들과 공감하고, 그 공감이 생생한 경험 정보의 가치를 지닐 때 '메타버스로의 존재'가 가능하다. 따라서 이런 메타버스의 공동체는 세계를 지각하며 세계에 거주하는 몸의 자기성(ipséité)에 근거해야 한다. 그래야만 현실의 나를 대신하는 가상의 아바타는 나와의 연결성을 유지하는 디지털 자아가 될 수 있다. 이렇게 현실의 내 몸과 연결된 메타버스의 분신이야말로 현실 감각을 상실한 채 디지털 공간에 빠져 삶의 의미

---

24 모리스 메를로퐁티, 『보이는 것과 보이지 않는 것』, 192쪽.

와 가치를 잃어버린 디지털 폐인이나 게임 폐인으로 전락하지 않는다. e-아바타는 자기 생성적인 몸과의 연결을 통해 디지털 공간에서 다른 아바타들과 생생한 감각적 경험을 만들어서 자신만의 고유한 삶의 의미로 내재화할 수 있다. 왜냐하면 여타 생명체의 행동이 외부 환경과 '순환적 관계'만을 유지하는데 비해 인간의 행동은 주변 환경과 자신과의 상호 감각적인 경험을 상징적인 의미로 표현하기 때문이다. 인간은 외부 환경으로부터 해결할 수 없는 문제가 발생하면 정감적인 교감을 통해 문제를 해결하면서 개체의 한계를 넘어 '개체를 초월한 것(le transindividuel)'으로서 사회적 집단을 형성한다.

개체초월적인 것의 심리적-사회적 세계는 날것의 사회도 상호개체적인 것도 아니다. 따라서 그 세계는 […] 새로운 문제제기를 구성할 수 있는 진정한 개체화 작용을 상정한다.[25]

심리사회적인 집단 개체화가 생명 차원에서 해결할 수 없는 문제를 해결하기 위해 발생한 것처럼 메타버스에서 아바타들 간의 교류는 단순히 게임의 즐거움만이 아니라 비대면의 생활과 시공간적인 한계에서 발생하는 난제들을 해결하기 위한 것이다. 인간의 '자기-조절(auto-régulation)' 능력은 내적 조절력을 소유하지 않은 기계 시스템의 항상성을 유지해 주어 기술적 대상이 해체되는 것을 막아준다는 점에서 기계의 시스템과 인간과의 상호작용은 필수적이다. 시몽동

---

25 Gilbert Simondon, *L'individuation à la lumière des notions de forme et d'information*, Grenoble: Millon, 2005, p. 29.

에 따르면, 인간과 기술적 대상이 서로 적응하며 교류하는 사회적 관계를 유지할 때 비로소 기술적 대상은 문화에 편입될 수 있다. 따라서 현실의 나와 메타버스 환경이 어느 한쪽으로 종속되지 않고 조화를 이룰 때 메타버스는 안정적인 문화공간이 될 수 있다.

메타버스로의 현실 확장은 사용자인 나를 대신하는 내 부캐 아바타들이 활동하는 경험 가운데 실현된다. 네트워킹에 참가한 나는 지리적, 문화적, 성적, 신체적 경계를 넘어 사무실에 출근하고, 공연장에도 가고, 학업도 하는 아바타들의 자유로운 활동 덕분에 일상에서 시공간의 제약으로 하기 어려웠던 다양한 경험을 할 수 있다. 여기서 내 분신, 디지털 아바타는 단지 현실에서 잠재적인 세계로 넘어가기 위해 물리적 신체를 제거한 비물질적인 자아가 된 것이 아니다. 몸의 재구성, 재매개, 재배치를 통해 '개별적인 동시에 복수의 자기로 다층화' 된 "다중(多重)"[26]이 된 것이다. 다중은, 네그리(Antonio Negri)와 하트(Michael Hardt)가 『제국』에서도 강조했듯이, 기존의 국가, 계급, 민족과 같은 범주로는 규정할 수 없는 네트워크에서 비물질적 운동을 하는 감성적 주체의 존재론적 특징을 지닌다. 비물질적인 내 디지털 몸과 다른 아바타들이 함께 이성과 감성이 조화된 상호작용이 생성하는 경험공감체는 비대면의 물리적 거리와 심리적 소외를 최소화할 수 있다.

요컨대 인간 자아-디지털 부캐들의 게임방식의 다양한 플레이는 창작과 소비, 일과 놀이를 횡단하며 감성적인 소통과 생활을 가능하

---

26   로이 애스콧, 『테크노에틱 아트』, 이원곤 옮김, 연세대학교 출판부, 2002. 99쪽.

게 해준다. 그 결과 메타버스는 시각적인 3D 가상현실 자체에 존재하는 것이 아니라 메타버스 플랫폼에서 사용자이자 제공자로서 내가 다른 아바타들과 협력적, 지능적, 공감적 경험을 생성하는 데 존재한다.

4. 생활공감플랫폼으로의 메타버스 트랜스포메이션과 메타 데이터

1) 생활공감플랫폼과 메타버스 트랜스포메이션

플랫폼이 승객마다 자신이 원하는 목적지를 향해 떠나거나 갈아탈 수 있게 해결책을 제시하듯 디지털 플랫폼은 물리적으로 서로 다른 오프라인과 온라인을 연결하며 다양한 주체와 정보를 상호 연결해 새로운 가치를 창조할 수 있게 한다. 메타버스에서 멀티 캐스팅과 커넥팅의 플레이는 나와 다중적 아바타, 그리고 내 아바타와 타인의 아바타들 사이의 상호작용적 경험 세계를 만든다. 다시 말해 메타버스에서의 교류는 내 몸과 내 부캐 사이의 관계적 현전(relational presence), 내 부캐와 다른 잠재적 부캐들 사이의 사회적 현전(social presence)[27]에 의한 이중의 상호작용, 즉 '관계들의 관계'에 의해 가능하다. 현실의 몸과 아바타의 기술적인 몸 사이의 상호작용적 플레이는 메타버스가 가상현실의 활동으로 멈추지 않고 일상생활을 확장시켜 현실에서 할 수 없는 플레이들을 할 수 있게 해준다. 메타버스

---

27 Eliane Schlemmer/Luciana Backes, *Learning in Metaverses: Co-Existing in Real Virtuality*, p. 103.

는 현실의 경험을 확장시키는 체감형 기술장치, 즉 HMD와 콘트롤러에 의한 진동, 촉각 슈트와 햅틱 글러브에 의한 감각전달이 현전-근접 경험에 의한 몰입감을 통해 현실과 e-경험을 연결해서 e-레지던스와의 공감적인 사회적 관계를 가능하게 해준다. 여기서 개개 사용자들을 넘어서면서도 그들을 정감적으로 관통하며 소통하게 만드는 잠재적인 메타버스의 경험공감체는 동일한 행동을 목표로 하거나 동일한 이념을 추구하는 통일된 공동체(共同體)가 아니다. 경험공감체는 '경험들의 정감적 관계체'로서 독특한 다수가 정감적으로 서로 통하는 연대란 의미에서 공통체(共通體)이다.

> 만일 우리가 어떤 의미에서 한 집단(groupe)의 개체성 혹은 한 민족의 개체성에 대해 말할 수 있다면 행동의 공동체에 의한 것도 […] 의식적인 표상들의 동일성에 의한 것도 아니고, […] 집단적인 연합이 구성되는 표상과 행위로 혼합된 정념감동적 명제들의 수준에서다.[28]

메타버스의 경험공감체는 나를 초월해 있는 사회적인 것이 아니라, 내 자신의 중심에서 벗어나 타인들과의 상호작용에서 형성된 새로운 유형의 공통체이다. 즉 이 공통체는 결정된 형태를 지니지 않고 사용자 개개인을 초월하지만 그들 사이가 '정감성'으로 연결된 '경험공감체'의 집단을 생성한다. 이와 같은 사회적인 집단은 이념적인 논리와 형식보다 정감적으로 교류하는 집단을 의미한다. 동일하게 고정된

---

28 Gilbert Simondon, *L'individuation à la lumière des notions de forme et d'information*, p. 248.

공동체로 규정될 수 없는 과정적인 메타버스의 경험공감체는 단순히 탈신체적, 비인간적인 가상 공동체라기보다 재매개 되고 다층화 된 관계적 사회체이다. 개개의 사용자가 관계적 공감체로 활동하면서 현실의 자기중심성에서 벗어나 타자들과 협력적 정감적으로 소통할 수 있을 뿐만 아니라 다중의 아바타 활동을 통해 현실에서 생긴 문제들에 적합한 해결책을 찾을 수 있다면, 메타버스는 진정한 생활공감체의 공간이 될 수 있다. 생활공감체로서 메타버스는 언택트 삶에서 결여된 일상생활의 사회성을 보완해 개인적인 삶과 사회적인 삶이 균형을 이루게 해준다.

나아가 현실에서 고유한 영역의 활동만을 수행했다면 메타버스, 곧 멀티버스의 세계에서 다양한 부캐들로 자유롭게 창조적인 경험을 할 수 있어 e-집단의 플레이에 의해 정감적·경제적인 사회 공통체로의 쉬프트가 가능하다. 어떤 유형의 메타버스에서도 사용자와 제공자의 구별 없이 아바타들과 협력적으로 관계 맺는 플레이 경험 속에서 자신에게 주어진 문제를 해결할 수 있다.

현실의 물리적인 시공간의 제한에서 벗어나 스마트폰과 5G로 촘촘하게 연결된 엄지세대가 살아갈 미래세계는 정교한 3D 이미지, 인공지능, 네트워크가 구축한 메타버스일 것이다. 메타버스에서 나를 대신한 내 잠재적 디지털 자아들은 현실에서 여러 가지 제한으로 할 수 없었던 것을 자유롭게 구현할 수 있다. 다른 아바타들과 '함께' 연결되어 놀면서 일하는 가운데 정서적으로 공감하며 다채로운 경험을 만들고, 이런 협력적, 정서적, 문화적 경험들에서 경제적 가치를 산출할 수 있는 메타버스는 미래사회에 필수 플랫폼이 될 것이다. 메타버스가 게임형식으로 구축되었으나 게임을 넘어 생활과 일로 확장한 업무플랫폼으로 발전하면서 일상의 생활방식은 물론 산업과 기업시스템도 혁신적으로 바꿔 놓는 협력적 생활공감플랫폼이 되고 있다.

메타버스에 접속하는 사람들은 게임의 속성인 유희성, 우연성을 통해 현실의 각박한 경쟁에서 벗어나 자신의 취향으로 꾸민 부캐로 다른 아바타가 사용할 물건을 상품으로 만들어 팔면서 타인들과 함께 일하며 이익도 창출할 수 있다. 성공한 메타버스의 특징을 "수익성, 유희성, SNS와의 연결성"[29]으로 간주한다면, 생활공감체의 경험에 근거해야 한다. 수익성과 유희성이 가능한 것은 메타버스에서 기술과 사용자, 사용자들의 정감적인 협력을 통해 가능하다. 그렇다면 메타버스는 노동의 효율성과 유용성에만 치중했던 생산과 성장 이데올로기에서 벗어난 경험공감체의 미래 놀이터가 될 수 있을까?

2) 메타버스의 데이터 주권과 메타버스의 미래

메타버스의 혁신가치는 그 만큼의 위험도 동반한다. 블랙홀처럼 "어떤 것도 실재가 아니고, 모든 것이 가능하다. 삶은 실재성에 매여 있지 않고 풀려나고 있다."[30]는 점에서다. 실재 같은 3D의 표현과 공감각적 몰입체험은 딥페이크(deepfake) 기술과 융합해서 불법 콘텐츠, 성(性)과 관련된 문제들을 발생시키고 있다. 그러나 이보다 가장 문제가 되는 것은 메타버스 생태계에서 생성되는 정감적, 경제적 경험들

---

29 이임복, 『메타버스, 이미 시작된 미래: NFT와 가상현실이 만들어 가는 또 하나의 세상』, 천그루숲, 2021, 203-208쪽.

30 Theo Priestley/Bronwyn Williams, *Future Starts Now*, *The Future starts now: Expert insights into the future of business, technology and society*, Bloomsbury Business, 2021, p. 11.

을 구성하는 개인의 다양한 데이터들을 소수 플랫폼 회사들이 독점하는데 있다. 특히 웨어러블 착용기기들에 의한 보다 내밀한 개인 신체 정보의 유출과 디지털 트윈에 복제된 도시와 나라의 공공 데이터와 기밀정보의 유출 및 해킹 문제는 심각할 것이다. 아울러 거대 빅테이크 기업들은 사용자의 검색을 추적해서 감정과 검색의 방향성을 조정하며 사용자의 몸과 의식을 통제할 수 있다.

이로 인해 소수 메타버스 플랫폼 회사들의 정보 독점은 더 큰 격차의 양극화를 초래할 것이다. 이미 거대 빅테이크 기업들의 데이터 정보 독점력이 2018년에 70%를 넘어섰다고 한다. 사회전반으로 메타버스 플랫폼이 확장되면 더욱 다양하고 방대한 정보들이 실시간으로 수집되고 플랫폼 구축과 관련된 빅테이크 기업의 정보 독점은 점점 가속화되어 기업들 간의 양극화도 극대화 될 것이다. 그렇다면 메타버스의 기술과 사용자들 사이에서 수집된 데이터에 대한 참여자 주권의 불평등 문제를 어떻게 해결할 수 있을까? 시몽동은 기술적 대상이 자연적 환경과 인간의 인공적 환경과 이중적으로 관계 맺으며 단일한 구조로 진화해 왔는데 인간 선택에 의해 과진화적이지 않게 조정될 때 '진정한 기술적 진보'가 이루어졌다고 강조한다.

메타버스의 잠재적 공간은 소수 기업의 이익창출 넘어 공공의 사회적 문제들(불평등, 환경폐해, 자연재해와 재난예방)을 해결해 나갈 수 있는 공공의 가치를 추구해야 한다. 그 실례로 최근 디지털 공공서비스를 목표로 추동되는 '오픈 메타버스(Open Metaverse)'[31]에서 찾아볼 수 있다. 이것은 설계 단계부터 사용자가 자신의 프라이버시를 위해 신뢰하는 것만을 스스로 선택할 수 있게 사용자 우선의 '개방적 관리 솔루션'으로서 사용자 주권을 추구한다. 아울러 엔비디아의 옴니버스

협업 플랫폼과 디지털 트윈에서도 메타버스 플랫폼의 사회적 가치를 발견할 수 있다. 옴니버스의 가상현실 공장은 물리적 공장에서 낭비할 수 있는 비용과 폐기물을 줄일 수 있다. 현실의 도시나 국가와 똑같이 구축된 디지털 트윈은 재난에 대비한 모의실험은 물론 실제 재난 발생 시 신속하고 정확한 조처로 비용절감과 함께 환경오염을 줄이는 효과를 지닌다. 이 외에도 메타버스를 활용한 교육은 열악한 생활환경 때문에 배제되거나 소외되었던 사람들을 위한 교육 불평등도 해소해 나갈 수 있다.

지금까지 살펴본 바로, 메타버스의 경험공감체가 형성하는 생활공감플랫폼은 게임 활동이 지닌 놀이의 세계성과 생활경제의 세계성에 근거해 상호 유희적, 협력적 관계를 지향하게 해줄 수 있다. 변화된 메타버스의 실시간 경험공감체가 추구해야 할 가치는 기술적 혁신 자체에 있는 것이 아니라 세계의 다양한 경험 자료에 근거해 e-시민에게 초래할 문제들에 대처하는데 있다. 메타버스는 새로운 기술 혁신만을 위한 공간이 아닌 혁신기술과 사용자들이 협력해서 동시대가 겪고 있는 절체절명의 지구위기에서 디지털 트랜스포메이션이 놓친 문제들을 해결할 수 있어야 한다. 그러기 위해 메타버스 플레이어들은 프로그램에 맞춰 활동하는 수동적인 사용자 집단도, 네트워크를 유영만하는 디지털 노마드도 아닌 현실에서 제기된 문제를 '함께 창조적으로 해결'해 나가야 한다. 그러면서 메타버스 사용자 개개인은 '제 2의 잠재적 인생'도 살 수 있다. 바로 여기에 미래지구와 인간을

---

31 https://www.wired.kr/news/articleView.html?idxno=3255 참조.

위해 마지막 남은 기술환경의 대전환으로서 메타버스 트랜스포메이션의 의미와 가치를 발견할 수 있지 않을까?

참고문헌

로이 애스콧, 『테크노에틱 아트』, 이원곤 옮김, 연세대학교 출판부, 2002.

모리스 메를로퐁티, 『행동의 구조』, 김웅권 옮김, 동문선, 2008.

_____, 『지각의 현상학』, 류의근 옮김, 문학과지성사, 2002.

_____, 『보이는 것과 보이지 않는 것』, 남수인·최의영 옮김, 동문선, 2004.

이승환, 『메타버스 비긴즈: 인간×공간×시간의 혁명』, 굿모닝미디어, 2021.

이임복, 『메타버스, 이미 시작된 미래: NFT와 가상현실이 만들어 가는 또 하나의 세상』, 천그루숲, 2021.

정낙림, 『놀이하는 인간의 철학: 호모 루덴스를 위한 철학사』, 책세상, 2017.

질베르 시몽동, 『기술적 대상들의 존재 양식에 대하여』, 김재희 옮김, 그린비, 2011.

피에르 레비, 『디지털 시대의 가상현실』, 전재연 옮김, 궁리, 2002.

최재붕, 『포노 사피엔스: 스마트폰이 낳은 신인류』, 쌤앤파커스, 2019.

김화자, 「4차 산업혁명의 O2O 플랫폼으로서 AR」, 『인문과학』, 인문과학연구원, 제65집, 2007.

Priestley, Theo/ Williams, Bronwyn, Future Starts *Now*, *The Future starts now: Expert insights into the future of business, technology and society*, Bloomsbury Business, 2021.

Schlemmer, Eliane/Backes, Luciana, *Learning in Metaverses: Co-Existing in Real Virtuality*, IGI Global, 2014.

Serres, Michel, *Hominescence*, Éditions Le Pommier, 2001.

Simondon, Gilbert, *L'individuation à la lumière des notions de forme et d'information*, Grenoble: Millon, 2005,

"메타버스·아바타 개념을 낳은 '스노우크래시'", 〈연합뉴스〉, 2021년 6월 15일, https://www.yna.co.kr/view/AKR20210614124300005

"메타버스, 게임 넘어 일상 속으로 스며든다", 〈동아닷컴〉, 2021년 8월20일, https://www.donga.com/news/It/article/all/20210820/108641937/1

"메타, 햅틱 장갑 시제품 공개…'손으로 메타버스 느낀다'", 〈인터넷〉, 2021년 11월17일. https://zdnet.co.kr/view/?no=20211117092513

"스노우크래쉬 Snow Crash by 닐 스티븐슨", 〈대학신문〉, 2006년 12월 4일 http://spikebebob.egloos.com/v/952506

4

MZ 세대의 메타버스:
악마의 유혹인가? 인간의 또 다른 진보인가?
- 새로운 세대(MZ)를 위한 삶의 확장된 공간 메타버스

오민정

1. 들어가며

기술을 통한 인간 강화의 역사는 이미 오래 전에 시작되었다고 할 수 있다. 생산 활동을 시작하였던 인류 초기 무렵부터 인간은 도구를 사용하였으며, 이로써 인간은 자연의 상태에서는 기대할 수 없었던 삶의 편리함을 갖출 수 있게 되었다. 도구는 단지 인간에 의해 쓰이는 수단이 아니라 인간의 활동을 이롭게 하고, 더 나아가 그 이전과는 비교할 수 없는 새로운 수준으로 인간의 환경을 변화시켰다. 시대를 거듭할수록 인간은 자신을 이해하고, 더 나은 자신을 위한 강화의 여정을 걸어왔으며, 현대의 기술문명은 이 여정의 한 국면으로 볼 수 있다.

이 기술문명은 현재 또 다른 기술혁명으로 향하고 있다. 그리고 기술혁명은 디지털 컨버전스(Digital Convergence), 4차 산업혁명(4th Industrial Revolution), 디지털 전환(Digital Transformation)이라는 다양한 이름으로 불리기도 한다. 어떤 표현을 사용하던 간에 이 용어들은 현재 우리의 기술문명이 지속적으로 변동하고 있으며, 더욱 크게 성장해나가고 있음을 함축한다. 4차 산업혁명을 주창하였던 클라우스 슈밥은 그 변동의 크기를 다음과 같이 언급하기도 하였다.

오늘날 벌어지고 있는 혁명은 3차 산업혁명의 단순한 연장이 아니라 그것과 구별되는 4차 산업혁명의 도래라고 보아야 하는데, 여기에는 세 가지 이유가 있다. 바로 그 속도와 범위 그리고 시스템에 미치는 충격이다. 현재와 같은 비약적인 발전 속도는 전례가 없다. 이전의 산업혁명들과 비교하면, 4차 산업혁명은 산술급수적이 아니라 기하급수적으로 전개되고 있다. 게다가 모든 나라에서 거의 모든 산업을 충격에 빠뜨리고 있다. 혁명에 따른 변화의 폭과 깊이는 생산, 관리, 통제 전반에 걸쳐 전체 시스템의 변화를 예고한다.[1]

인간의 강화와 기술문명의 상관성 측면에서 볼 때, 이와 같은 기술문명의 변동과 성장은 지극히 환영할 만한 일이다. 하지만 이러한 환영과 찬사 속에서 우리는 20세기 초 벌어졌던 기술문명에 대한 반성적 고찰을 상기해 볼 필요도 있다. 이로부터 100여 년이 지난 현재에

---

1 클라우스 슈밥, 김진희 옮김, 『4차 산업혁명의 충격』, 흐름, 2016, 18쪽.

서도 그와 유사한 반성적 고찰의 필요성이 제기되고 있기 때문이다. 기술문명의 변동과 성장은 매우 중요한 것이지만, 그것에 대한 환영은 성장 자체에서 연원되는 것은 아니다. 인류 문명은 인간이 그 스스로의 강화를 경험해 온 여정의 한 국면이며, 이러한 점에서 기술문명에 대한 우리의 환영에는 그것이 인간의 강화와 더불어 전개되어야 한다는 조건이 전제되어 있다. 따라서 우리는 과거의 수준과 구별되는 정도의 큰 변화가 예고되어 있는 현재의 기술혁명의 그 전제조건의 실현 가능성을 반드시 물어보아야 할 것이다. 그리고 현재 그 실현 가능성을 타진해봐야 할 기술이 바로 최근 새롭게 등장한 메타버스(Metaverse)이다.

최근 주목받고 있는 메타버스(meta-verse)기술은 또 다른 기술적 세계의 구축을 통하여, 기술문명 하에서 지속적으로 박탈당해 온 인간의 또 다른 활동 가능성을 촉발시킬 수도 있기 때문이다. 그러나 메타버스 기술이 아직 시작 단계라는 점에서, 본 글에서는 2018년 개봉한 영화 「레디 플레이어 원(Ready Player One)」작품을 통해 이러한 가능성에 우회적으로 접근해보고자 한다. 이 작품은 메타버스에 기초한 미래 사회 내에서의 인간이 어떠한 삶을 살 수도 있는지를 그려내고 있기 때문이다. 이러한 의미에서 본고는 「레디 플레이어 원」에서 그려지는 미래상에 대한 비판적 고찰을 통해, 노동 공간을 완전히 상실한 인간이 호모 루덴스(homo ludens)로서의 삶을 살아가는 미래 삶의 실존적 의미를 전망해보고, 이를 통해 그 미래가 진정 문화의 비극이 아닐 수 있는 실질적인 조건에 대해 탐구해보고자 한다. 그리고 인간 중에서도 최근 메타버스 공간 내 활동에 가장 적극적인 세대인 새로운 세대 MZ세대를 중심으로 고찰해보고자 한다. 왜냐하면 영화 속 주인공 웨이드 와츠(Wade Owen Watts) 역시 18살 소년이고, 웨이드의 조력자들 역시 MZ세대에 속하기에, 최근 메타버스 공간 활용을 주도적으로 이끌며, 시대적 관심을 받고 있는 세대인 MZ세대를 중심으로 탐구하는 것은 의미가 있을 것이기 때문이다.

　따라서 본고에서는 메타버스 공간을 문화적 미래를 위한 새로운 미래 인간 삶의 공간으로 바라보고, 문화적 인간 존재가 인간으로서 고유성을 잃지 않고, 인간의 존재적 아포리아를 헤쳐나가기 위해 노력하는 그 여정을 메타버스의 중심 세대, MZ세대를 통해서 고찰해보고자 한다. 즉 디지털 트랜스포메이션으로 인해 새로운 인간 삶의 공간으로 등장한 메타버스 공간을 새로운 세대(MZ세대)의 확장된 삶의 공간으로 보고, 미래인문학적 시각에서 분석해보는 시도를 하고자 하는 것이다.

2. MZ 세대는 왜 메타버스의 유혹에 빠져드는가?
　– 현실의 욕망을 달성할 수 없는 세대

코로나19가 시작된 이후 메타버스(Metaverse)는 사회, 경제 분야에서 화두가 되고 있지만, 그 용어의 등장은 이미 30여년 전이다. 1992년 닐 스티븐슨(Neal Stephenson)의 「소설 스노우크래쉬(Snow Crash)」에서 아바타를 통해 가상을 경험하는 사람들의 이야기로 처음 소개된 메타버스는 2003년 가상현실 플랫폼인 '세컨드라이프'로 출시된다. 하지만 그 접근이 용이하지 않아(모바일 구동 문제) 소비자들의 주목을 받지는 못하였다. 그러나 최근 코로나19로 인한 인간 사회의 물리적 거리의 단절은 이 가상의 공간인 메타버스로의 진입을 촉진시켰다. 코로나19 팬데믹 상황 아래, 현실에서 물리적인 공간 이동의 제약을 받는 사람들의 관심은 현실 같은 가상을 구현해주는 가상현실 공간으로 더욱 집중되고 있는 것이다. 이러한 관심과 함께 과거 가상현실 서비스 플랫폼으로 등장하였던 메타버스는 블록체인 기술과 결합하면서 차세대 서비스 플랫폼으로 빠르게 성장하고 있는 실정이다. 그리고 현재 이 메타버스 공간에 주로 머물며 그 공간 안에서 유희하는 자는 새로운 세대, MZ세대이다.

미래의 시간 2045년을 시간적 배경으로 삼고 있는 영화 「레디 플레이어 원(Ready Player One)」 속 주인공 웨이드 와츠 역시 MZ세대에 속하는 10대 소년이다. 영화 속에는 현재 예측되고 있는 미래의 문제인 에너지 위기와 기후 환경 변화, 이로 인한 식량대란, 그리고 극단적인 빈부격차가 등장인물들의 숙명이 되어있다. 그 시대를 살아가는 사람들은 낡아 고물이 된 트레일러들이 층층이 쌓아올려져 있는 트레일러 아파트에 살고 있다. 그리고 집 안이 훤히 들여다보이는 커다란 창문 속 빈민촌 주민들 대부분은 영상표시장치 안경(HMD)을 끼고 허공을 향해 손짓을 하고 있다. 허공을 향해 내뻗는 그들의 손은 인간성을 상실하고 본질적 삶의 의미를 잃은 지 오래다. 그들은 빈곤한 삶을 극복할 수 있는 기회조차 얻지 못한다. 직장을 잃고 실업자가 된 보호자를 둔 10대들은 희망을 잃은 채, 그저 서너 평 남짓한 고물 폐차 캠핑 트레일러 안에서 삶을 연명할 뿐이다. 그들의 현실은 시궁창 같다. 모든 사람들은 자신의 암울한 현실을 망각하고 싶어 한다. 그들에게 이러한 시궁창 같은 현실의 은폐를 꾀하고 이 현실을 이탈할 수 있는 유일한 도피처는 '오아시스'라는 이름의 게임 속 가상의 세상뿐이다. 사람들은 그들의 본능적 생리현상인 식사, 잠, 배변활동을 제외하고는 모든 것을 오아시스에서 해결한다. 그들은 현실이 아닌 가상의 지상 낙원 '오아시스'에서 생기발랄한 10대로서의 인간성을 상실하고 자신의 본질을 잊은 채 살아가고 있는 것이다.

상상이 현실로 이루어지는 곳, 그 곳이 오아시스다.
당신은 무엇이든지 할 수 있고 어디로든 갈 수 있다.
휴가를 위한 행성,
몬스터 하와이에서 서핑,
배트맨과 함께 에베레스트 산을 오를 수도 있다.[2]

영화 「레디 플레이어 원(Ready Player One)」

---

2   영화 「레디 플레이어 원」0:3:28-0:4:22

오아시스는 물이 없는 사막에서 찾기 힘든 물웅덩이로 '고난 속의 안식처'라는 의미를 갖는다. 영화 속 '오아시스' 역시 사막의 오아시스처럼 벗어날 수 없는 가난과 삶의 해체로 인해 현실의 낙오자가 된 사람들이 괴로운 현실을 잊을 수 있는 '안식'의 공간이다. 또한 이 공간은 '도피'의 공간이기도 하다. 이러한 현실을 이탈하고 해체하는 오아시스는 2045년 오하이오주 콜롬버스에 사는 사람들에게 달콤한 안식처로서 비참한 실재(현실)의 인위적 대체물인 초과 실재 시뮬라크르(Simulacra)이다.

프랑스 철학자 장 보드리야르(Jean Baudrillard)는 현대를 시뮬라시옹의 시대라고 하였다. 그에 따르면, 실재보다도 더욱 실재 같은 모든 실재의 인위적 대체물인 초과 실재 시뮬라크르는 실재의 소멸을 야기하고, '시뮬라시옹은 〈참〉과 〈거짓〉, 〈실재〉와 〈상상세계〉 사이의 다름을 위협한다.'[3] 이와 같은 새로운 존재론적 구도는 이 영화 속에 녹아들어가 있다. 실재 현실과 가상현실, 실재 삶의 공간인 콜롬버스와 시뮬라크르인 오아시스의 경계는 점차 허물어지고 사람들은 어느새 파생 실재인 하이퍼리얼(Hyperreal)의 오아시스 속 세상 속에서 살고자 이곳에 진입하고 머무른다. 이곳은 현실 세계에서는 도저히 도달할 수 없는 '휴가를 위한 행성'의 방문, '몬스터 하와이에서 서핑', 그리고 '에베레스트 산 등반'을 가능하게 해주기 때문이다. 오아시스에 진입한 인간은 아름다운 얼굴, 멋진 몸매를 가질 수 있고, 값비싼 옷도 입을 수가 있다. 따라서 이들에게 실재와 가상 사이의 경계가 사

---

3   장 보드리야르, 하태환 옮김, 『시뮬라시옹』, 민음사, 2001, 19쪽.

라지는 시뮬라시옹의 지배는 당연한 결과이다.

보드리야르는 포스트모던 사회에서 이미지나 모사와 현실간의 경계는 파괴되고, 그와 함께 '현실'의 경험과 지반은 사라진다고 주장한다. 보드리야르에게 있어서, 극도로 세분화되고 대단히 혼잡하며 과도하게 통제되고 있는 우리 세계의 특징은, 제도들이 내부에서 폭발하고 무너진다는 것이다.[4]

보드리야르의 언급처럼, 오아시스라는 가상 세계의 이미지와 현실 간의 경계는 파괴되고 이와 더불어 현실의 도시 공간인 콜롬버스에서의 경험과 지반은 사라져가는 것이다. 현실에서 활동적 삶의 가능성을 박탈당한 사람들은 오아시스라는 게임 공간 속에서 '향락'에 빠진다.[5] 더 이상 현실 속에서 제작자(homo fabre)로서의 삶을 영위하지 못하는 인간은, 자신의 본질적 활동과 그가 처한 현실 간의 괴리 속에서 자유와 진리를 인식하지 못하는 자기 분열적 존재로서, 오아시스 속에서 황폐하고 인공적인 삶을 살아간다.

인간의 일과 시간, 그리고 중독 현상을 살펴본 결과 일과 중독은 미래라는 시간성을 매개로 하여 깊은 연관성이 있음을 알 수 있다. 한 실증

---

4 윤종범, 「장보드리야르 연구」, 『한국프랑스논집』, 한국프랑스학회 제29집, 2000, 28쪽.

5 한나 아렌트의 말처럼, 노동사회는 인간의 전 활동이 노동으로 일원화된 사회이며, 이 노동의 박탈은 곧 인간으로서의 활동 가능성의 박탈이라는 점에서 최고의 위험 상태이다. 「레디 플레이어 원」이 그려내고 있는 미래가 바로 이러한 상태이다.

적 조사에 따르면, 일을 잃은 사람을 일을 하는 사람과 비교할 때 실제로 중독에 걸릴 위험이 두 배로 높아진다고 한다.[6]

이는 메타버스의 유혹에 빠져드는 우리네 MZ세대의 모습과 닮아 있다. 디지털 생활환경에서 자란 MZ세대는 각자의 개성을 중시하며, 최신 트랜드에 앞서가는 세대이다. 그러나 또한 이들은 연애, 결혼, 출산, 내집 마련 등 기성세대들이 과거에 평범한 삶의 과정으로 여겼던 일상의 꿈을 현실의 벽에 부딪혀 자연스레 포기해야만 하는 N포 세대이기도 하다. 과거에는 평범한 꿈이라 여겼던 것들조차 자신의 삶에서 실현시키지 못하고 많은 것을 포기해야만 하는 이 MZ세대들은 현실에서 자신의 욕망의 벽을 넘지 못하고 좌절을 맛보는 세대이다.

영화 속에서도 이러한 미래의 삶이 불안하고 애처로워 보이는 주인공들이 등장한다. 영화 속 주인공들의 오아시스로의 진입은 이들의 자유롭고 자발적인 선택이 아니다. 한나 아렌트의 말처럼, 이 시대는 '노동자 없는 노동자 사회'이며, 이들 역시 노동만이 유일한 인간의 활동인 시대에 그 노동의 가능성 역시 극단적으로 위축되어 있다. 따라서 이 미래 인간들의 노동의 상실은 곧 '일(work)'의 상실 또한 함축하게 된다. 이들은 그들이 발 딛고 있는 현실을 인공적 사물의 세계로 새롭게 구축할 동력 자체를 상실한 셈이기 때문이다.

일(work)과 그 산물, 즉 인간의 인공물(artifact)은 유한한 삶의 무익함

---

6   이종관, 『포스트휴먼이 온다』, 사월의 책, 2017, 390쪽.

과 인간적 시간의 덧없음에 영속성과 지속성을 부여할 수단을 제공한다.[7]

인간은 일을 통해서 산물을 생산하고, 이 인간의 창작 활동은 물리적으로 죽음의 한계를 극복할 수 없는 인간에게 또 다른 방식의 인간 실존의 의미를 부여한다. 죽음을 향해서 걸어가는 인간 삶의 무의미함에 삶의 의미를 위한 의미화의 실천을 실행하도록 하는 것이 바로 인간의 일인 것이다. 그러나 이와 같은 활동의 가능성을 상실한 도시 콜롬버스에 살고 있는 인간들은 또 다른 가능성을 찾아 '오아시스'라는 가상의 세계로 진입해 들어가야만 하게 되는 것이다.

이 또한 작금의 MZ세대가 처한 현실과 비슷하다. 과거 부모세대들은 평범한 삶으로 여겼던 결혼, 출산, 평생직장, 내집마련 등은 이제 더 이상 평범한 일상이 아니다. 기성세대들은 열심히 공부하고, 열심히 일한 노력의 대가를 일정 부분 얻을 수 있었다면, 새로운 세대로 일컬어지는 MZ세대들은 자신들의 노력에 대한 대가를 제대로 인정받지 못하고, 현실의 욕망을 달성할 기회조차 박탈당한 세대이다. 그렇기에 이들은 현실의 욕망을 대신 달성할 수 있는 가상공간 메타버스 안으로 들어가고자한다. 그 곳에서 그들은 적은 자산으로 건물을 사고, 명품 브랜드 상품을 구입하여 자신의 아바타에게 입힌다. 그들은 자신들이 가고자하는 전 세계 여행지를 여행할 수도 있으며, 현실의 물리적 제약 없이 타인과의 만남도 꾀할 수 있다. 즉, 현실의 대리

---

7 한나 아렌트, 이진우 옮김, 『인간의 조건』, 한길사, 2017, 75쪽.

만족경험을 가상공간 메타버스에서 이루는 것이다. 마치 영화 속 주인공들이 오아시스라는 가상의 세계로 진입하는 것처럼 말이다. 그러나 과연 이 가상공간으로의 진입이 진정한 도전의 '또 다른 가능성'일 수 있을까? 바로 이 점에서 하나의 문제가 남게 된다. 그것은 바로 그 가상의 세계에서 인간이 호모 파베르로서 존재할 수 있는가 하는 것이다. 왜냐하면 인간의 '일'은 인간의 실존 조건이기 때문이다.

3. 호모파베르와 호모루덴스의 융화된 공간 - 메타버스

메타버스가 최근 각광을 받기 시작한 것은 사실이지만, 그 기술과 공간의 구현이 최근에 와서 이루어진 것은 아니다. 사실상 메타버스는 가상 기술의 발전 과정에서 등장했던 개념이며, 최근 다시 주목받고 있다고 보는 것이 옳다. 따라서 메타버스라는 공간의 존재론적 이념적 특성을 파악하기 위해 우선 가상기술과 가상공간에 대한 이해가 선행되어야 한다.

가상기술[8]에 대한 관심은 코로나19 팬데믹 현상과 맞물리면서 폭

---

8 가상현실(VR)이라는 기술은 1950년대부터 개발이 시작되었다. 그러나 가상현실이라는 용어는 1989년 컴퓨터공학자 재론 래니어(Jaron Lanier)에 의해 명명되었다. 영상 표시장치 HMD와 손동작을 입력받는 데이터 글러브(data glove)의 사용이 이 무렵부터 시작되었고 이 시기를 1차 가상현실 붐이라고 한다. 그러나 당시의 가상현실 체험을 위한 기기들은 가격도 높았고 가상현실의 3요소라고 불리는 가상이미지, 상호작용, 몰입감을 만족시키기 위한 충분한 기술을 소비자에게 제공하지 못했다. 그리고 그 결과 대중화에 성공하지 못했다. 2차 가상현실 붐은 2011년 오큘러스의 창업자 팔머 럭키가 VR 헤드셋을 시장에 내놓으면서 시작하였다. 1990년대 보다 저렴한 VR

발적으로 확대되고 있다. 이러한 관심의 증가폭은 과거의 예측보다도 매우 크고 빠른 것이기도 하다. 팬데믹과 가상현실 기술의 시너지는 가상현실이 추구하는 지향점과 관련이 깊다. 가상현실 기술은 현실보다 더 현실 같은 가상의 구현을 목표로 하며, 이러한 기술의 지향과 구현된 공간들은 팬데믹 현상에 갇혀 현실 공간의 상당 부분을 제한받아야 하는 사람들의 욕구와 욕망에 부응하고 있다. 그리고 메타버스에 대한 관심 역시 같은 맥락에서 이해된다.

가상기술과 메타버스의 관계는 메타버스라는 용어의 탄생 과정에서도 잘 드러난다. 메타버스는 앞서 언급처럼 닐 스티븐슨의 소설에서 아바타를 통해 가상을 경험하는 사람들의 이야기로 처음 소개되

헤드셋이 소비 시장에 나오면서 가상현실 기기는 대중화 되었다. 그리고 모바일용 고해상도 디스플레이 기술의 발달로 2016년 대한민국에서는 증강현실(AR) 게임 포켓몬고가 가상과 현실의 결합이라는 새로운 형식의 게임으로 많은 이들에게 인기를 끌었다. 포켓몬이라는 가상의 몬스터가 현실 속에서 극실재 하이퍼리얼을 생산해내고 사람들은 이 하이퍼리얼 몬스터에 열광하였다. 하이퍼리얼은 유희를 즐기는 호모루덴스인 인간에게 새로운 재미를 선사한 것이다. 사실 가상현실 기술은 인간의 오락거리인 게임뿐만 아니라 다양한 곳에서 선보이고 있다. 뉴욕 타임스는 2015년 가상현실 플랫폼 'NYT VR'을 개발해서 100명의 독자들에게 배포하고 이 기기를 통해 〈난민(The Displaced)〉라는 내전 속 아이들을 다룬 영상을 독자들이 시청하도록 하였다. 독자들은 '읽는 신문'에서 '보는 신문'이라는 새로운 미디어 패러다임을 경험하였다. 조립식 가구 브랜드로 유명한 이케아(IKEA) 가구는 의류처럼 쉽게 사용자와 어울리는지를 알아보기 힘들다는 점을 인식해서 증강현실 앱 서비스인 '인터랙티브 카탈로그(Interactive Catalogue)'를 소비자에게 제공하고 있다. 소비자는 이를 통해서 이케아 가구가 자신의 집과 어울리는지를 손쉽게 확인할 수가 있다. 또한, 각종 영화제에서는 VR 기술을 이용한 영화들이 선보이고 있다. 이처럼 가상현실 기술은 인간의 유희를 위한 다양한 컨텐츠를 제공하고 있다. 다양한 컨텐츠와 소비 욕구에 따라서 국내 가상현실 시장 역시 매년 연평균 40% 정도의 성장률을 보이고 있다. 그리고 가상현실 기술이 사용되는 분야는 미래로 갈수록 더욱 다양해질 전망이다. (민준홍, 『가상현실과 증강현실의 현실』, 2016)

었다. 그러나 이 SF 소설 속 가상현실은 인간의 상상력이 동반되어 독자에게 카타르시스를 일으키는 소설의 한계를 넘지는 못하였다. 그리고 이후 '세컨드라이프(secondlife)' 가상현실 서비스 플랫폼 역시 소비자들의 외면을 받게 되었고, 메타버스 역시 사람들의 관심에서 멀어지게 되었다. 그 후 등장한 블록체인 기술과 메타버스 기술이 결합하면서 앞서 언급한 것처럼 팬데믹 현상과 맞물려 사람들의 관심을 다시 얻게 된 것이다.

현재의 개념에서 가상현실은 현실과 대비된 관계에 놓여 있다. 따라서 가상현실로의 진입은 현실에서의 이탈을 의미하기도 한다. 하지만 가상과 가상기술은 구분할 필요가 있다. 가상기술은 가상을 기술적으로 구현하기 위한 것이지만, 가상이라는 개념 자체는 기술이 만들어낸 것이 아닌, 오랜 역사적 배경을 갖고 있는 개념이기 때문이다. 기술은 그 가상에 접근하고자 하며, 이러한 가상을 기술적으로 구현해 내고자 하였고, 이렇게 구현된 가상으로 사람들은 현실을 넘어 진입하고자 한다.

이러한 인간의 가상현실에 대한 추구의 이유를 문화학자 켄 힐리스(Kenn Hillis)는 육체 이탈의 욕망에서 찾는다. 그에 따르면, 삶이 유한한 인간에게 '육체를 초월하고자하는 욕망을 실현시켜주는 기계(VR as machine to realize such desires for bodily transcendence)'가 바로 가상현실인 것이다. 세계-내-존재(In-der-Welt Sein)로 시간 속에 태어난 인간은 죽을 수밖에 없는 근본적 한계를 가지고 있다. 그리고 이 근본적 한계는 다시 인간을 욕망에 사로잡히는 존재로 만든다. 그리고 이 욕망은 다시 육체를 초월해 사이버스페이스(Cyberspace)로 넘어가려는 욕구에 이른다. 가상현실 기술은 욕구와 욕망에 봉사하며, 그것을 충족시켜왔으며, 디지털 트랜스포메이션의 흐름 속에서 더욱 강화되고 있는 것이다. 「레디 플레이어 원」의 메타버스 역시 이와 같은 관점과 흐름을 따라 그려지고 표현된다. 그리고 이 속에서 현실 공간에서 몸을 이탈하고자 하는 인간의 욕망이 가상공간이라는 메타버스를 향하는 것은 인간의 거부할 수 없는 운명처럼 보인다. 이런 점에서 최근 우리 사회에 화두가 된 메타버스의 등장과 그 공간에 자석처럼 끌려 들어가는 신세대들의 모습은 자연스러운 현상일지도 모른다.

이 영화의 주인공 웨이드 왓츠는 인간의 몸을 이탈해 육체를 초월한 가상공간으로 진입하기 위한 기술적 장치를 몸에 장착한다. 아이언 맨 슈트 같은 'X1' 슈트는 온 몸으로 감각을 느낄 수 있어 육체 이탈을 시도한 영혼의 가상현실 몰입도를 극대화하며, 이 장치를 통해 자신의 현실처럼 인식하는 가상적 표상을 획득한다. 이 가상적 표상의 획득을 위한 가상현실의 몰입은 그 몰입을 시도하는 영화 속 주인공 웨이드의 가혹한 현실과 대비된다. 웨이드는 어릴 적 부모를 잃고 이모 집에서 불우하게 살고 있지만, 이모부는 폭군이고 이모는 조금 더 나은 집을 사기 위해 돈을 모으지만 이마저도 이모부가 오아시스 게임 속 아이템을 구입하기 위해 탕진해 버린다. 최악의 현실 상황에 놓여 있는 웨이드에게 육체 초월의 욕망은 더욱 증폭된다. 과거-현재-미래의 영속적 시간이라는 표상의 획득을 위해 웨이드는 그 시간을 단절해 버린 처참한 현실을 피해 오아시스 세계로의 영혼의 육체 이탈을 시도한다. 현실 도피에 급급해 오아시스 게임에 중독된 이들은 비단 웨이드나 그의 이모부뿐만이 아니다. 영화의 시작부터 트레일러 빈민촌의 거의 모든 주민들, 사실 일부의 계층을 제외한 모든 민중들은 HMD 고글을 끼고 허공을 허우적대며 가짜 현실 오아시스 속

허상을 좇으며, 끊임없이 현실을 부정한다.

오아시스 게임을 제작한 인물은 할리데이이다. 그는 무료하고 지쳐 있는 도시 콜럼버스에 새로운 세상을 열어 준 신비로운 존재이다. 그가 마련해 놓은 도피처 덕분에 사람들은 피할 곳이 생겼다. 마치 팬데믹으로 인하여 현실의 공간적 제약에 맞닥뜨린 사람들이 물리적 공간을 초월해 메타버스라는 가상의 공간에서 자신의 시간을 보내는 것처럼, 이 미래 도시의 사람들 역시 현실을 피해 가상의 메타버스 공간 오아시스를 찾는다. 그리고 어디든지 갈 수 있게 해준 세상의 창조주 할리데이는 모두가 추앙하는 영웅적 존재이다. 자신의 죽음을 미리 예견하고 준비한 할리데이의 죽음은 콜롬버스를 뒤흔든다. 오아시스의 게임 속 아이템인 부활절 달걀과 3개의 열쇠를 찾는 이에게 회사를 상속하겠다는 그의 유언은 최악의 현실을 근본적으로 탈출하기 위한 욕망을 극단으로 추동시킨다. 여기에서 현실을 또 다른 사물의 세계로 만들려는 제작의 욕망은 찾아볼 수 없다. 그 대신 사람들은 최악의 상황에서 완전히 벗어날 수 있는 만능키에 몰두한다. 부활절 달걀을 얻기 위한 미션을 해결하고 열쇠를 찾기 위해 혈안이 된 전 세계 사람들은 부활절 달걀을 향한 욕망이 커질수록 오아시스의 향락에 빠져 현실과의 간극을 더욱 벌리며 점점 더 오아시스 속에 고립되어 간다. 그와 같은 즉흥적이고 맹목적 향락을 지향하는 왜곡된 호모 루덴스의 삶은 콜롬버스 사람들이 현실 내에서 스스로의 삶을 반성할 수 있는 계기를 상실하게 한다. 이 영화 속 가상현실인 메타버스의 세계 속에서 인간들은 중독에 빠진 가짜 호모 루덴스로서 실존의 위기에 봉착해 있다. 이 상황은 우리로 하여금 다음과 같은 매우 중요한 물음을 제기하도록 한다. 욕망의 실현은 왜 왜곡된 인간 삶으로 귀착되는가?

언급되었던 것처럼, 「레디 플레이어 원」이 그려내고 있는 모든 공간 내에서 제조자로서의 호모 파베르는 찾아볼 수 없다. 특히 메타버스의 세계에 접속하는 것이 일상인 등장인물들의 삶과 활동에서 이러한 경향은 더욱 두드러진다. 이것은 메타버스로의 접속을 촉진시킨다. 현실 속에서 호모 파베르의 지위를 박탈당한 인간들은 그 현실을 뒤로 하고 가상적 공간인 메타버스의 세계로 접속하고, 그 공간 내에서 새로운 그들의 삶을 추구하고자 한다. 하지만 그렇다고 해서 이들이 이 세계 내에서 호모 파베르의 회복을 추구하고 있지는 않다. 오히려 이들은 호모 루덴스(homo ludens)로서의 삶을 추구하고자 하며, 이들의 삶은 곧 놀이처럼 비춰진다.

이렇듯 「레디 플레이어 원」의 메타버스 '오아시스'에서 그려지는 것은 호모 파베르가 아닌 호모 루덴스를 선택한 인간의 삶이다. 그렇지만 호모 파베르로서의 지위를 상실한 인간이 추구하는 호모 루덴스의 삶이란 하나의 전제를 필요로 하는 것이다. 그것은 바로 호모 파베르와 호모 루덴스가 선택될 수 있다는, 그리고 이 둘은 별개의 인간일 수 있다는 점이다. 과연 호모 파베르로서의 삶은 호모 루덴스의 삶과 무관할 수 있는 것일까? 아니면 호모 루덴스로서의 삶은 호모 파베르의 삶과 무관할 수 있는 것일까? 그 둘 다 아닐 것이다.

호모 루덴스가 '놀이하는 인간'을 뜻하지만, 그를 그저 즐거움을 추구하는 존재로 이해하는 것은 지나친 협의의 이해이다. 그는 분명 놀이를 추구하지만, 그 놀이는 창조적 행위와 밀접히 연관되어 있기 때문이다. 예를 들어 알타미라 동굴의 벽화를 그리기 위해 제작된 천연의 물감과 채색 기구들은 그들의 생존을 위한 수단과는 거리가 먼 예술적 유희 활동의 도구였다. 이 도구를 통해 구현된 예술적 행위는 그 자체로 유희적 활동임과 동시에 인공의 사물 세계를 구축하는 창작 활동이기도 하다. 즉, 호모 루덴스는 호모 파베르와 교차한다.

그렇지만 이 교차는 한낱 우연한 일회성 만남은 아니다. 놀이와 제작이 근본적으로 문화적 활동인 한, 그 활동들은 결코 분산적으로 혹은 단독적으로 존립할 수 있는 것들이 아니다. 그 활동 자체는 고유한 것일지라도, 그 활동 각각은 모두 문화적 기능의 원리를 공유하고 있기 때문이다. 따라서 호모 파베르로서의 인간 활동은 호모 루덴스로서의 인간 활동을 촉진하기도 하며, 그 역의 관계도 성립되는 것이다.

놀이와 제작 모두를 문화의 구조 내에서 이해한다면, 그 어느 한 요소의 상실은 다른 요소의 존립에 심대한 영향을 미치게 된다. 특히 놀이와 제작 같이 상호 밀접한 관련성을 갖고 있는 문화적 활동의 경우 그 영향은 더욱 커질 수 있다. 여기에서 우리는 「레디 플레이어 원」의 메타버스의 세계 속에서 유희만을 쫓는 삶의 선택은 인간의 창조적 삶과 활동에 참여해 온 호모 루덴스의 삶의 궤적과는 매우 커다란 차이를 보인다는 것을 알 수 있다.

우리의 논의는 「레디 플레이어 원」의 메타버스에 대한 우회적 접근이었다. 따라서 여전히 '메타버스는 과연 기술혁명의 미래에 인간이 선택할 수 있는 세계로서 가능한 것인가?'라는 물음은 열린 채로 남아 있다. 하지만 지금까지의 논의가 이 물음에 대하여 무의미한 것은 아니다. 그 논의가 이 물음에 대한 앞으로의 접근과 해명에 대한 하나의 시각과 방향을 제공할 수 있기 때문이다. 앞서 언급되었듯, 「레디 플레이어 원」의 메타버스는 호모 파베르와 호모 루덴스의 결별 가능성을 전제로 하고 있다. 만일 미래의 메타버스 역시 이러한 결별 가능성을 전제로 둔 것이라면, 그래서 일종의 현실에서의 도피를 꿈꾸는 가상의 세계 구축에 몰두하는 것이라면, 미래의 메타버스 역시「레디 플레이어 원」의 메타버스와 다를 바 없게 될 것이다. 그 세계 내에서도 인간이 문화적 존재로서 존립할 수 있는 가능성이 매우 낮을 것이기 때문이다.

그러나 현재 메타버스에 들어서는 MZ세대들은 영화 속 주인공들과는 달라 보인다. 그들은 그들의 욕망 실현의 문을 가상공간 메타버스에서 열고자하지만, 이들은 단지 자신들의 현실을 도피하기 위한 공간으로 메타버스에 진입하지는 않는 듯하다. MZ세대가 메타버스에 진입하게 된 이유는 현실의 장벽 때문이지만 그들은 이 가상공간 메타버스에서 현실의 꿈을 이루고자 노력한다. 대리만족경험이라는 이유로 진입한 메타버스 공간에서 신세대들은 현실에서 포기했던 수많은 N포들을 다시 이뤄나갈 수 있다는 희망을 찾는다.

왜냐하면 메타버스는 단순 가상공간이 아닌 현실 연장의 공간이 될 수 있기 때문이다. 가상이라는 명칭이 붙기는 하지만, 메타버스 공간 안에서 MZ세대들은 창작 활동을 통해 여러 다양한 산물을 만들어 낸다. 로블록스 플랫폼에서 이들은 게임을 직접 플레이하며 즐길뿐만 아니라 게임을 제작하기도 하고, 제페토에서 명품 가방을 구입하는 사용자일 뿐만 아니라 메타버스 플랫폼 안에서 창업을 하여 자신이 제작한 물건을 판매하는 생산자이기도 하다. 또한 드라마, 웹툰을 시청할 뿐만 아니라 독창적인 콘텐츠로 나만의 작품을 제작하기도 한다. 서로 다른 국적을 가진 메타버스 플랫폼 접속자들과 서로의 생각과 감정을 교류하며 외국어와 문화를 배우고 그들만의 소셜 네트워크를 형성하기도 한다.

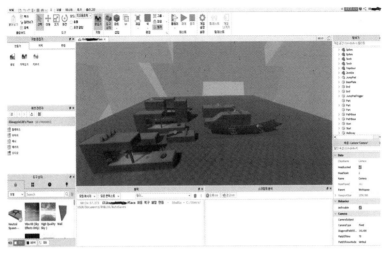

로블록스 플랫폼에서 게임 제작

　이는 현실에서는 욕망으로만 남을 신세대들의 상상력이 메타버스 공간 안에서 현실과 연계된 창작활동으로 실현되고 있음을 보여준다. 여기에서 우리는 메타버스의 공간이 MZ세대들의 현실 도피 공간이 아닌 현실 도전의 공간으로 나아갈 수 있는 한줄기 빛을 찾을 수 있다.

4. 문화적 인간의 확장된 삶의 공간 메타버스의 미래

N포세대인 젊은 세대는 현재 새로운 인간 삶의 확장 공간이 될 가능성을 지닌 현실 연장의 메타버스 공간에서 자신의 욕망을 실현시키고자 메타버스의 문을 열며 들어서고 있다. 현실에서 자신의 욕망의 벽을 넘지 못하는 이들은 가상의 공간인 메타버스 공간에서 적은 비

용으로 자신이 달성하고자 하는 욕망을 실현시키고 있는 것이다. 그리고 MZ세대 욕망 실현의 문인 메타버스는 그들의 창조하고자 하는 욕망과 유희하고자 하는 욕망이 맞물려 새로운 제작 활동과 유희의 공간을 제공할 가능성을 보이고 있다. MZ세대들은 「레디 플레이어 원」 영화 속 주인공들과 달리 메타버스 공간에서 새로이 창작 활동을 함과 동시에 그들이 제작한 공간 안에서 유희를 즐기고 있다. 이렇게 본다면 현실의 메타버스는 영화 속 메타버스 '오아시스'와 달리 호모 파베르적 인간과 호모 루덴스적 인간의 융화된 인간, 문화적 인간 존재로서 인간 실존이 가능한 공간으로 발전할 가능성이 커보인다.

그러나 과연 메타버스라는 공간이 인간 삶에서 어떠한 양태의 공간으로 진보하게 될지는 아직 미지수다. 칼 야스퍼스(Karl Jaspers)가 언급한 대로 현대 사회는 인류의 몰락(Untergang der Menschen)과 인류의 변화(Wandlung der Menschen) 중 하나를 택해야만 하는 양자택일(Alternative)의 기로에 서 있다. 양자택일의 상황에서 우리의 선택은 무척 자명해보인다. 그러나 그 변화의 방향과 조건이 무엇인지는 그리 자명하지 않다는 것이 현실이다.

2016년 이후 화두가 되었던 '4차 산업혁명'은 정치, 사회, 문화, 경제, 등 거의 모든 분야에 걸쳐서 '트랜스포메이션'이라는 변화를 강력하게 요구하였다. 이로 인해 우리 사회는 기술을 바탕으로 한 진일보한 발전을 미래의 과제로 설정하였다. 기술의 발전이 지금까지 제공해 온 윤택함과 편리함의 수준과 폭은 이 과제의 수행에 따라 더욱 깊고 커질 것으로 기대되었다. 외형적인 변화는 비교적 빠른 속도로 진행 중이다. 하지만 이러한 외적 변화에 내적 변화가 동반되고 있지는 못하다. 오히려 빈부 격차 심화를 비롯한 삶의 질적 하락은 더욱 심화되고 있는 형편이다. 특히 기술격차와 같은 문제들은 기술의 발전에 조응하여 더욱 커지고 있다. 가장 심각한 것은 인간 자체의 대체이다. 인간의 노동을 대체하고 있는 기술의 성장과 확장은 인간 활동의 가능성을 줄임과 동시에 노동을 통한 보상의 위축으로 인한 빈부격차 등의 사회적 문제를 더욱 악화시킬 수 있기 때문이다. 우리가 기술혁명의 과정에서 맞닥뜨리고 있는 가장 심각한 문제는 바로 이것이다. 우리가 현실이라고 불러온 공간 내에서 인간으로서의 활동을 펼칠 가능성을 상실해가고 있다는 점 말이다. 그 활동의 가능성이 파괴된다면, 인간은 그 존재의 의미 상실과 더불어 더 이상 그 필요성을 확보할 수 없는 것이다. 최소한 그것이 우리의 미래가 아니기 위해서는 단순한 직업 확보의 가능성을 넘어, 한나 아렌트가 이야기 했던, 일(work)과 행위(action)의 회복이 필요할 것이다. 그리고 우리는 인간이 호모 파베르인 동시에 호모 루덴스였다는 점을 이해해야 한다.

따라서 호모 파베르와 호모 루덴스는 결코 별개의 인간일 수 없다. 또한, 호모 파베르의 상실을 호모 루덴스의 지향으로 대체해 나가는 것은 바른 방향일 수 없다. 더욱이 호모 파베르와 호모 루덴스의 교차는 우리가 현실이라 불러 온 공간에만 적용되는 것은 아니다. 우리가 가상현실 혹은 메타버스라 부르고 있는 공간 역시 현실과의 연관성 속에서 이해되어야 하며, 바로 이러한 의미에서 메타버스는 현실 연장의 공간으로 확장되어야한다. 때문에 호모 파베르와 호모 루덴스의 융화가 메타버스의 세계에서도 전제되고 추구되어야 우리는 영화 속 메타버스 '오아시스'를 넘어서는 진일보한 메타버스를 구축할 수 있을 것이다. 그리고 이러한 메타버스 공간은 현실 사회 속에서 갖가지 문제에 직면한 MZ세대에게 그들의 현실을 뛰어넘는 새로운 삶의 확장된 공간이자 도전의 공간으로 나아갈 수 있는 가능성을 제공할 것이다.

참고문헌

민준홍, 『가상현실과 증강현실의 현실』, 커뮤니케이션북스, 2016.

장 보드리야르, 하태환 옮김, 『시뮬라시옹』, 민음사, 2001.

클라우스 슈밥, 김진희 옮김, 『4차 산업혁명의 충격』, 흐름, 2016.

한나 아렌트, 이진우 옮김, 『인간의 조건』, 한길사, 2017.

윤종범, 「장 보드리야르 연구」, 『한국프랑스논집』 한국프랑스학회 제29집, 2000.

이종관, 『포스트휴먼이 온다』, 사월의 책, 2017.

Spielberg, Steven, 「Ready Player One」, 2018.

5

확장된 경험세계로서 메타버스
그리고 욕망의 생산과 소비

이아름

1. 메타버스(metaverse)라는 버스(bus)

메타버스(metaverse)라는 버스(bus)에 올라타라! 메타버스에 대한 관심이 뜨겁다. 이 심상치 않은 관심은 호기심에서 그치지 않고 곧바로 다방면에서 '누구보다도 빠르게' 메타버스를 구현하는 경쟁으로 이어질 것 같다. 우선 정부는 내년도 메타버스 관련 예산안에 1600억 원이상을 배정할 예정이며, 서울특별시는 2022년부터 2026년까지 3단계에 걸쳐 시정 전 분야 행정서비스에 메타버스 생태계를 구축하려 한다.[1] 유비쿼터스 시대, 스마트폰 앱으로 전 세계적 의사소통 방식을 변화시킨 '페이스북'도 다음 시대의 소통 플랫폼은 메타버스라는 확신 하에 기업명마저 '메타'로 바꿔버렸다. 이 '메타'로의 전환은 마치 메타버스 시대의 신호탄처럼 들린다. 게다가 투자로 한 방을 얻으려는 이 시대의 바람을 타고 메타버스는 소위 '떡상' 아이템이 되었다. 물론 떡상하는 것에는 거품이 끼기 쉽다. 메타버스에 대한 드높은 관심의 반작용으로, 메타버스란 단지 투자 광풍을 불러오기 위한 호들갑에 불과한 것은 아닌지 회의적인 시각들도 고개를 들고 있다. 그러나 낙관과 비관의 혼돈 속에서 우리는 태풍의 핵을 들여다봐야 한다.

자, 그럼 메타버스란 무엇인가? 메타버스는 메타(meta)와 유니버스(universe)의 합성어로 어원의 뜻에 충실하면 우리가 사는 생활환경이 물리적 환경을 넘어 디지털 환경으로 확장된 상태에서 이 두 환경을 포괄하는 상위개념을 의미한다. 그러나 실제 이 용어의 활용을 감안해 보면, 메타적·상위적·포괄적 의미보다는 메타 개념을 필요로 하게 만든, 즉 이전보다 훨씬 우리 삶에 들어온 '디지털 환경'을 일컫는 데 사용된다. 유니버스에 메타버스를 누구보다 먼저 알린 한 책은 메타버스를 "스마트폰, 컴퓨터, 인터넷 등 디지털 미디어에 담긴 새로운 세상, 디지털화된 지구"[2]로 소개하고 있다. 기술연구단체인 ASF는 디지털 기술 가운데서도 증강현실세계, 라이프로깅 세계, 거울 세계, 가상 세계를 형성하는 기술을 메타버스로 분류한다. 이미 우리의 삶은 다방면으로 로그인 되어있다. 메타버스라는 용어의 내포와 외연, 그 뜻과 이 개념 안에 들어갈 대상들은 여전히 유동적이지만, 이 용어는 가상현실이라 불린 디지털 환경이 단지 '가상'의 범주에 속하는 것이

---

1   "서울시, 연말부터 메타버스 서울 구축… 아바타 공무원이 24시간 민원처리" 〈아주경제〉, 2021년 11월 3일, (https://www.ajunews.com/view/20211103084306059.)

2   김상균, 『메타버스』, 플랜비디자인, 2020, 23쪽.

아니라 '현실'의 개념을 확장시키는 역할을 하고 있다는 것을 의미하고 있음은 분명하다.

> "코로나 19로 외부와의 소통이 단절된 상황, 스트레스가 높아진 상황에서 사람들은 모동숲을 통해 휴식의 감정을 느끼고, 다른 이들과 소통을 즐겼습니다. 자신의 섬에 횟집을 차리거나, 입시 미술학원을 만들고, 다른 사용자들을 초대하여 즐기는 사용자들도 생겼습니다. 모동숲이 소통을 위한 메타버스로 급부상한 셈입니다."[3]

전세계적으로 디지털 트랜스포메이션을 가속화 시킨 것은 4차산업혁명의 주창자인 클라우스 슈밥이 아니었다. 숙주의 몸에 기생해 자신의 복제자를 양산하는 것만을 목적으로 하는 미물, 코로나 바이러스라는 이기적 유전자였다. 포스트 코로나 시대, 사람이 모여 하는 수많은 문화적 행사들이 취소되었고 이러한 단절의 시기에 현실에서 이루어지는 활동들은 메타버스에서 온라인으로 구현되기 시작했다. 메타버스는 소통에 메마른 우리에게 처음 느껴보는 신기한 단맛을 선사했다. 2020년 청와대의 어린이날 행사는 이벤트로 설계된 청와대 마인크래프트 맵에서 이루어졌고, 전 세계 한글을 사랑하는 대학생들을 초청하여 열렸던 성균관대학교의 한글 백일장대회는 이프랜드에서 구현한 온라인 성균관에서 진행되었다.[4] 그 바이러스로 인

---

3   앞의 책, 267쪽.
4   "마인크래프트에 청와대가? 어린이날 맞이 랜선 투어"〈비디오 머그〉, 2020년 5월 5일, (https://www.youtube.com/watch?v=m6W8Vave7aM.) "메타버스에서 열린 성균한글

해, 3D 그래픽 환경에서 아바타를 통한 실시간 소통이 이루어지던 게임공간이 현실을 대신하는 사회문화적 장으로 떠오른 것이다. 이렇게 메타버스는 또 다른 생활세계로 우리에게 다가오고 있다. 4차 산업혁명은 디지털 혁명에 기반하여 물리적 공간, 디지털적 공간 및 생물학적 공간의 경계가 희석되는 기술융합의 시대로 정의된다. 메타버스는 이러한 기술융합의 시대 우리의 일상을 더욱 파고들 디지털 환경임에는 분명하다. 우리는 먼저 메타버스를 기술 트렌드나 투자 아이템이 아니라 가상세계라는 기술형식을 갖고 '의미 상' 현실로 들어 온, 또 다른 생활세계의 의미로 접근해 보고자 한다.

2. 메타버스라는 생활세계의 등장: 인간의 경험구성 원리와 디지털 환경구성의 변화

1) 가상에 머문 세컨드 라이프

사실 '메타버스'라는 개념이 처음 등장한 것은 2000년대 초반이다. 미국 IT 기업 린든 랩은 2003년 3차원 온라인 가상현실 '세컨드 라이프'를 출시했다. '세컨드 라이프'는 현실과 닮은 온라인 공간에서 아바타로 또 다른 두 번째 삶을 살아갈 수 있는 가상현실을 창조했다. 아바타들은 이 공간 안에서 상호소통할 수 있으며, 환경 또한 일부 변경할 수 있다. 게임 내 화폐 '린든 달러'가 실제 현금으로 교환 가능했기

백일장" 〈ifland〉, 2021년 8월 19일,(https://www.youtube.com/watch?v=mL_1k21rTII.)

때문에 이 가상현실에서 게임 내 상품 및 서비스를 판매하는 등 참여자의 경제활동까지 이루어질 수 있었다. 이러한 점에서 '세컨드라이프'는 현재 각광받는 메타버스인 로블록스, 제페토, 마인크래프트와 공통점을 가지고 있다. 사용자의 활동에 의해 변화하는 오픈월드라는 점, 모래놀이처럼 주어진 재료로 어느 것이나 할 수 있는 '샌드박스'라는 점, 그리고 아바타로 소통하는 MMOG(Massive Multi-player Online Game)이라는 점, 그리고 게임 내 상호작용을 통한 경제활동이 이루어진다는 점이다. 이러한 점들 때문에 '세컨드 라이프'는 메타버스의 역사에 늘 기록될 것이다.

그러나 '세컨드 라이프'는 이미 과거에 있다. 왜 사람들은 세컨드라이프에 더 이상 접속하지 않게 되었을까? 접속하지 않는 이유는 간단하다. 흥미가 없기 때문이다. 사람들은 가상현실에서의 또 다른 삶에 호기심을 느껴 접속했지만, 이내 계속해야 할 이유를 찾지 못한 것이다. '세컨드' 라이프는 결국 가상현실과 현실의 이분법 안에서 가상에 속해 있다 외면당했다. 그렇다면 다가오는 메타버스가 가상현실과 현실의 경계를 허물고 생활세계의 영역을 확장한다는 것은 어떠한 의미일까? 가상현실을 현실로 만드는 것은 무엇인가? 지금까지 가상현실이라 불려온 디지털 환경은 어떻게 해서 현실과 '동떨어진' 가상의 공간이 아니라 생활 세계로 들어오는 기술이 되어 우리에게 다가오는가?

2) 가상현실, 시각적 재현의 한계

사람들은 디지털 공간에 인간이 현실처럼 체험하는 '가상현실'을 만들어 보기 시작했다. 가상현실은 물리적으로 존재하지 않지만 우리가 오감을 통해 정보를 받아들이고 인지해서 현실로 느끼는 장으로, 특정한 가상의 환경을 컴퓨터로 만들어 그것을 사용자로 하여금 마치 주변의 실제 환경 또는 가상의 환경과 상호작용을 하고 있는 것처럼 느끼게 해주는 사람-컴퓨터 사이의 인터페이스(HumanComputer Interface, HCI)를 말한다. 가상현실을 정의하는 가장 중요한 요소는 가상현실이 얼마나 사용자에게 몰입감과 실재감을 주는가 하는 데 있다. 이러한 점에서 가상현실은 인간에게 '몰입감'과 '실재감'을 주는 것이 무엇인지 보다 깊이 있게 이해하는 과정을 통해 점차 발전되어 왔다.

우리가 가상현실을 생각하면 떠올리는 기술은 물리적 공간을 전방위로 촬영하여 HMD(Head Mounted Display)를 통해 전달하는 기술이다. HMD를 통해 디지털 신호로 시각적 이미지를 전달받으면, 우리는 마치 새로운 세계에 들어선 것 같은 느낌을 받는다. 우리는 영상의 생동감을 느끼기 위해 아이맥스 상영관을 가거나 보다 높은 화질의 영상을 찾는다. 이처럼 시각 정보를 수용하는 형태로 우리는 어떤 실재감을 느낀다. 그러나 HMD에서 시각정보를 수동적으로 수용하는 사용자 경험은 초창기에 마치 감옥에 갇힌 듯 옴짝달싹 하지 못하는 것 같은 느낌을 주었다고 한다. 우리를 둘러싸고 있는 시각장은 신체의 움직임에 따라 변화하는데, 하나의 시점에서 촬영된 영상은 마치 특정한 위치에 신체가 고정되어 있는 듯한 느낌을 준 것이다. 나에게 들어오는 시각적 자극에 따라 우리 몸은 자연스레 움직임을 취한다. 그러나 이 가상현실 속에서는 내가 몸을 움직여도 시각장은 변하지 않고 그대로 있다. 이러한 경우 가상현실이라는 것을 아는 나의 의식에 앞서 신체는 주변 환경을 인지하는 방식에 혼란함을 느낀다.

코로나 시국에 VR(Virtual Reality)은 단절된 공간적 체험의 빈자리를 채우기 위해 현실에 다양한 모습으로 등장했다. 그 중 하나가 VR 팬미팅이다. 업계 최고의 기술로 구현되었다는 한 스타의 VR 팬미팅은 스마트폰으로 영상을 다운로드 받은 뒤 재생해서 스마트폰을 HMD에 고정해 영상을 보는 방식으로 진행되었다. 이 VR은 내가 좋아하는 스타가 내 눈 앞에서 나와 눈을 마주하고 이야기하는 것 같은 체험을 제공해 준다.[5] 이 VR에 실재감을 향상시킨 기술은 HMD를 쓴 사용자가 얼굴을 상하 좌우로 움직여도 화질이 변하지 않고 매끈하게 초고화질의 시각장을 유지할 수 있게 한 기술이다. VR체험을 하는 팬들을 찍은 영상도 공개가 되었는데, 팬들은 너무나 가까이 내 눈앞에 있는 스타를 보고 놀라 몸을 뒤로 빼는 반응을 보였다. 그러나 몸을 뒤로 젖히더라도 스타는 여전히 같은 간격 앞에 있다. 이 영상에서 거리감은 조절되지 않는다. 총 104분의 영상은 7개의 파트로 나뉘어서 제공되었는데, 30분 이상의 VR 시청은 어지러움을 일으키기 때문이다. 소위 'VR 멀미'는 VR 콘텐츠가 만든 가상환경이 실제 우리가 주변사물을 인지하고 상호작용하는 원리를 디테일하게 구현하지 못하는 데서 발생한다. VR멀미라는 현실방지턱 없이 HMD만 쓰면 완전히 다른 세계로 진입하는 경험이 가능해 지려면, 인지와 행위의 상호작용 속에서 우리 몸이 세계를 이해하는 방식을 근본적으로 이해해야 한다.

---

5 "강다니엘, 솔로 데뷔 2주년 VR 팬미팅 개최..압도적 퀄리티 예고" 〈OSEN〉, 2021년 7월 8일, (http://osen.mt.co.kr/article/G1111614935.)

3) 현실을 구성하는 신체의 역할

인간이 주변환경을 인지하는 방식을 마치 기계처럼 정보의 입력과 처리 및 출력으로 이해했던 초기 가상현실 기술은 사용자에게 제공되는 시청각 자극만으로도 현실을 체험할 수 있다고 여겼다. 그러나 HCI 기술이 등장하기 이전 메를로-퐁티(Maurice Merleau-Ponty, 1908~1961)가 지적하였듯 우리가 체험하는 현실의 장은 단순히 오감으로부터 들어오는 자극의 합으로 이루어지지 않는다. 우리의 몸은 이러한 자극들을 종합하여 현실의 장을 구성하는 고유의 방식을 지니고 있다. 미국의 심리학자 스트래튼(George Stratton, 1865~1957)이 시행한 거꾸로 보이는 안경 착용 실험이 이를 보여주는 대표적인 예이다. 스트래튼은 세상이 180도 거꾸로 보이는 안경을 만들어 착용할 때 몸에서 나타나는 현상을 관찰하는 실험을 했다. 이 안경을 착용하면 세상은 완전히 뒤집혀 보이며, 상하 공간 방향성을 잡지 못해 우리 몸은 완전히 물구나무서기를 한 느낌을 받는다. 그러나 안경을 낀 채 열흘 정도를 보내면, 대상들이 바로 보이기 시작하고 우리 몸은 완전히 방향감각을 되찾는다고 한다. 가만히 누워있기보다는 몸을 적극적으로 움직이면 몸이 정상적인 공간감과 방향성을 찾고 시각장이 안정화되는 시간이 단축된다. 이렇게 적응이 된 후 안경을 벗으면, 안경을 착용하기 전에 정상으로 보이던 세상이 오히려 뒤집혀 보이며 모든 공간적 방향체계가 다시 혼돈에 빠진다. 그러나 다시 몸을 적극적으로 움직이면서 거꾸로 된 공간의 세계를 살아가면 다시 안정적인 시각장을 되찾는다.[6] 이처럼 우리가 체험하는 시각장으로서의 공간은 신체가 감각기관으로 얻은 것들을 신체의 행동과 연결시켜 정렬하는 특수한 방식을 통해 이루어지는 것이다.

"우리는 세계의 공간을 보는 것이 아니라 우리의 시야를 체험하는 것이다. 우리는 세계의 색깔을 보는 것이 아니라 우리의 색체공간을 체험하는 것이다."[7] 우리 눈앞에 펼쳐져 있는 세계는 우리에게 보이는 모습 그대로 객관적으로 존재하지 않는다. 우리 눈앞에 펼쳐진 지각장의 존재이유는 근본적으로 생물체로서의 몸이 행동을 준비하기 위한 것이다.[8] 반려동물들에게 보이는 세상과 나의 세상은 정확히 일치하지 않을 것이다. 그러나 우리는 주변환경을 인지하고 적절한 행동을 준비하기 위해 각자의 방식으로 세상을 인지하고 함께 살아간다. 이렇듯 우리 눈앞에 펼쳐진 세상의 모습은 우리의 행동과 근본적으로 관련되어 있다. 이러한 점에 비추어 보면 단순히 HMD를 통해 고화질 시각 이미지를 제공하는 것만으로 현실은 만들어지지 않는다.

4) 행위가 만드는 사회문화적 현실

현재 많은 사용자들이 접속하고 있는 메타버스인 로블록스, 제페토, 마인크래프트도 HMD가 아닌 모바일이나 컴퓨터 스크린을 통해 접속하며, 제공되는 이미지들도 실사와 같은 영상이 아닌 그래픽이다. 사람들이 몰입할 수 있는 현실감을 제공하는 것은 가상현실이 제공하는 환경 자체의 재현만이 아니다. 현실과 같은 모습이 그대로 재현되지 않더라도 사람들이 이러한 환경에 접속해 그 안에서의 활동에 몰두할 수 있는 이유는 환경과 행위 간의 상호작용 때문이다. 우리 몸

6   모리스 메를로-퐁티, 『지각의 현상학』, 류의근 역, 문학과 지성사, 2002, 372~376쪽.

7   움베르또 마뚜라나, 프란시스코 바렐라, 『앎의 나무』, 최호영 역, 갈무리, 2007, 30쪽.

8   앙리 베르그손, 『물질과 기억』, 박종원 역, 아카넷, 2005, 39~65쪽.

이 현실에서 행위를 위해 환경을 인지하고 행동을 통해 환경과 상호작용하는 것처럼 말이다. 예를 들어 마인크래프트는 레고 같은 네모난 블록을 마음대로 쌓아서 자기만의 세상을 만드는 놀이터이다. 그 놀이터에서 흙, 돌, 나무, 전자석 등 다양한 종류의 블록을 가지고 디지털 환경 속에서 자신의 세상을 만들어 갈 수 있다. 이렇듯 가상현실을 체험현실로 만드는 중요한 요소 가운데 하나는 사용자와 환경 간의 상호작용이다. 디지털 환경과 상호작용하는 데 사용자의 행동이 얼마나 편안하게 연결되는가에 따라 실재감의 수준이 달라진다. 처리속도가 빠른 CPU와 그래픽 표현기술, 빠른 네트워크 속도가 뒷받침되어야 사용자는 디지털 환경에 자연스레 몰입해 활동할 수 있다. 이렇게 상호작용성이 높은 '매핑'이 가능해야 사용자들의 실재감 또한 높아질 수 있다.

가상현실은 환경과의 상호작용성 뿐만 아니라 존재하고 있는 다른 상대 혹은 다른 사람과의 상호작용을 구현함으로써 사회적인 맥락으로 실재감을 확장한다.[9] 물리적 실재감뿐만 아니라 사회적 실재감 또한 디지털 환경을 현실로 만드는 중요한 요소 가운데 하나이다. 사회적 실재감은 "타인 혹은 다른 대상과 함께 존재한다는 공존감"을 바탕으로 "한 환경에서 의사소통하며, 점차적으로 자신을 투영하는 방식으로 정서적인 관계도 함께 발전시켜나가는 경험"을 의미한다. 이때 "매체가 얼굴 표정, 어조, 자세 등과 같은 언어적, 비언어적 단서들을 얼마나 전달할 수 있느냐가 사회적 실재감의 수준을 결정하며, 그

---

9   노기영·이준복, 『뉴미디어와 공간의 전환』, 한울아카데미, 2017, 161쪽.

결과 커뮤니케이션 매체들은 각기 다른 수준의 사회적 실재감을 갖는다."[10] 현재 주목받고 있는 메타버스는 이렇게 사용자와 환경 간의 상호작용을 통한 제작 및 생산활동이 이루어지고, 사용자 간 아바타를 통한 의사소통으로 인해 사회적 실재감을 얻게 된 수준의 가상현실을 의미한다. 사용자의 자율성 증가를 통한 가상현실의 높은 자유도, 그리고 문자 뿐 아니라 얼굴 표정, 어조, 자세 등을 통한 커뮤니케이션의 증대를 통해 사람들은 디지털 환경에서 자신의 삶의 일부를 보내고 있는 것이다. 현재 메타버스가 커다란 주목을 받게 된 것은 이러한 사용자의 자율적 활동과 사용자 간 의사소통이 가능한 '사람들이 머무는' 공간에 현실의 사회문화적 맥락이 얽힘으로써 새로운 현실이 만들어 지기 시작했기 때문이다.

5) 현실의 다양한 층위

우리는 어떤 현실에 살고 있는가? 디지털 환경이 실제 삶의 배경이 됨에 따라 디지털 환경과 물리적 환경의 혼합으로 이루어지는 현실 개념이 떠오르기 시작했다. 1994년 밀그램(Paul Milgram) 교수는 실제 환경과 가상 환경 사이에 증강현실, 증강가상이 있으며, 이러한 양 극단 사이의 연속체를 혼합현실로 규정하였다.[11] 이에 따르면 현실을 증강시키는 가상의 기술이 활용된 공간이 증강현실이고, 현실이 가상을

---

10 앞의 책, 180쪽.

11 Paul Milgram et al, "Augmented Reality: A class of displays on the reality-virtuality continuum", The International Society for Optical Engineering, Vol. 2351, 1994, p. 283.

증강시키는 기술이 활용된 공간이 증강가상이다. 대통령 선거 캠페인이 벌어지고, 아이돌 그룹의 쇼케이스 행사가 펼쳐지는 메타버스는 이러한 개념에 따르면 혼합현실의 스펙트럼에서 증강가상의 카테고리에 들어갈 것이다. 그러나 그러한 개념적 구분이 메타버스가 이후 HCI의 새로운 플랫폼이 될 것이라는 전망을 충분히 설명해 주는 것 같지는 않다.

혼합현실을 구분하는 또 다른 연구는 현실을 다음과 같은 네 가지 차원으로 분류한다.[12] 첫 번째 차원의 현실은 객관적이고 과학적으로 확인 가능한 우주이다. 두 번째 차원의 현실은 집단 속에서 관습을 통해 형성되는 사회·문화적 현실이다. 세 번째 차원의 현실은 가상의 (virtuelle), 디지털 신호로 이루어진, 일시적인 공간, 개인적이거나 집단적일 수 있으나 물리적 현존은 없는 현실이다. 네 번째 차원의 현실은 주관적이고 개인적이면서 각자에게 고유한 현실이다. 이러한 구분은 우리가 현실과 가상현실을 구별할 때, 첫 번째 차원을 현실로, 세 번째 차원을 가상현실로 고려하고 있다는 점을 분명하게 해 준다. 그리고 그에 따라 두 번째 차원, 즉 사회문화적으로 구성된 현실의 차원과 네 번째 차원, 즉 개인의 기억과 감정으로 이루어진 주관적인 차원의 현실을 간과하고 있다는 점을 확인시켜 준다.

---

12 Frqnçois-Gabriel ROUSSEL et al, *Dans le labyrinthe des réalités: La réalité du réel au temps du virtuel*, L'Harmattan, 2012, p. 16.

6) 메타버스의 현실감:
현실을 구성하는 사회문화적 맥락과 디지털 환경의 얽힘

프랑스의 철학자 앙리 베르그손(Henri Bergson, 1859~1941)은 우리가 현재의 삶에 주의를 기울이는 정도(attention à la vie)에 따라 주관적인 기억이 현재를 차지하는 정도가 달라진다는 주장을 제시하였다.[13] 때로 우리는 과거의 회상 속에 푹 잠겨 있기도 하고, 아무런 생각 없이 몸이 기억하는 습관적인 반응에 따라 살아가기도 한다. 대개 현재의 삶에 주의를 기울이는 사람들은 현재에 필요한 과거의 기억을 불러와 행동을 위해 활용한다. 우리는 완전히 주관적인 기억에 침잠해 있는 '꿈의 지평'과 완전히 객관적인 세계에서 물질처럼 작용하는 '행위의 지평' 사이를 오가며 살아간다. 개인이 체험하는 주관적 삶을 형성하는 벡터 가운데 하나가 바로 현실의 삶에 집중하고 몰입하는 힘이다. 그리고 이 힘으로 인해 우리 삶은 세계 속에 몰입되어 있다. 우리가 체험하는 현실, 생각을 통해 개념화한 현실이 아니라 우리가 체험하는 현실은 이러한 몰입을 통해 나와 세계가 관계 맺으며 형성되는 것이다.

"현존재는 가끔 세계와 관계를 맺는 것이 아니라, 세계연관은 현존재 자체의 본질, 현존재로서의 존재, 즉 실존에 속한다. '현존재'는 근본적으로 세계-내-존재 이외의 다른 것을 뜻하지 않는다."[14]

---

13 앙리 베르그손, 『물질과 기억』, 박종원 역, 아카넷, 2005, 272~284쪽.
14 마르틴 하이데거, 『철학입문』, 이기상·김재철 역, 까치글방, 2006, 241쪽.

인간은 세계 속에 단순히 있는 것이 아니라 세계 속에 거주한다. 반 고흐(Vincent Van Gogh, 1853~1890)의 '씨 뿌리는 사람'이라는 그림을 보면 빛을 내뿜는 노오란 태양, 누우렇게 농익은 밀밭 앞으로 돌밭에 농부가 씨를 뿌리고 있다. 이 그림은 농부가 어떠한 세계-내-존재인 지를 보여주는 작품이다. 농부는 밭을 경작하고 씨를 뿌리고 밀을 추수하며 이 모든 것의 원천인 태양과 더불어 하나의 세계 안에 거주한다. 농부는 단순히 본능적 충동에 따라 살아가는 것이 아니라 밭을 일구는 노동을 통해 대지의 세계를 형성하고 그 안에서 살아간다. 하이데거(Martin Heidegger, 1889~1976)에 따르면 인간만이 노동을 통해 자연적 사물을 인간의 힘으로 변형하여 자신의 삶에 유용한 환경을 건축할 수 있으며, 이로 인해 도구적 연관관계로 구성되는 세계 내에 거주한다. 이러한 경작, 제작적 행위를 통해 인간은 자연세계에 대립하는 문화적 세계를 구축한다. 그리고 인간의 이러한 문화적 세계는 본질적으로 사회적이면서 역사적이다. "노동을 통해 세계와 최초로 만나는 현존재는 '사회적 세계-내-존재'로 규정된다."[15] 노동을 통해 인간은 세계와 관계 맺고, 제작을 통해 문화적 세계를 형성하며, 이 문화적 세계는 곧 사회적이고 역사적인 의미의 장이다.

하이데거에 앞서 후설(Edmund Husserl, 1859~1938)이 강조한 바대로 우리가 생활하는 세계는 사유를 통해 주관과 객관으로 나뉘기 전 근원적으로 결합되어 있다. '세계-내-존재' 개념은 이와 같이 생활세계를 구성하는 독특한 존재방식을 갖는 인간 존재의 본성을 설명해 주

---

15 하피터, 「하이데거의 사회적 세계로서의 세계 개념」, 『철학논집』, 서강철학저널, 제 63집, 2020, 53쪽.

는 개념이다. 인간은 행위를 통해 세계를 구축해 나가며 생활세계를 형성한다. '학교 그리고 집'이라는 나의 생활세계는 내가 세계와 관계 맺고 존재하는 방식을 의미한다. 그리고 이러한 생활세계는 단순히 물리적 세계가 아닌 사회문화적 맥락 속에 존재하는 세계이다. 가상현실은 지금까지 현실을 떠나, 현실의 시공간적 제약을 극복하며, 또 다른 세계로 몰입할 수 있는 오락거리를 제공해주는 의미로 존재했다. 그러한 가상현실에서 사람들은 스토리를 만들어 가고, 여러 가지 방식으로 세계를 구축하며 상호 소통하는 사회적 교류를 형성한다. 코로나로 인해 물리적 공간에서의 사회문화적 활동이 제약되자 이러한 디지털 환경에 삶을 구성하는 사회문화적 맥락이 스며들면서 메타버스는 우리의 생활세계로 들어오게 되는 것이다. 메타버스는 자기표현의 공간이자 함께 창조해 나가는 공간이며, 인간의 상호 소통으로 이루어지는 사회적 장, 더 나아가 경제활동의 기회까지 제공하는 '현실'을 형성한다. 우리가 대지와 관계 맺으며 형성하는 생활세계가 디지털 기술로 구현되어 가고 있는 것이다.

3. 중력의 이동, 메타버스 속 욕망의 생산과 소비

우리는 삶을 유지하기 위해 현실 속에서 노동을 하고, 사회적 삶 속에서 자신의 가치를 증명하기 위해 삶의 방식을 찾아간다. 우리가 현실의 삶에 몰입하는 데는 이유가 있다. 인간이 디지털 환경에 접속하는 이유는 무엇인가? 어떤 디지털 환경이 사라지지 않고 존속하기 위해 필요한 것은 우리가 그 디지털 환경에 접속하는 이유이다. 물리적 환경에 비해 구성과 해체가 자유로운 디지털 환경은 인간이 접속하지 않으면 존재이유가 사라지기 때문에, 접속의 이유가 곧 존재이유가 된다. 다시, 우리가 디지털 환경에 접속하는 이유는 무엇인가?

1) 욕망의 공간, 메타버스

디지털을 통해 구현되는 환경에 대한 체험은 현실의 삶과 대비해 다음과 같은 가치를 지닌다. 첫 번째로는 사람들이 현실적으로 하지 못했던 경험들을 가능하게 하는 제약극복가치가 있다. 두 번째로는 사용자의 흥미를 유발하는 경험증강가치를 지닌다. 세 번째로는 직접 가상세계에 개입하고 조작함으로써 이전에 경험하지 못했던 전혀 새로운 경험들을 생성해내는 신경험 창조가치가 있다.[16] '모여봐요 동물의 숲'이나 '마인크래프트', '심즈'와 같은 게임들은 유저들이 직접 게임 속에서 공간을 만들어 갈 수 있다. 도구를 통해 삶의 환경을 구성하면서 생활세계를 구축해 나가는 인간은 디지털 환경에서도 새로운 문화적 공간을 형성하고 있다. 사람들이 몰입하지 않으면 존재할 수 없는 디지털 환경의 존재이유는 이러한 인간의 문화적 활동이다. 제작적 행위, 사회적 실천이 가상현실을 현실처럼 몰입하게 만든다. 신경험 창조가치에 끌리는 많은 사람들이 메타버스에 접속하기 시작하였고, 코로나 시대 공간적 제약에서 벗어나 소통하고 싶은 사람들이 모여 게임 맵을 사회적 장으로 활용하기 시작한 것이다. 이러한 신경험 창조가치, 경험증강가치, 제약극복가치로 인해 메타버스가 급부상

---

16 노기영·이준복, 『뉴미디어와 공간의 전환』, 한울아카데미, 2017, 151쪽.

하기 시작하였고, 더 많은 사회문화적 활동들을 메타버스 안에 실으려는 시도들이 쏟아지고 있다. 디지털 공간을 현실로 만들기 위해서는 현실과 닮은 재현이 필요한 것이 아니라 몰입의 이유가 필요하다. 그리고 디지털 환경에 몰입하게 만드는 것은 현실에서 불가능한 것을 가능하게 하는 '가치'에 있다. 현실의 결핍이 가상현실을 증강시킨다. 메타버스를 창조하는 욕망은 현실의 이면을 반영한다.

"가상세계에서 사람들은 자신의 본래 모습이 아닌 아바타를 통해 무언가를 합니다. 첫째, 탐험을 즐깁니다. 가상세계를 이루고 있는 세계관, 철학, 규칙, 이야기, 지형, 사물 등을 탐험가, 과학자와 같은 자세로 누비면서 새로움을 발견하고 즐거워합니다. 둘째, 소통을 즐깁니다. … 셋째, 성취를 즐깁니다. … 삶의 중요한 순간들을 학교와 직장에서 보내지만, 그 속에서 성취감을 충분히 느끼기란 참 어렵습니다. … 가상세계에서만 누릴 수 있는 탐험, 소통, 성취가 있으며, 현실 세계와 비교하여 가상 세계에서 더 효율적으로 경험할 수 있는 것들이 많이 있습니다."[17]

메타버스라는 가상세계의 가능성을 소개하는 글은 이렇게 현실과 다른 이 세계의 매력을 이야기 한다. 첫 번째 우리는 현실 세계에서 '나'라는 존재에 대한 기대와 의무로 얽매여 있다. 아바타는 '나'이면서 동시에 '내가 아닌', 소위 부캐로서 또 다른 체험을 가능하게 한

---

17 김상균, 『메타버스』, 플랜비디자인, 2020, 213~215쪽.

다. 현실에서도 부캐로 활동하는 연예인들의 모습이 늘어나고 있는 것을 보면, 사람들은 또 다른 나로 살고 싶어하는 욕망을 가지고 있는 것 같다. 더욱이 현실의 내가 결핍하고 있는 것들을 아바타는 채워줄 수 있다. 아바타는 내가 타고난 신체적 제약을 갖고 있지 않으며, 능력치, 사회적 지위들도 규정되어 있지 않다. 메타버스 환경 속 아바타는 현실의 내가 부딪히고 있는 제약을 벗어날 수 있기에 매력적이다. 그러한 점에서 아바타를 통한 소통 또한 현실보다 자유로움을 느낄 수 있다. 우리는 사회적 맥락 속에서 솔직하지 못한 순간들을 맞이한다. 있는 그대로의 나 보다는 사회적 페르소나에 적합한 행위와 말들을 해야만 하기 때문이다. 세 번째로 메타버스에서의 체험은 현실보다 성취감을 줄 수 있다. 가상현실의 많은 형태는 리퀘스트를 주고 이를 성취하면 노력에 따른 보상이 이루어지는 게임이다. 현실에서 체험할 수 없는 도전과 그에 따른 성취를 메타버스에서 이룰 수 있다는 것, 그것이 메타버스라는 세계의 룰이 현실에 비해 사람들을 끄는 이유라는 것이다.

 '겜알못'의 눈에는 그저 시간을 죽이는 일에 불과한 세상에 사람들이 몰입하는 이유에는 분명 현실의 이면이 담겨있다. 메타버스를 비롯 가상현실은 현실에서 이룰 수 없는 것들에 대한 욕망으로 세워지는 세계이기 때문이다. 더욱이 사람들이 사용하지 않으면 해체되는 공간이기에 이러한 공간들을 사람의 마음을 끄는 형태로 발전할 수밖에 없다. 신체를 가지고 살아가는 생명체로서 우리는 중력에 의해 이 땅에 발을 붙이고 살아간다. 그렇기에 살아가기 위한 경제적 노동은 우리에게 주어진 기본적 삶의 조건이다. 또한 사회 속에서 삶의 의미를 찾아가는 우리는 공동체 안에서 인정받는 삶을 살기 위해 지난

한 노력을 행사한다. 사회적 지위 및 경제적 보상을 받기위한 노력이 곧 삶의 과정이다. 그렇기에 우리의 삶은 이 세계에 몰입되어 있는 것이다. 그런데 현실의 삶에서 채울 수 없는 욕망의 세계가 점차 우리의 생활세계가 되어간다면, 우리를 끌어당기는 중력의 좌표가 바뀔지 모른다. 욕망의 세계를 창조해 수익을 창출하는 일이 늘어나고, 그 세계 안에서의 자신의 노력이 경제적 보상으로 돌아올 때, 게임회사나 프로게이머들에게 가상세계의 창조와 그 안에서의 활동은 곧 진짜 삶의 일이 된 것처럼 말이다. 메타버스는 사람들에게 새로운 기회의 땅처럼 다가오고 있다.

특히 디지털 환경을 자연스럽게 받아들이며 성장한 Z세대들이 메타버스라는 세계의 중력에 더 이끌리고 있는 것처럼 보인다. 이 세대는 어릴 적부터 상대평가를 통해 더 높은 점수를 얻기 위해 사교육을 받으며 경쟁하지 않으면 안 되는 그러한 시스템 속에서 성장한다. 이러한 경쟁을 뚫고 고등교육기관에 진학해도 저성장 시대 사회가 이들에게 제공하는 사회적 자리는 부족하기만 하다. 진학과 취업을 위한 경쟁 속에서 자라온 세대들은 노력에 대한 공정한 보상에 민감하며, 남들과 차별화된 자기의 가치를 표현하는 것에 적극적이다. 하지만 현실적으로 모두가 공정한 보상을 받지 못하고 모두가 남보다 나은 자신의 가치를 표현하는 데 성공할 수 없다. 이러한 현실에서 채워지지 못하는 욕망은 어쩌면 새로운 세대들을 메타버스로 이끄는 중력으로 작용하고 있는 것일지 모른다. 메타버스는 이들에게도 새로운 도전과 성취를 이룰 수 있는 기회의 땅이 될 수 있을까?

250만 구독자를 보유하고 있는 유투버 도티는 마인크래프트에서 하는 게임을 중계하고 유투브 콘텐츠로 만들어 많은 인기를 모았다.

이제는 마인크래프트에서 하는 게임을 중계할 뿐 아니라 맵 건축 과정을 유투브로 보여주는 컨텐츠들도 쉽게 찾아볼 수 있다. '아바타로 즐기는 SNS'라고 하는 제페토는 아바타를 통해 소통하는 열린 공간을 만든 메타버스이다. 제페토 스튜디오에서 아바타가 소비하는 아이템들을 팔아 이미 많은 수익을 얻는 크리에이터들이 생겨나고 있다. 이러한 메타버스의 특징들 가운데 하나는 유저가 곧 크리에이터가 될 수 있는 잠재력을 가지고 있다는 것이다. 코로나가 불어온 변화로 인해 이 가상세계에 현실의 공간이 재현되기 시작했고, 현실의 공간 속에서 일어나는 문화적 활동이 메타버스에서 이루어짐으로써 메타버스에서의 활동은 점차 사회적 중요성을 얻게 된다.

2) 욕망을 상품화하는 또 다른 공간, 메타버스

이러한 장에서 사람들이 모여 컨텐츠를 창작하고 상호 소통하는 놀이가 실제 수익이 되는 구조가 형성되면서 메타버스는 수익창출을 위한 또 다른 시장으로 많은 기업들의 관심을 받고 있다. 사실 메타버스라는 가상현실 공간도 누군가의 투자를 받아 만들어진 상품이다. 사람들의 창작과 소통이 가능해진 공간에 많은 접속자들이 몰리면서 이 가상현실 공간의 경제적 가치도 높아진다. 이 메타버스는 현실에서 이루지 못한 욕망들을 채울 수 있는 곳으로 존재하면서도, 그 욕망을 소비화하는 공간이기도 하다. 예를 들어 제페토의 공간을 살아가는 아바타를 위한 명품 소비가 그러하다. 메타버스로 불리는 새로운 생활세계는 현실의 장에서 이루어지지 못한 욕망들이 새로운 생산을 만들어 내는 공간이면서 동시에 채워지지 못한 욕망이 새로운 소비라는 형태로 해소되는 공간이기도 하다.

들뢰즈와 과타리(Gille Deleuze[1925-1995], Félix Guattari[1930-1992])
는 사회적 생산 및 재생산을 이해하는데 욕망을 도입하여 현대 자본
주의 경제 체제를 분석할 수 있는 관점을 제시해 주었다. 자본주의 경
제 체제에서 생산의 원천은 무엇이든지 구입하고 연결하고 끌어올 수
있는 힘을 가지고 있는 자본에 있다. 자본인 화폐(M)는 상품(C)을 생
산하고 판매, 소비를 통해 이윤을 창출하며 더 많은 자본(M')으로 전
환된다. 자본의 목적은 이윤 창출을 통해 더 큰 자본으로 몸집을 불리
는 것이다. 상품은 자본으로 전환되지 않으면 가치를 지니지 않기에
'목숨을 건 도약'을 감행한다. 그것을 우리는 마케팅이라 부른다. 이러
한 자본주의 경제체제의 기본적 공식을 우리는 다음과 같이 이해할
수 있다. "화폐(M)는 유동성, 유연성, 선택의 자유를 의미한다. 상품(C)
은 이익을 고려하여 어느 특정한 투입-산출 조합에 투자된 자본을 의
미하며, 따라서 구체성, 경직성, 그리고 옵션의 좁힘과 닫힘을 뜻한다.
M'는 확장된 유동성, 유연성, 그리고 선택의 자유를 의미한다."[18] 이러
한 자본의 운동은 자본을 투입하여 새로운 상품을 만드는 것에 그 목
적이 있는 것이 아니라, 자본의 축적으로 새로운 형태로 전환 가능한
'유연성'의 증대를 목적으로 한다. 이 자본의 M-C-M' 운동은 자원과
노동을 연결하여 새로운 생산방식을 창출하고 상품의 소비를 촉진하
기 위한 삶의 양식을 창출하기도 한다. 이러한 운동은 인간이 근본적
으로 충족해야 할 의식주의 욕망을 넘어서서 사회적 구별짓기의 욕망
에 접근하는 등 점차로 인간의 다양한 욕망을 산출하고 소비하는 형

---

18 이언 뷰캐넌, 『안티-오이디푸스 읽기』, 이규원 역, 그린비, 2020, 97쪽.

태로 끊임없이 반복되었다. 이러한 메커니즘은 그로 인해 발생하는 사회구조적 문제로 인해 충족되지 못한 욕망조차도 소비의 형태로 뒤바꾸는 힘을 가지고 있다. 예를 들어, 1960년대 기성세대들은 기존의 관습에 따라 정형화된 양복과 스커트를 입었다. 이에 저항하는 청년들의 욕망은 늘상 새로운 것을 갈망하게 하는 패션의 유행을 낳았고, 변화와 세련됨의 추구는 끊임없는 소비패턴을 창조하게 되었다. 청년들의 저항은 새로운 사업의 기회를 낳는 셈이다. 90년대 이래 등장한 IT산업은 특정한 곳에 자본을 투입하여 상품을 산출하고 곧 이어 보다 유연한 자본의 형태로 돌아가려는 자본의 모험이 뛰어들기 시작한 곳이다. 자본은 기존의 경제구조가 포획하지 못한 욕망의 흐름을 좇는다. 그리고 그러한 욕망이 분출될 수 있는 새로운 소비패턴을 형성하고 욕망을 특정한 행동 양식으로 '코드화'한다.

"자본은 이러한 코드들을 탈코드화하고 그것들을 흐름 안에 둔다. … 자본은 이러한 코드를 소멸시키는 것을 목표로 하는 것이 아니라 변화하는 기술적 통제 수단에 적합한 유연한 코드를 생산하는 것을 목표로 한다. 자본은 사회적 코드를 제거하기 위해 연결되어 있는 것을 탈코드화 하는 것이 아니라, 그것들을 재설계하기 위해 탈코드화 한다."[19]

사람들의 새로운 욕망은 기존의 삶의 방식을 해체하고 새로운 자본의 연결방식, 새로운 상품의 생산방식과 소비패턴을 탄생시킨다.

---

[19] Mark Poster et al, *Deleuze and New Technology*, Edinburgh University Press, 2009, p. 19.(필자 번역)

흐르는 욕망이 소비의 대상으로 규정될 때 욕망은 또 다시 코드화되고 소비로 인해 다시 유연성을 얻은 자본은 이 M-C-M' 기계를 돌려줄 또 다른 욕망을 찾는다. 들뢰즈와 과타리의 분석은 자본이 늘 욕망을 포획하는 데 성공하기에 변할 수 있는 것은 없다는 냉소주의에 빠지는 것이 아니다. 자본의 회전은 계속해서 어떤 욕망들을 실현시키기에, 자본이 만드는 생산-소비라는 거대한 기계에 연결된 우리 자신 또한 변화하면서 새로운 역량을 가질 수도 있다. 이러한 자본과 욕망의 결합을 분석하는 일은 결국 자본에 의해 펼쳐지는 욕망의 탈코드화와 코드화 작용 속에서 사람들이 가진 자율적이며 창의적인 역량을 강화할 수 있는 새로운 연결의 가능성을 찾는 것을 궁극적 목표로할 것이다.

4. 플랫폼 메타버스, 자율성과 종속성

우리는 손 안에 폰을 들고 앱을 열어 디지털 환경에 접속한다. 뉴스를 확인하고, 지인들과 메신저로 대화를 나누고, 실제로는 한 번도 만나지 못했지만 같은 관심사를 가지고 있는 사람들과도 소통한다. 원하는 상품의 가격을 비교해서 가장 싼 값에 판매하는 앱에 접속해 물건을 구입한다. 컴퓨터를 열고 줌 프로그램을 실행해 한 공간에서 만날 수 없는 학생들과 시간 화상강의를 진행한다. 이러한 디지털 환경은 점차 우리가 주변 사물을 인지하고 상호작용하는 방식을 따라 그래픽 기반의 화면 배경에 음성 명령이나 터치를 통해 디지털 기술을 활용하는 새로운 HCI의 형태로 발전하게 될 것이다. 보다 자연스럽게 디지털 환경과 접속함으로써 우리는 디지털 환경에 몰입하게 될 것이다. 이러한 인간과 컴퓨터를 연결해주는, 모바일 이후의 넥스트 플랫폼으로 메타버스가 부상하고 있다. 페이스북은 이러한 전망에 올인해 새로운 '플랫폼' 경쟁에 선두를 차지하기 위해 기업의 이름을 '메타'로 변경하기 까지 했다. 우리가 위에서 분석한 바대로 다가올 메타버스는 유저들이 높은 자율성을 갖고 크리에이터로 창작활동을 하며 구성하는 가상현실에 현실의 사회문화적 활동이 접목되면서 우리에게 점차 생활세계로 다가올 것이다.

그런데 이러한 생활의 장이 될 메타버스는 자본을 통해 만들어지는 디지털 환경으로 모두가 아무런 대가 없이 누릴 수 있는 공공재로 탄생하지는 않을 것이다. 제페토, 포트나이트, 로블록스, 마인크래프트 등 메타버스로 거론되는 디지털 체험환경들은 모두 사기업에 의해 만들어진 것으로 각 메타버스마다 세계관이 있으며 유저들의 활동 가능성이 조정되어 있고, 각 세계 속에서 펼쳐지는 경제적 구조가 존재한다. 이러한 메타버스는 현실이 주는 한계와 억압에서 벗어나 새로운 유희적 경험을 가능하게 만들면서도 동시에 현실에서 욕망을 포획하는 방식을 재현해 이윤 창출을 추구하는 곳이다. 가상의 세계에서도 원하는 것을 얻기 위해서는 소비자가 되어야 한다. 리니지라는 MMORPG에서 사람들은 길드를 형성하고 게임속 정의를 구현하기 위한 전투를 벌이는 등 게임의 세계에 '과몰입'해 또 하나의 웅장한 스토리를 형성하는 모습을 보였다. 현실 세계의 소시민도 이 게임 속에서는 길드를 이끄는 장군이 될 수 있다. 그러나 리니지W는 확률형 아이템을 만들어 거기에 접속한 사람들이 게임에 현혹되어 많은 돈을 잃게 해 국정감사의 대상이 되기도 했다. 메타버스를 마치 신대류의 발견처럼 여기는 많은 사람들에게 메타버스는 새로운 비즈니스 모델을 창출할 수 있는 또 다른 공간인 것이다. 가장 먼저 이야기되고 있는 것은 빽빽한 지하철 광고만큼이나 이 공간에 광고를 채우는 것이다. 미래의 삶을 다룬 가상세계 메타버스인 사이버펑크 2077 배경에 광고를 넣는 것과 같은 가능성 말이다. 물론 수많은 버그로 그 가능성은 좀 늦춰지긴 했지만. 뿐만 아니라 HCI 차세대 플랫폼으로 메타버스가 기능하게 되면, 현재 플랫폼 기업처럼 디지털 환경 속의 우리의 모든 활동은 정보화 되어 디지털 경제에 원료가 된다.

이러한 점에서 메타버스가 우리에게 점차 생활세계로 다가올수록, 어떠한 사회적 연결을 만들어 어떠한 결과를 낳는 '기계'를 형성하게 될지 관심을 기울여야 한다. 메타버스는 단순히 가상환경을 만드는 기술을 의미하지 않는다. 과학기술은 이 세계의 물리적 상호작용 뿐 아니라 사회문화적 관계망 속에 존재하며, 인간-비인간 존재자들의 연결을 통해 특정한 배치를 형성하여 사회적인 새로운 힘을 창출한다. 제페토는 전 세계 2억명의 유저가 접속할 수 있는 디지털 공간을 형성하였고, 아바타를 통한 활동의 장을 마련하였으며, 생산과 소비, 상호소통을 통한 유희의 장을 만들었다. 사람들이 거기에 접속해 보내는 시간만큼 제페토는 새로운 사회문화적 관계망으로 존재할 것이고, 새로운 사회적 영향력을 가지게 될 것이다. 차세대 플랫폼으로 기능할 메타버스는 기술-문화 하이브리드 세계 속에서 인간의 잠재적 역량을 확장시킬 수 있는 기관을 형성할 것인가, 또는 또 다른 종속의 위험을 낳는 공룡을 낳을 것인가? 페이스북의 창시자이자 이제는 메타의 CEO인 마크 주커버그는 '메타'가 플랫폼을 장악하게 되면 정보의 독점이 생길 것을 우려하는 시선을 의식하는 듯 메타의 비전을 제시하는 자리에서 "미래는 어떤 한 기업을 넘어서는 것이다. 미래는 우리 모두에 의해 만들어질 것"이라 선언했다. 하지만 우리는 이미 페이스북에서 정보의 무단 유출 및 활용을 목도했다. 만일 우리에게 여러 접속 가능한 플랫폼 메타버스가 있어서 사람들이 가장 자유롭게 활용할 수 있는 장을 선택할 기회가 있다면, 모두의 정보를 장악하고 통제할 수 있는 거대 공룡은 탄생되지 않을 것이다. 하지만 우리나라의 경우 지금의 디지털 플랫폼이 네이버와 카카오로 수렴되어 거대한 권력을 형성하고 있는 것이 현실이다. 권력이 독점화 되어 우리가 다른 플랫폼을 선택할 여지가 없어질 때부터 그 힘은 강력하게 발휘될 것이다.

메타버스의 미래를 보여준다고 평가받고 있는 영화 '레디 플레이어 원'(2018)은 메타버스 플랫폼의 두 가지 형태를 보여준다. '오아시스'에 접속하는 판자촌에 사는 한 소년은 쾌락과 모험을 선사해 주는 '오아시스'를 모두를 위한 생활세계로 만들기 위한 모험을 펼친다. 'IOI'에 접속한 사람들은 이 세계에 중독되어 빚을 지게 되고, 그 빚을 갚기 위해 게임 아이템을 채굴하는 노예가 된다. 메타버스는 접속하는 존재들을 어떻게 변화시킬 것인가?

5. 메타버스와 신체성, 현실의 무게와 균형

메타버스가 생활세계가 된다면 진정 가상과 현실의 구분이 사라질까? 현재 우리의 삶은 이미 디지털 환경에 로그인 되어 있다. 이러한 의미에서 디지털 환경을 '가상공간'으로 오프라인 환경을 '현실공간'

으로 나누는 이분법은 더 이상 유효하지 않다. 그러나 메타버스와 같은 몰입형 디지털 체험공간이 HCI 플랫폼이 될 때, 그리고 인간의 욕망이 그리로 쏠릴 때에도 물리적 공간과 디지털 공간의 구분은 사라지지 않을 것이다. 그것은 우리가 신체를 지녔기 때문이다. 영화 〈레디 플레이어 원〉에 나오는 대사 가운데 '오아시스에서는 밥을 먹을 수 없다'는 말이 있다. 여전히 우리가 신체를 떠나서는 살 수 없기 때문에 존재하는 현실의 무게가 있다. 그리고 디지털 환경이 더 큰 중력으로 사람들을 끌어당길수록 이 현실을 꼭 붙들어야 할 이유가 있다.

전제는 우리는 신체를 떠나서는 살 수 없다는 것이다. 많은 해커들은 디지털 공간에서 유영하며 탈육체화되기를 꿈꾼다고 한다. 그러나 우리의 의식을 차지하는 감정과 관념들은 신체의 생물학적 활동을 바탕으로 만들어 진 것이다. 신경계의 근본적인 역할은 외부의 자극을 받아들이고 행동으로 연결하는 것이다. 신체와 의식의 근본적인 연결성을 고려하면 단지 뇌를 스캔해서 뇌에서 일어나는 물리적 자극을 컴퓨터에 재현한다고 해도 우리의 의식이 스캔되지는 않을 것이다. 이를 전제로 하면, 우리는 신체를 가지고 있는 존재이기에 갖고 있는 현실의 무게를 짊어질 수밖에 없다. 나라는 신체는 주변의 물리적 환경과 연결되어 있고 현실의 사회문화적 맥락 속에서 삶의 방향을 찾아간다. 물리적으로 우리에게 주어진 현실의 무게는 환경파괴, 기후변화로 인한 문명의 지속 가능성의 문제이다. 나의 신체가 다른 모든 사물, 생명체들과 연결되어 있고 이 하나뿐인 지구에서 생명을 유지하기 위해서는 이러한 문제에 대처해야 한다. 메타버스는 비물질적 가상환경이 아니다. 메타버스라는 디지털 공간이 가능하기 위해서는 수많은 양의 데이터를 실시간으로 실어 나를 초고속 통신망과 수많은 정보를 처리할 CPU와 서버가 필요하다. 요소수가 없으면 트럭이 움직이질 않아 물류가 마비된다. 반도체가 없으면 미래 자동차도 만들어지지 않는다. 전기가 끊어지면 그 모든 디지털 세계에 접속하지 못하고 고립된 나의 세계만이 남을 것이다. 메타버스는 더 빠른 속도로 에너지를 소비하는 시스템을 기반으로 할 것이다. 가끔은 '가상현실'이라는 용어로 디지털 환경의 물리적 토대가 잊혀지는 것 같다. 지금 현실에 존재하는 어떠한 '구성체'도 자원과 에너지 문제에서 자유로울 수 없다. 유한 킴벌리는 제페토에 '우리강산 푸르게 푸르게' 캠페인을 펼치기 위해 제페토 숲 맵을 제공한다고 한다. 가상현실에서 에너지 문제는 존재하지 않겠지만, 또 제페토 숲이 산소를 생성할 일은 없지만, 가상현실을 지탱하는 하드웨어와 사용되는 전기에너지를 포함한 모든 에너지의 소비는 현실에서 이루어지고 있다. 제페토 숲은 디지털 환경을 체험하는, 신체를 가진 삶의 기본적 조건을 떠올리게 하는 상징이 될 것이다.

두 번째로는 메타버스의 경험이 우리의 신체를 어떻게 변화시킬 것인가의 문제이다. 메타버스라는 디지털 환경에서의 경험은 욕망의 공간, 유희의 공간을 제시할 것이다. 메타버스의 세계에서는 내가 어떠한 시대에 머물지 선택할 수 있을 것이라 한다. 과거든 미래든 게임을 선택하는 것처럼 특정한 시대, 배경, 세계관을 선택해서 나의 시간을 보낼 수 있다. 현실에서는 신체가 처한 공간 속 문화에 젖어 살아가지만, 나의 아바타는 이러한 제약을 벗어나 또 다른 문화적 체험을 할 수 있다. 디지털 공간을 통한 물리적 공간에 제약에서 벗어난 사람들 사이의 의사소통은 이미 이전에는 볼 수 없었던 새로운 형태의 커뮤니티들을 형성하였으며 거기에서 새로운 역량을 지닌 사회적 관계망들이 형성되었다. 현재 문자 중심으로 이루어진 커뮤니티들도 메타버스 플랫폼에서는 또 다른 방식의 관계망과 실천을 형성해 나갈 것이다. 그런데 그곳에 접속해 우리가 살아가는 시간이 길어지더라도 나의 신체는 '앉아 있다'. 생물학적으로 주어진 시간에 따라 나의 신체는 성장과 노화를 겪을 것이다. 나의 신체의 시간은 한 방향으로 흘러간다. 탄생에서 죽음까지 한 번의 삶을 사는 신체의 삶은 이 삶을 유지하기 위한 배려로 지탱된다. 현실의 결핍만큼이나 메타버스가 디지털 환경에서 우리가 성취할 도전과 희망의 오아시스를 제공한다 하더라도, 디지털 환경에 접속하고 그에 몰입한 결과 이 신체가 사는 현실의 삶을 보다 나은 삶으로 이끌지 못하고 역량을 떨어뜨리는 소외현상으로 귀결될 때, 그 오아시스는 우리를 지독한 사막으로 인도하는 신기루가 될 뿐이다. 디지털 환경으로 확장된 생활세계 속에서도 우리의 신체성은 여전히 현실의 삶을 배려해야 하는 삶의 균형을 요구할 것이다.

6. 다가올 메타버스

메타버스가 오고 있다. 어떤 메타버스가 올 것인가? 우리의 생활환경을 이루는 사회문화적 맥락을 디지털 환경에 접목시킨 메타버스가. 메타버스라는 가상환경의 특성이 현재 우리의 삶을 구성하는 물리적, 문화적 환경을 모두 흡수할 필요는 없다. 메타버스에 대한 우리 사회의 과몰입은 메타버스의 과잉생산을 낳을 것이다. 그러나 사람들의 니즈가 없는 디지털 환경은 자연스레 소멸될 것이다. 메타버스라는 삶의 양식이 일상화 되면서, 현실 세계의 맥락에서 독립적인 '가상의 체험세계'가 일상화될 가능성이 있다. 그러나 여전히 우리를 땅에 발붙이게 하는 중력의 세기는 크다. 현실과 동떨어진 맥락에서의 가상세계에 우리는 접속할 흥미를 금세 잃는다. MMORPG 게임에 흠뻑 빠졌던 청년들도 사회생활이 과중되는 어른이 되면 게임에 접속할 시간이 없다. 가상현실을 현실로 만드는, 메타버스를 생활세계로 만드는 것은 삶의 맥락에 와 닿는 몰입의 이유이다. 현실의 무게에서 조금은 벗어나서 창작과 유희, 공감의 세계를 창조하면서 메타버스는 시작되었다. 사람들이 머무는 그 공간에서의 활동이 현실에 영향력을 갖게 된 것이다. 메타버스의 경험은 우리의 삶을 바꿔놓을 것이다. 메타버스에 접속하면서 우리는 어떠한 존재로 변화할까? 수많은 잠재성 앞에서 우리는 무엇을 현실로 만들까?

참고문헌

김상균, 『메타버스』, 플랜비디자인, 2020.

노기영·이준복, 『뉴미디어와 공간의 전환』, 한울아카데미, 2017.

마르틴 하이데거, 『철학입문』, 이기상·김재철 역, 까치글방, 2006.

모리스 메를로-퐁티, 『지각의 현상학』, 류의근 역, 문학과 지성사, 2002.

앙리 베르그손, 『물질과 기억』, 박종원 역, 아카넷, 2005.

움베르또 마뚜라나, 프란시스코 바렐라, 『앎의 나무』, 최호영 역, 갈무리, 2007.

이언 뷰캐넌, 『안티-오이디푸스 읽기』, 이규원 역, 그린비, 2020.

하퍼터, 「하이데거의 사회적 세계로서의 세계 개념」, 『철학논집』, 서강철학저

널, 제63집, 2020, 53쪽.

Frqnçois-Gabriel ROUSSEL et al, *Dans le labyrinthe des réalités: La réalité du réel au temps du virtuel*, L'Harmattan, 2012.

Paul Milgram et al, "Augmented Reality: A class of displays on the reality-virtuality continuum", The International Society for Optical Engineering, Vol. 2351, 1994.

기타

"강다니엘, 솔로 데뷔 2주년 VR 팬미팅 개최..압도적 퀄리티 예고" 〈OSEN〉, 2021년 7월 8일, (http://osen.mt.co.kr/article/G1111614935.)

"메타버스에서 열린 성균한글백일장" 〈ifland〉, 2021년 8월 19일, (https://www.youtube.com/watch?v=mL_1k21rT1I.)

"서울시, 연말부터 메타버스 서울 구축… 아바타 공무원이 24시간 민원처리" 〈아주경제〉, 2021년 11월 3일, (https://www.ajunews.com/view/20211103084306059.)

메타버스와
함께 살기 위한 바람

1

또 하나의 놀이공간, 메타버스

김연순

SF에서 봄직한 일들이나 현실에서 불가능한 일들이 체험되자 메타버스의 가능성은 새롭게 주목받고 있다. 3년째 접어들면서도 세를 꺾지 않는 코로나19로 실제 세계의 공포가 메타버스에서 위로를 받게 되면서, 메타버스는 예기치 못했던 강풍으로 실제 세계에 몰아치고 있기 때문이다. 일찍이 경험한 적이 없던 바람은 아니지만, 메타버스는 첨단기술의 발전으로 새로운 미래를 선보이며 세련된 콘텐츠를 제공하고 있다. 대외 활동을 거의 멈추게 한 팬데믹으로 인하여 메타버스로 몰려든 사람들은 순응할 수밖에 없는 실제 세계의 저편에 펼쳐진 가상공간에서 업무와 일을 해결하면서 아울러 새로운 즐거움을 찾게 되었고, 메타버스는 잃어버린 일상을 어느 정도 충족시켜주었다.

메타버스는 전혀 새로운 것은 아니다. 21세기 초에 등장한 '세컨드

라이프(Second Life)'가 이미 많은 것을 보여주었기 때문이다. 메타버스에서 제 2의 인생을 즐기게 하리라며 야심차게 문을 열었던 세컨드 라이프는 시간이 지나면서 욕망을 따르지 못하는 기술적 한계로 2010년 문을 닫았다. 그리고 10년이 지나 발전된 기술과 창의적인 아이디어로 다시 등장한 '메타버스'는 한층 자연스럽고 세련된 모습으로 사람들을 열광시키고 있다. 예기치 않은 팬데믹의 출현으로 적극적으로 활용하게 된 가상세계에서 "현실 세계는 아니지만, 현실 세계를 반영하여 이를 디지털화 한 하나의 사회를 형성"하고, 그 안에서 활동할 "디지털 인구를 모으고 가상의 커뮤니티를 형성"해내면서 메타버스는 기본적인 제반 조건을 갖추어가고 있다.[1]

메타버스는 무엇보다도 콘텐츠들을 통해서 인간의 놀이본능은 일깨우며 새로운 가능성을 열고 있다. 태양 아래 새로운 것이 없다는 실제 세계의 잃어가는 생동감을 새롭게 불러 일으키며 심지어는 희망을 찾아 나서게 된 젊은 세대들에게 메타버스는 미래를 이야기해주는 듯하다. 그 안에서 자신이 할 수 있고 즐길 수 있는 일까지 찾을 수 있는 활동 무대일 수 있기 때문이다. 메타버스는 현실보다 더 현실적으로 가능성을 열어주는 공간으로 부상하고 있다.

실제 세계를 중심으로 말하자면, 메타버스는 현실 세계 너머의 초월이라 해도 좋을 것이고, 현실 세계에서 확장된 세계라 해도 좋을 것이며, 실제 세계를 모방한 세계라 해도 큰 의미 차이는 없을 듯하다. 중요한 것은 현실 세계가 아님에도 불구하고 현실 세계처럼 행동할

---

1   김상균/신병호, 『메타버스 새로운 기회』, 배가북스 2021, 331쪽.

수 있고 느낄 수 있으며 심지어 경제생활도 영위할 수 있기 때문에 메타버스는 현실 세계로 간주된다는 점이다.

'메타버스'란 개념은 1992년에 출간된 닐 스티븐슨(Neal Stephenson)의 SF. 소설 『스노 크래시Snow Crash』에서 처음 사용되었다. 피자배달원이었던 주인공은 현실 세계에서 겪어야 하는 삶의 고뇌를 잊게 해주는 가상공간의 세계, "메타버스에서 많은 시간을 보낸다."[2] "메타버스에 접속해서 스트리트를 바라보면 많은 건물과 광고용 전광판이 멀리 뻗어나가다 지평선 아래로 사라지지만, 사실 그는 이용자를 위해 거대 기업이 만든 많은 소프트웨어가 구현한 그래픽 이미지를 바라보는 것이다. […] 하늘과 땅은 아무것도 보이지 않는 컴퓨터 모니터와 같은 검은색이다. 메타버스는 늘 밤이며 스트리트는 항상 지나칠 정도로 환하다."[3] 오늘날 우리가 경험하고 있는 그것이 일찍이 이렇게 묘사되었다.

3차원의 네트워크인 메타버스는 주어진 세계가 아니라 만들어진 세계이고 만들어가는 세계이다. 그러니 메타버스는 인간에 의해 문명화 되었더라도 인간에 앞서 존재하는 세계인 자연이나 그 세계에 뿌리내리고 존재하는 실제 세계와 그 출발점부터 다르다. 그러므로 자연히 메타버스는 기존의 실제 세계를 모방하는 것도 실제 세계를 뛰어넘는 것도 가능하며, 전혀 새로운 세계를 그려내는 것도 이상할 것 없는 그래서 모든 것이 가능한 창의적인 공간이다. 이런 의미에서 보자면, 모방하였기에 실제 세계와 같으면서도 같다고 할 수 없이 다르

---

2   닐 스티븐슨, 『스노 크래시』, 남명성 옮김, 대교베스텔스만 2008, 37쪽.

3   앞의 책, 38~39쪽

며, 다르면서도 실제 세계에서는 불가능한 것을 이루어내기에 새롭다 할 수 있는 복잡성을 함축한다. 바로 이 점에서 메타버스는 매력적일 수 있다. 같은 듯 다르고 다른 듯 같은 그러면서도 비슷한데 새로운… 그 차이의 틈새들에 놀이성이 자리하며, 그것이 재미를 부르고 새로운 세계를 펼쳐보인다. 바로 여기에 현실 회피의 심리와 현실 참여의 심리가 얽혀 있고, 그것은 재미를 위한 놀이로 연결되기에 메타버스는 또 하나의 놀이공간으로 간주되는 것이다. 그 안에서는 나는 나일 수 있으면서 아닐 수 있고, '나'를 아름답게도 이상적으로도 꾸며낼 수도 있기 때문에 즐거움을 더하며, 이러한 가능성으로 인해 메타버스는 사람들을 끌어들이고 열광케 하며 그 가치를 높이는 것이다. 따라서 그 사이에서 형성되는 틈새로 놀이성이 흐르는 것이며 현실처럼 감각을 일깨우기에, 메타버스에서 사람들은 현실같은 판타지를 느끼고 그것으로 인해 메타버스는 재미를 맛볼 수 있는 놀이공간으로 간주된다. 오늘날 메타버스가 성공스토리를 이어가는 것도 이러한 놀이성을 콘텐츠에 녹여내기 때문이다.

1. '호모 루덴스'와 '놀이'

놀이는 삶의 중심인 일과 일상을 벗어나 재미를 즐기는 활동이다. 무엇보다도 어떤 이해득실을 생각하지 않고 전적으로 자유롭게 재미를 추구하는 것이니, 놀이는 일상과는 무관한 시공간에서 이루어진다. 그렇기 때문에, 놀이하는 사람은 일상의 책임으로부터 자유로우며 해야 할 의무에서 벗어나 무목적적으로 그저 즐기는 것만을 추구한다.

놀이 자체를 즐기는 순간에는 일상과 거리를 두었으니, 놀이는 놀이만의 규칙을 통해 성립된다. 규칙에 따라 개인적으로 놀이할 수 있고 여럿이 함께 놀 수도 있다. 그러나 혼자 하는 것보다 누구와 더불어 노는 것이 즐거움을 배가시킨다. 이러한 특성으로 인해 어린아이들의 장난으로만 간주되었던 놀이는 오랫동안 인정받지 못하였다가 근대 이후로 차츰 인정받게 되었고, 네덜란드 역사학자 요한 하위징아가 '생각하는 것'에 버금가는 가치를 놀이에 부여하면서 마침내 놀이는 새로운 단계로 접어들었다.

인간은 본래 자기 자신을 호모 사피엔스로 규정짓는다. 대부분의 사람들은 인간의 자기 이해를 오직 사유의 관점에서 생각하고 있다. 이것에 큰 이의가 있을 리 없다. 그러나 현대에 들어서자 하위징아는 자신의 저서 『호모 루덴스』에서 인간의 자기 이해에 있어서 이성적인 것에 버금가는 감성적인 차원에서 '놀이하는 인간'을 제안하며 다음과 같이 설명하였다.

우리의 시대보다 더 행복했던 시대에 인류는 자기 자신을 가리켜 감히 "호모 사피엔스(Homo Sapiens: 합리적인 생각을 하는 사람)"라고 불렀다. 하지만 세월이 흐르면서 우리 인류는 합리주의와 순수 낙관론을 숭상했던 18세기 사람들의 주장과는 다르게 그리 합리적인 존재가 아니라는 게 밝혀졌고, 그리하여 현대인들은 인류를 "호모 파베르(Homo Faber: 물건을 만들어내는 인간)"라고 부르기 시작했다. 비록 인류를 지칭하는 용어로서 faber(물건을 만들어내는)라는 말이 sapiens(생각하는)라는 말보다 한결 명확하지만, 많은 동물들도 물건을 만들어낸다는 점을 감안할 때 이말 역시 부적절하기는 마찬가지이다. 인간과 동물에게 동

피터 브뤼헬, 아이들 놀이, 1560, 빈 미술사박물관

시에 적용되면서 생각하기와 만들어내기처럼 중요한 제 3의 기능이
있으니, 곧 놀이하기이다. 그리하여 나는 호모 파베르 바로 옆에 그리
고 호모 사피엔스와 같은 수준으로 호모 루덴스(Homo Ludens: 놀이하는
인간)를 인류 지칭 용어의 리스트에 등재시키고자 한다.[4]

놀이의 역사를 살펴보자면 인간이 자신을 호모 루덴스로 규정지었
다는 것은 놀라운 일이 아닐 수 없다. 인간은 본래 노동을 통해서 자신
의 존재 가치를 드러낼 수 있었고, 산업혁명 이후로는 오직 노동에 의
해서만 자아를 실현하는 것으로 이해되었기 때문이다. 그도 그럴 것이
동서고금을 막론하고 사람들에게 놀이라는 것은 그저 아이들의 짓거

---

4   요한 하위징아, 호모 루덴스, 이종인 옮김, 연암서가 2018, 21쪽.

리 정도로 이해되었을 뿐이며, 놀이 그 자체의 본질적 의미를 알려고 고심해본 적도 없다. 심지어 아이들이 노는 것 또한 탐탁치 않게 생각되어왔다. 동서를 막론하고 근대 이전에 일반 사람들의 삶이라는 것은 그리 녹녹치 않았으니 아이라 하더라도 크거나 작거나 간에 무엇이든지 일을 해야 했고, 일하지 않으면 부모를 대신하여 동생이라도 돌보아야 했기 때문이다. 이런 분위기에서 놀이는 누구에게도 환영받지 못하였을 것이며, 심지어 넉넉한 집안이라도 아이들의 교육은 중요하였기 때문에 놀이를 위해 허용되는 시간은 늘 빠듯했다. 오늘날에 이르러서도 아이들은 배워야 할 많은 것들을 습득하고자 놀이를 가장한 공부를 해야 하기 때문에 제대로 놀 엄두를 낼 수 없게 되었다.

그러나 19세기 초에 독일 작가 실러(F. Schiller)는 미학적 차원에서 인간에게 놀이충동이 있음을 주장하였다. 그는 놀이를 인간의 본성으로 간주하였으며, 완전한 인간을 추구하는 미적 교육에서 놀이의 기능을 파악하였다. 인간의 놀이충동을 자극하는 것은 '아름다움'이며, 심지어 놀이를 통해 실현된 아름다움은 인간을 완전하게 만든다고 주장하였다. 이른바 "인간인 한에서만 놀이하며 또한 놀이하는 한에서만 온전한 인간"[5]이라는 철학적 주제를 근대인들에게 제시했던 것이다. 오랫동안 어린이들의 짓거리로만 이해되었던 놀이는 이제 미적인 차원의 또 다른 시각으로 설명되기 시작한 것이다. 그러나 실러의 주장은 차원 높은 아름다움의 영역에서 생각해볼 일이니, 놀이의 보편적인 이해와 놀이의 가치를 인정받기 위해 더 많은 시간이 요구되었다.

---

5   프리드리히 실러, 『미학편지』, 안인희 옮김, 휴머니스트 2018, 129쪽.

마침내 20세기 초에 이르러 요한 하위징아는 놀이에서 문화 창조의 기능을 간파하고 놀이를 문화의 주된 기반으로 간주하였다. 인간 사회의 중요 영역마다 처음부터 원형적 행위로서 놀이의 요소는 문화에 섞여있다는 것이다.

"놀이를 동물이나 어린아이의 생활에 나타나는 행위로 보는 것이 아니라 문화의 기능으로 인식할 때, 비로소 생물학과 심리학의 경계에서 벗어나게 된다. 문화를 예의 주시해 보면 놀이가 문화의 정립 이전부터 당당한 크기로 존재했음을 알 수 있고, 이어 선사 시대의 초창기부터 우리가 현재 살고 있는 20세기에 이르기까지 문화를 수반하면서 그 속에 침투했다는 것을 알 수 있다. 우리는 세계 어디에서나 놀이가 '일상' 생활과는 구분되는 잘 정리된 특질을 가진 행위로 정립되어 있음을 발견한다."[6]

놀이가 없었더라면 문화 발전은 생각할 수 없다는 것이 바로 하위징아의 주장이다. 그러므로 이제까지 하찮은 것으로 간주되었던 놀이는 새로운 품격을 부여받게 되었고 문화의 뿌리로 간주되었으며, 놀이하는 인간으로서 놀이적 본성이 약화된다면 인간은 야만의 상태에 빠져들 것임을 제시하였다. 인간이 본래 가지고 있는 놀이적 특성을 상실해 가는 것을 하위징아는 나치에게서 보았던 것이다. 이런 점에서 볼 때, 생각하고 제작하는 일에 몰두하고 생산적일 수 있을 때만이

---

6   요한 하위징아, 『호모 루덴스』, 36~37쪽.

인정되었던 문명화의 거대한 흐름에서 하위징아는 문화를 통해 놀이를 재개념화함으로써 놀이를 새로운 시선으로 볼 것을 주장하였다. 문화에서 놀이의 중요성을 간파했던 하위징아는 문화의 발전은 곧 놀이의 발전임을 깨닫게 한 것이다.

2. 가상공간, 메타버스와 자아의 다중화

기술 발전을 반영하는 시대의 흐름에 따라 놀이터와 놀이도구는 다양하게 변화를 겪어왔다. 놀이도구가 발전하기 전에 인간에게 놀이도구란 이렇다 할 것이 없었다. 그저 자신의 몸을 도구 삼아 자연이라는 놀이터에서 즐거움을 만끽하였을 뿐이다. 바다든지 산이든지 어디에서든 그곳에서 놀 수만 있으면 물놀이로 흙놀이로 시간을 보냈고, 그도 여의치 않으면 몸과 몸을 뒤얽혀가며 놀았다. 놀다보면 인간의 몸은 자연과 조화를 이루며 자연스럽게 놀이에 빠져들었고, 아이들에게

1931년 독일 도르트문트의 한 공장 앞공터에서 노는 아이들

세상은 모두 놀이터였다.

기술의 발전은 놀이도구에도 변화를 가져왔다. 도시가 발전하면서 점차 자연은 놀이터로서의 가치를 잃어가기 시작했고, 놀이터는 이제 도시의 골목길이나 공터에 자리잡게 되었다. 점차 아이들의 놀 공간이 협소해지고 마침내 그마저도 어렵게 되면서 아이들을 위한 놀이터가 고안되었다. 놀이기구로 가득 찬 놀이터는 아이들에게 새로운 즐거움을 주는 장소였다. 이제 놀이터는 집 근처의 특정 장소에 간단한 놀이기구들로 획일화 되었고, 놀이는 그곳에서만 허용되었다. 첨단기술의 발전으로 놀이도구가 단순한 것에서 복잡한 것으로 발전을 거듭하고, 그에 따라 놀이는 집 밖에서보다 집 안에서 더 많이 이루어졌다. 집안의 놀이터는 놀이도구로 채워지고, 놀이도구는 자동기계로 대체되었고 디지털화되었다. 놀이가 메타버스에서 활발하게 실행되면서, 아이들의 짓거리로 이해되었던 놀이는 이제 어른에게도 그 이해의 폭을 넓혀갔다. 메타버스가 열리고 그곳에서 놀이공간이 발견되면서 놀이는 남녀노소를 막론하고 모두에게 허용된 것으로 인식되었다. 이제 일부 놀이터는 메타버스로 옮겨지게 되었고, 놀이를 즐기기 위해 메타버스에서 장시간 머무는 사람들이 늘어갔다.

지난 세기에 이미 사회심리학은, 복잡성이 증대되는 현대사회의 변화에도 불구하고 자아가 끊임없이 변화하는 사회와 상호작용하며 적응하는 것에 주목하여, 사회와 자아의 상호 관계와 역할에 따라 변하는 자아의 다중화를 연구하였다. 이런 의미에서 정신분석학에서도 통합적인 자아보다는 자아 내면의 타자화 된 해체적 이질성에 주목하였고, 현대철학에서는 연결과 접속으로 구성되는 네트워크적 수평 체계의 다양체적 자아를, 미래학에서는 공간이나 특정한 삶의 방식에 메이지 않고 탈영토화를 지향하는 노마드적 자아를 주목하여, 현대의 탈중심적 자아는 자연스럽게 받아들여졌다. 이런 담론들은 모두 현대의 자아가 복잡한 환경과 상호작용하며 다층적으로 반응하며 살아가고 있음을 제시한 것이다. 여기서 핵심은, 사적으로나 공적으로 수직적인 체계가 약화됨에 따라 자아는 이제 현실의 복잡성을 반영하는 실존자로서 상황의 변화에 따라 끊임없는 변화하기 때문에 하나의 통일된 주체자로서 일관되게 존재할 수 없다는 점이다. 따라서 자아가 항시적으로 동일성을 유지한다는 것은 거의 불가능한 것으로 간주되었다. 더욱이 메타버스가 열린 이래로 자아의 다중화는 한층 더 자연스럽게 받아들여졌다.

메타버스는 자아정체성의 다중화를 증대시키고 있다. 가상현실의 특성상 육체로부터 자유로워진 자아의 무한한 변형이 가능하기 때문이다. 이런 맥락에서 셰리 터클(Sh. Turkle, 1948~)은 '유연한 자아(flexible self)'를 제시하였다.[7] 그는 끊임없는 타자화를 통해 많은 가능성에 열려 있는 자아의 유연성에 주목한 것이다. 이것은 메타버스에서는 실제세계와 달리 억제된 자아의 욕망을 자유롭게 풀어놓고 즐길 수 있는 여지가 많음에서 비롯된다. 그것은 무엇보다도 놀이와 함께 실현될 수 있고, 메타버스는 첨단기술을 통해 자아에게 욕망을 풀어낼 수 있는 놀이의 가능성을 열어줄 수 있기 때문이다. 이제 자아는 컴퓨터 스크린을 매개로 초월적이고 탈육체적인 메타버스로 생활공

---

[7] 참조. 셰리 터클, 『스크린 위의 삶』, 최유식 옮김, 민음사 2003.

신한라이프 광고사이버휴먼 '로지'　　　　SM 신인그룹 에스파와 아바타 아이에스파

간을 넓혔으며 실제 세계에서는 가능할 수 없는 일들을 체험하며 즐길 수 있게 된 것이다.

　인공환경이자 확장된 또 하나의 세계로서 구축된 메타버스 안에서 사람들은 자신 육체를 대신하여 활동하는 분신으로서 아바타를 만들고 있다. 흥미로운 것은 가상의 아바타는 실제 세계처럼 하나의 자아에 묶일 필요가 없다는 점이다. 실제 세계의 한 존재는 메타버스의 특성상 콘텐츠마다 자신을 새롭게 만들어 다양하게 활동할 수 있기 때문이다. 콘텐츠의 성격에 따라 전혀 다른 분신이 만들어지고 활동할 수 있다는 것이다. 그렇다면 아바타란 무엇인가? 아바타란 컴퓨터를 통해 메타버스에서 활동하려는 이용자가 프로그램에 따라 자신을 스스로 만들어낸 메타버스의 실존자라 할 것이다. 일종의 사이버휴먼(Cyber-Human)일 수도 있고 버추얼휴먼(Virtual-Human)일 수도 있다. 사이버휴먼은 현실적으로는 실재하지 않지만 메타버스에서 프로그램을 통해서 묘사된 가상의 캐릭터를 뜻한다. 사이버휴먼은 현실에 바탕을 두고 육체의 물리적 제약을 극복하고자 가상화 한 버추얼 휴먼과 구별된다. 버추얼 휴먼은 어디까지나 현실에 근거한 신체를 메타버스의 신체로 재구성한 것이지만, 사이버휴먼은 첨단기술에 의해 생성된 가상 실재로서 실제 육체의 물리적 제약을 벗어나 새로이 구성된 가상의 캐릭터이다.

사이버휴먼은 소프트웨어에 따라 형성되고 증식이 가능하며 형태도 다양할 수 있는 반면, 버추얼휴먼은 실제감에 있어서 우월하며 실제 이용자를 기반으로 형성되기 때문에 감성적 접근이 훨씬 용이하다. 이런 의미에서 아바타의 활약은 메타버스의 무대에서 수많은 성공 신화를 쌓고 있다. 특히 모두를 놀라게 한 신한라이프 광고 모델인 로지는 많은 사람들이 믿을 수 없을 정도로 실제 인간과 동일한 듯 보인 사이버휴먼이다. 버추얼휴먼의 예로는 최근 주목을 받고 있는 SM의 신인그룹 에스파와 아바타 아이에스파를 들 수 있다. 현대인의 가장 보편화된 자기창조의 행위는 이제 일반인도 쉽게 만들 수 있는 아바타를 통해서 실현되고 있는 듯하다. 따라서 아바타는 이용자를 대신하여 메타버스에서 자유롭게 활동하는 애니메이션 캐릭터이다.

'아바타'는 어원적으로 고대 인도 아리아인의 산스크리스트어 '하강 avataara'에서 유래하며, 의미적으로는 '신이 세상에 내려올 때 나타나는 여러 가지 모습을 이르는 말'이다. 힌두

힌두교 신 비슈누 중심에 10가지 아바타

교에서 가장 많은 아바타로 변신하는 비슈누 신은 10가지 아바타로 그 모습을 현현한다고 한다. 세상에 다양한 외양으로 나타나서 각기 사람들을 이롭게 한다는 것이다. 그렇다고 10가지의 현현하는 아바타로 인해 비슈누 신의 본질이 모호해지는 것은 아니다. 아바타들의 근원은 오직 하나이며 바로 비슈누 신이기 때문이다. 이 점에서 비슈누와 아바타들의 관계는 오늘날 메타버스에서 이용자와 그의 아바타들 간의 관계와 같다 할 것이다. 말하자면 메타버스에서 이용자가 여러 아바타로 자신의 이미지를 변형시켜가며 활동한다고 해서, 그것이 이용자의 정체성을 의심해야 하는 불안으로 연결될 필요는 없다. 메타버스에서 아바타가 실제 자아의 역할을 대신하지만, 매 순간 전개되는 맥락에 따라 각기 다른 아바타는 변신을 꾀하며 타인과 소통할 수 있다는 것이다. 다양한 형태로 구성된 아바타들은 그 이용자의 가치관을 반영하며 이용자의 자기실현을 꾀하는 일환으로 간주되기 때문이다. 이와 같이 다양한 아바타를 통해서 자신을 구현할 수 있는 현대 자아는 통일성을 관철시킬 수 없이 분열적이고, 이성적이기보다 감성적이다. 이런 의미에서 이용자는 새로이 열린 무한한 메타버스에서 아바타를 통해 실제 세계에서 보다 더 활발하고 창의적으로 활동할 수 있고 미지의 세계를 대담하게 경험할 수 있으며 그것을 놀이로서 최대한으로 즐길 수 있다. 따라서 메타버스는 아바타를 통해서 놀이공간으로서 체험된다.

3. 메타버스와 놀이의 유혹

메타버스는 실제 세계에서보다 놀이성과 더 상호 밀착될 수 있다. 왜 그러한가! 그것은 무엇보다도 현실보다 더 강렬하면서도 방해요소 없이 오롯이 집중적으로 즐길 수 있는 메타버스의 가상성이라는 환경 요소에서 찾을 수 있다. 컴퓨터를 통한 메타버스로의 진입은 누구나 단독자로서 가능하며, 일단 놀이 주체로서 메타버스에 들어서면 실제 세계의 여타 조건으로부터 벗어나는 것이기에 자유롭다. 자유로움이란 곧 어떤 방해요소가 없음을 의미하는 것이니, 메타버스에 쉽게 접근할 수 있는 주요인이기도 하다. 그것은 즐길 준비가 되어 있는 놀이 주체로 하여금 놀이에 대한 기대감을 갖게 하고 현실보다 더 현실적으로 느낄 수 있는 메타버스에서의 감각적 자극을 기꺼이 받아들이게 한다. 말하자면 일상에서는 생각지도 못할 놀이적 즐거움을 메타버스에서 얻고자 하는 것이며, 메타버스는 요구된 놀이성을 충족시켜주는 다양한 콘텐츠를 제시한다.

　메타버스 안에 들어선 사람은 그 공간이 왜 열렸는지 그곳에서 자신이 무엇을 얻고자 하는지 잘 알고 있다. 그것을 겨냥하여 내용을 창출해내는 메타버스 또한 즐거움을 추구함에 있어서 최적화 된 놀이 공간을 제공하기 위해 시각적 이미지를 놀이 성격에 맞추어 극대화할 것이다. 만약 기대했던 바에 대한 충족감을 얻지 못하고 놀이적 실재감을 상실하게 된다면, 사람들은 자연히 재미없는 메타버스에 들어서려 하지 않을 것이니 메타버스는 "콘텐츠의 끝판왕"[8]이 되어야 하는 것이다. 일상에서는 체험할 수 없는 축제를 즐길 수 있고 실제 세계에서는 결코 가능할 것같지 않은 그래서 미지의 것으로 인식되었던 것이 메타버스 안에서는 놀이적 특성을 통해 실현될 수 있고 이용자가 기대했던 바를 충족하게 된다면, 그 파급효과는 가히 폭발적일 수 있다. 그것은, 일상의 공간과 구별되고 현실적인 목적은 아랑곳 하지 않으면서 그저 자유롭게 놀 수 있는 공간을 메타버스가 제공할 수 있기 때문이다. 실제 세계에서는 꺼려졌던 만남도 그 안에서는 놀이의 일종이 되고 기꺼이 새로운 만남을 즐길 수 있게 된다. 메타버스는 우리로 하여금 거리 감각을 확연히 확장시켜 놓기 때문에 세계 어디에 살든 누구든지 간에 만남에는 큰 문제가 되지 않기에 오직 놀이만을 즐기수 있는 공간이 되는 것이다. 그러기에 만나는 것이 불가능한 스타들과 같은 공간에서 노래하고 춤추면서 자신의 아바타를 통해 갈망하던 것을 현실적으로 체험할 수 있으니, 그것은 분명 메타버스에서만 가능한 감동적인 무형의 획득물이다. 그 놀이 공간에서 이용자는 어떤 방해요소 없이 함께 즐기고 있는 스타와 자신을 동일시하며, 메타버스 안에서는 그것이 가능하다.

분명한 것은 놀이가 그러하듯 즐길 수 있는 "모든 순수한 놀이는 아무것도 남기지 않는다. 다시 말해 부가가치를 생산하지 않으며 남는 것이 없다. 놀이는 더 많은 가치 대신 더 많은 쾌락을 남긴다."[9] 이런 놀이성에 매료된 많은 이용자들은 메타버스를 떠날 수 없으며 오히려 자주 오랫동안 머물고자 하기 때문에, 기업은 그것을 마케팅의 효과로 연결시킬 수 있는 것이다. 메타버스는 이렇게 오직 행위 자체를 즐기는 것을 목적으로 할 수 있는 하나의 놀이공간으로 작동하지

---

8 김상균/신병호, 『메타버스 새로운 기회』, 317쪽.

9 노르베르트 볼츠, 『놀이하는 인간』, 윤종석 외 옮김, 문예출판사 2018, 52쪽.

페퍼 트래비스 스캇의 공연

만 놀이를 매개로 소비층을 자극하고, 소비 또한 놀이로 즐기는 것을 하나의 문화로 자리잡게 한다. 이런 메커니즘의 중심에 있는 메타버스에서 즐기는 축제는 이용자로 하여금 오직 자신만을 위해 열린 축제에 참여하는 듯한 착각에 빠져들게 하며, 아울러 다른 사람들과 함께 할 수 있는 그 순간을 한껏 즐길 수 있음은 메타버스가 품은 매력이기도 하다. 이것이야말로 디지털 매직서클에 들어선 모든 사람이 동일하게 즐길 수 있는 황홀한 경험인 것이다. 그 안에서는 로또와 같은 우연이란 존재하지 않으며, 놀이의 경험은 모두에게 열려져 있고 함께 공유할 수 있기에 더 많은 쾌락을 탐하게 하며, 그것은 감각적인 강한 인상으로 각인되어 남는다.

하위징아가 주장했듯이 메타버스 안에서의 놀이는 시간적·공간적으로 분명하게 경계 지어진다. "놀이는 일상 세계에서 쉽게 손 닿는 곳에 있지만, 그와 동시에 일상 세계와 엄격히 단절되어 있기도 하다."[10] 따라서 과거 사람들은 종교적으로 초월하고 예술을 통해 허구의 세계로 초월할 수 있었던 반면, 오늘날 메타버스에서 활동하는 '우리'는 놀이의 초월적 경험을 통해 일상과 분리되면서도 그렇다고 일상을 부인하지 않는 "두 세계의 시민"[11]이다. 말하자면 메타버스에서 놀이를 즐긴다 하더라도 동일하달 수 없는 두 세계의 전혀 다른 현실 때문에 이용자가 이해할 수 없은 이중성에 빠져서 살아가야 하는 경우는 발생하지 않는다는 것이다. 왜냐하면 그것은 시간성에 의해 환기되기 때문이다. 놀이를 마치고 난 뒤에 실제 세계를 혼란시킬 정도로 그것의 영향이 미치지 않는다는 것이다. 놀이가 끝이 나면 그것으로 놀이의 시간은 종료되고, 지속하고 싶다면 놀이는 다시 시작되어야 한다. 시간은 거꾸로 갈 리 없으니, 놀이가 되돌아갈 수도 반복될 수도 없는 것이다. 그래서 이것을 일컬어 니클라스 루만이 놀이를 삽화로 설명한 것은 절묘하달 수 있다. 모든 것이 시작과 끝이 있으니 놀이 또한 우리의 삶에서 삽화처럼 시간의 한 부분에서 그 일부의 시작과 끝을 차지하는 것이다. 그래서 놀이가 더 흥미로울 수 있는 것이기도 하다.

놀이를 삽화처럼 즐길 수 있음은 놀이의 시공간적 제약성에 기인한다. 일상과 분리되어 있는 놀이의 특성은 부정될 수 없으며, 그것을 수용할 때 놀이는 제대로 즐길 수 있게 되는 것이다. 또한 이용자는 놀이를 최대한으로 즐길 수 있기 위해 무엇을 어떻게 해야 하는지 잘 알고 있는 이용자는 놀이의 재미를 성공적으로 느낄 수 있기 우해 필요하다면 자신을 기꺼이 조력자로 간주한다. 이런 의미에서 놀이의 이용자는 놀이에 적극적으로 참여하는 주체이자 객체의 이중성을 동시에 실행한다. 본래 취지에서 벗어나지 않고 놀이의 즐거움을 극대

---

10   앞의 책, 57쪽.

11   앞의 책, 59쪽.

화할 수 있도록 무엇보다도 정해진 원칙은 흔들림없이 지켜져야 한다. 놀이의 이용자가 원칙을 기꺼이 받아들이고 그것에 따라 자기통제조차 포기할 정도로 최대한 즐거움을 만끽하려는 욕망은 기술적인 차원을 넘어서서 놀이의 내러티브로 충족되어야 한다. 그러할 때 메타버스에서 사람들은 내러티브를 통해 열리는 판타지적인 현실을 느끼게 되며 그 안에서 충족감을 얻기 때문이다.

4. 메타버스, 또 하나의 놀이공간으로서 매직서클

오늘날 사람들은 이전에는 생각지도 못했던 다양한 공간을 직간접적으로 체험하는 시대를 살아가고 있다. 무엇보다도 세계인이 모두 컴퓨터를 활용하여 오갈 수 있는 메타버스를 비롯해서, 예전에는 누구도 감히 갈 수 있으리라 생각지 못했지만 이제는 여행길이 열린 우주 공간, 토끼가 절구방아를 찧으리라 꿈꾸었지만 마침내 탐사선을 보내 연구하게 된 달, 그리고 인간의 눈으로는 절대로 볼 수 없는 나노공간까지… 첨단기술의 발전이 거듭되면서 21세기 인간은 그 어느 시대보다 공간의 다양화를 체험하면서 이미 미래에 닿아 있는 듯한 경험을 하고 있다. 그 중에서 누구나 거리낌없이 드나들며 친숙해진 공간이 바로 메타버스이다. 무한히 열린 공간의 활용도를 높이기 위해 기기가 새롭게 개발되고 그로 인해 훨씬 편해진 환경을 제공하는 메타버스에서 공간의 풍요를 가져다줄 다양한 콘텐츠들과 함께 중요한 것은 놀이성이다. 화면 안에서 보이는 사람과 화면 밖에서 보는 사람 간의 절대적인 분리를 상쇄시킨 메타버스는 놀이를 통해 모두에게 동일하게 즐길 수 있는 기회를 제공하는 공간인 것이다. 그 안에서는 스타도 팬도 서로의 아바타를 통해 얼마든지 만날 수 있고 즐길 수 있고, 상상으로 꿈꾸었던 동경도 현실로 바뀌는 메타버스는 마법의 공간인 것이다. 그 공간은 실제 세계에 연장된 확장 공간이면서도 실제 세계를 넘어 있는 초월적인 공간이고 놀이에 최적화 되어 있는 또 하나의 놀이공간으로서 즐거움을 찾아 들어선 사람들을 위해서는 닫힌 공간이기도 하다. 놀이를 위해 모인 모두에게 최대한의 즐거움을 선사하는 메타버스는 바로 매직서클인 것이다.

　놀이는 노동과 대립된 개념이다. 정신적이든 물질적이든 인간이 자신의 생존에 필요한 것을 얻기 위해 끊임없이 생산해내는 행위가 노동이라면, 놀이는 정신적이든 물질적이든 어떤 '의무'에도 매이지 않고 '자유'를 즐기는 행위이기 때문이다. 그래서 하위징아는, 놀이는 일정하게 정해진 시공간의 영역에서 자유롭게 활동하는 행위이고, 놀이공간은 구속력을 가지는 자기만의 규칙에 따라 제약을 받는 것을 놀이의 특성으로 언급했다. 이렇게 현실과 다른 규칙이 적용되고 현실에서는 불가능한 것들이 디지털 변환에 힘입어 경험될 수 있는 공간이 메타버스이다. 상상하는 모든 것을 현실로 느껴질 수 있는 메타버스는 그것을 향유하는 사람들을 위해 본질적으로 재미를 추구하며 재미를 제시할 수 있는 콘텐츠를 필요로 한다. 콘텐츠를 통해서 놀이는 다양화 될 수 있고 그것을 실현시키는 메타버스는 모든 사람들이 소통하고 즐길 수 있도록 놀이하는 순간을 보장해주는 공간이기도 하다. 그것은 언제 어디서나 네트워크에 연결된다면 사람들을 바로 마법의 세계로 초대하며, 일상에서 달리 무엇을 할 수 없는 자투리 시간에도 열려 있는 공간인 것이다.

메타버스가 매직서클로 각광을 받는 이유는, 거울을 마주한 듯이 실제 세계와 구분하기 어려운 동시성과 현장성에 두어진다. 실제 세계라면 불가능한 일들이 메타버스에서 생생하게 그대로 느껴지기 때문이다. 이미 언급했듯이, 유명한 스타의 공연을 관람할 때도 다만 보고 환호하는 것을 넘어서서 서로의 아바타를 직접 만나 함께 축제를 즐기며 춤을 추고 사진을 찍는 등 현장에서나 느끼는 감정을 동시적으로 느낄 수 있기에, 메타버스는 모든 것을 현실로 경험할 수 있는 공간인 것이다. 이런 의미에서 〈레디 플레이어 원〉의 영화에서처럼 아바타를 매개로 활동한다 하더라도 가상 세계와 실제 세계 간의 차이 없이 활동 그자체를 생생하게 느낄 수 있기에, 몰입된 놀이는 곧 현실인 것이다. 더욱이 메타버스는 실제 세계와 달리 끊임없이 움직일 수 있기 때문에 매우 다이내믹하고 그것을 통해 재미가 극대화된다. 실제 세계에서는 허용될 수 없는 공간을 갈 수 있고 그곳에서 무작위로 사람들을 만나 예기치 않은 일을 경험하고 그것을 통해 새로운 가능성을 열 수 있기에 멈출 수 없는 움직임은 놀이성으로 배가되며, 이런 의미와 연관해서 보자면 그것을 통해 놀이의 극대화를 추구할 것이다. 메타버스는 놀이를 통해 새로운 세상을 모두에게 열어줄 수 있는 매직서클인 것이다.

참고문헌

김상균/신병호, 『메타버스 새로운 기회』, 배가북스 2021.

노르베르트 볼츠, 『놀이하는 인간』, 윤종석 외 옮김, 문예출판사 2018.

닐 스티븐슨, 『스노 크래시』, 남명성 옮김, 대교베스텔스만 2008.

프리드리히 실러, 『미학편지』, 안인희 옮김, 휴머니스트 2018.

셰리 터클, 『스크린 위의 삶』, 최유식 옮김, 민음사 2003.

요한 하위징아, 『호모 루덴스』, 이종인 옮김, 연암서가 2018.

2

메타버스 신체경험에 관한 인지과학적 분석: 몸 인터페이스의 설계 가이드라인

1. 인간의 경험은 지각-운동하는 신체에서 출발한다.

인간의 의식적 활동은 움직임에 기초한다. 우리는 깨어있는 대부분의 시간 동안 항상 움직인다. 우리 삶의 거의 모든 활동은 신체의 움직임으로 실현된다. 물론 신체의 움직임에 앞서는 마음의 작용이 있으나, 그조차도 신체의 구체적인 움직임을 전제로 계획되는 것임에 분명하다. 인간의 행동은 환경에서 나의 자리를 만들고 내가 속한 환경을 바꾸거나 환경에 적응하여 스스로를 지켜내는 것을 목적으로 삼기 때문이다. 개인의 경험 발생이라는 측면에서 인간의 경험은 감각에 주어진 대상과 환경을 지각하고 주어진 상황에 적합한 반응을 수행하며 쌓여간다. 즉, 우리의 모든 경험은 감각기관과 운동기관의 작용에 의거하며, 이 모든 작용은 신체에 속한다. 우리는 몸을 통한 세계 경험을 반복하며 주변 환경과 자기 자신을 탐색하고 경험의 지평을 넓혀가는 것이다. 이렇듯 움직임으로 가득 찬 우리의 삶은 다양한 경험들로 가득하다. 우리는 매 순간의 경험을 토대로 학습하고 발전하며, 삶의 의미를 발견한다. 인간이 가지게 되는 경험은 그 범위와 깊이가 헤아릴 수 없을 만큼 크지만, 지각-운동 체계를 통한 무수한 세계 경험은 세계 속에서 나의 존재를 확인시켜준다는 점에서 특별하다. 우리는 신체를 통한 세계 경험 과정을 통해 새로운 것에 적응하며, 적응의 과정 속에서 변화한다. 우리는 경험을 통해 이전과 다른 능력 또는 특성을 가진 존재가 되어가는 것이다. 이런 변화를 통해 우리는 환경 속에서 수월하게 움직이고 생존할 수 있다.

지각-운동 경험을 통해 환경에 적응하는 인간의 능력은 고전적인 프리즘 적응 실험을 통해 잘 알 수 있다. 이 실험에서 연구참여자는 프리즘 안경을 착용한 상태로 일상적인 활동들을 수행한다. 이 실험에 사용된 프리즘 안경은 통과하는 빛을 굴절시켜 착용한 사람으로 하여금 위-아래가 뒤집어진 시각적 경험을 가지도록 했다. 연구참여자는 수면 시간을 제외하고는 항상 이 안경을 착용하고 있었는데, 시각적 정보를 통해 파악된 세계와 몸을 통해 경험하는 세계 사이의 불일치로 인해 똑바로 걷거나 앞에 놓인 물체를 집어 올리는 것과 같은 매우 단순한 과제도 쉽게 성공하지 못하였다. 하지만, 몇 일간의 경험을 통해 참여자는 비교적 수월하게 그들의 뒤집어진 세계에 적응할 수 있었고, 프리즘 안경을 착용하기 전과 같이 세계와 상호작용할 수 있게 되었다. 1주 정도의 시간이 흐른 뒤 몇몇 참여자는 자전거를 타고 다닐 수 있을 만큼 완전하게 뒤집어진 시각적 세계에 적응할 수 있었다.[1] 프리즘 적응 실험을 통해 알 수 있는 바와 같이 이러한 적응은 매우 유연하게 일어나며, 그 효과는 매우 강력하다. 하지만 프리즘 제거 후 다시 원래대로 쉽게 돌아갈 수 있는 것에서 알 수 있듯이 모든 변화는 자유롭다.

프리즘 적응 실험에서 중요한 것은 참여자들의 적응 정도가 그들이 얼마나 많은 시도와 실패, 수정을 반복하였는지에 따라 달라진다는 점이다. 시각-운동 불일치에 따른 실수를 두려워한 나머지 적극적인 지각-운동 활동을 수행하지 않았던 참여자들은 비록 오랜 시간 프리즘 환경에 노출되어 있었음에도 충분한 적응 상태에 도달할 수 없다. 이는 뒤집어진 세계에 완전히 적응한 참여자들이 정상적인 시각-운동 경험, 즉 마치 위-아래가 뒤집어지지 않은 것과 같은 주관적 경험을 가질 수 있었다는 점과 대조하여 매우 중요한 시사점을 드러낸다. 간단히 정리하자면 인간은 새로운 환경에 유연하게 적응하고 자신을 변화시킬 수 있는 능력을 갖추고 있지만, 신체를 통한 지각-운동 활동 경험이 충분히 주어지지 않는다면 그 탁월한 능력을 발휘하기 어렵다는 것이다.[2]

이제 지각-운동하는 신체의 경험에 관한 논의를 인간의 지적 경험 일반으로 확장해보도록 하겠다. 앞서 제시한 프리즘 적응 실험에 관

---

1 Sachse, P., Beermann, U., Martini, M., Maran, T., Domeier, M. & Furtner, M. R., "The world is upside down – The Innsbruck Goggle Experiments of Theodor Erismann (1883-1961) and Ivo Kohler (1915-1985)", *Cortex*, *92*, 2017, pp. 222–232.

2 Hurley, S. L., *Consciousness in action*, London: Harvard University Press, 1998, pp. 346-349.

한 사례를 근거로 인간의 지적 경험 일반이 신체에 기반을 둔 지각-운동 메커니즘에 의존한다고 주장한다면 아마도 많은 사람들이 순수한 사고 또는 추상적인 개념을 다루는 데에까지 적용하기 어렵다고 반론할 것이다. 실제로 이와 같은 논의는 체화된 인지 개념을 중심으로 인지과학 분야에서 널리 이루어져 왔다. 여기에서는 체화된 인지를 지지하는 한 입장을 택하여, 우리의 경험 일반이 상당 부분 지각-운동하는 신체의 경험에 의지하고 있다는 점을 설명하고자 한다.

우리는 성인이 되기 전, 아니 언어를 구사하고 추상적인 개념을 조작할 수 있게 되기 전 무수히 많은 감각-운동 경험을 통해 사고 시스템을 단련한다. 우리의 사고 시스템은 우리가 지금 의식적으로 다루고 있는 영역만을 담당하지 않는다. 우리의 모든 생각과 태도, 의지는 일정정도 신체성에 의존하고 있다. 신체, 구체적으로 감각-운동 체계는 생각과 사고의 기반이 된다. 간단한 사고실험을 통해 이 주장의 타당성을 검토해 보자. 잠시 눈을 감고 커피가 들어있는 머그컵을 상상해보자. 어떤 장면이 보이는가? 아마도 손잡이가 달린 익숙한 컵의 모양이 떠오를 것이다. 머그컵의 손잡이가 나를 향해 있는 상황에서 동시에 손잡이 반대편의 컵을 볼 수 있는가? 일반적으로 이러한 상상의 과정에서 우리는 사물의 한 측면만을 상상할 수 있다. 지금 떠오른 측면의 반대편을 상상하려면 현재의 상상을 멈추고 새롭게 반대편에서 바라본 컵의 모습을 상상해야 한다. 즉, 우리의 상상에 떠오르는 컵은 하나의 관점을 가진 관찰자의 시선으로 드러난다. 위에 설명한 두 관점의 장면을 동시에 취할 수 있는 관찰자가 있을까? 그렇다면 그 관찰자는 어떤 형상을 보게 될까? 쉽게 떠올려보기 어려운 상황이다. 간단한 사고실험을 통해 확인한 바와 같이 우리의 순수한 상상조차도 관찰자의 시점을 가진 상태로 일어난다, 만약 머그컵이 마음에 들지 않는다면 한 번도 본 적이 없는 무언가를 떠올려보라. 그게 무엇이든 그 대상은 관점을 지닌 관찰자의 시선으로 나타난다. 그 관찰자는 바로 당신이고, 그 시점은 당신이 그동안 무수히 다른 사물을 관찰해 왔던 그 방식대로 주어진다. 우리는 관점 의존적인 방식으로 대상을 떠올린다.

우리가 신체의 감각을 통해 세계를 경험한다는 것은 놀라운 사실이 아니다. 우리가 잘 알고 있는 바와 같이 인간은 시각, 청각, 미각, 후각, 촉각의 다섯 가지 감각을 보유하고 있으며 이 감각을 활용해 외부세계의 사건과 대상을 감각하고 지각한다. 각각의 감각은 자극을 감지하는 감각수용기로부터 시작한다. 인간은 5감의 각각에 해당하는 감각수용기를 갖추고 있으며, 감각수용기에 입력된 자극은 신경경로를 따라 뇌로 전달되어 유의미한 지각으로 처리된다. 외부의 물리적 자극에 대한 수용기의 신경활동이 어떤 원리로 우리의 지각과 의식에 도달하게 되는지에 대해서는 더 많은 설명이 필요하다. 하지만 분명한 것은 어떤 감각기관이 소실되거나 신경정보의 전달이 차단되는 등의 상황에서 우리는 해당 자극에 대한 정상적인 지각을 수행할 수 없게 된다는 점이고, 이는 감각체계가 우리의 의식과 외부세계의 연결을 책임지고 있다는 주장의 중요한 근거가 된다.

다시 프리즘 적응 실험의 연구참여자에게로 돌아가 보자. 이 참여자는 프리즘 안경을 착용하고 시각적으로 위-아래가 뒤집어진 세계를 경험했다. 참여자의 눈에 보이는 것은 위로 올라가 있는 잔디밭과 아래로 끝없이 펼쳐진 하늘이었다. 참여자의 초기 시각적 경험에 관한 이 설명에서 우리는 중요한 사실을 발견할 수 있다. 참여자의 시각적 경험이 어떤 기준점이나 참조 틀에 대한 상대적인 관계로 기술되고 있다는 것이다. 실험이 시작된 직후에는 어떤 적응도 이루어지지 않은 상황이므로 참여자는 실험 시작 직전까지 살아왔던 세계에서 사용하던 어떤 기준을 근거로 하여 현재의 시각적 경험을 설명한다. 위-아래라는 표현에서 쉽게 알 수 있듯이 그 기준은 나의 신체이다. 내가 바로 서있는 상태에서 하늘이 발 아래로 펼쳐지고 잔디밭은 하늘이 있어야 할 곳에 자리 잡고 있는 것이다. 우리는 일상적으로 세계의 사물이나 타인과의 공간적 관계를 기술할 때 위-아래, 앞-뒤, 좌-우와 같은 표현을 사용한다. 이러한 공간적 관계의 기술에 사용되는 개념이 우리 몸의 생김새와 일상적 경험에서 우리 몸의 쓰임새를 기준으로 삼아 확립되었을 것으로 생각하는 것은 충분히 합리적이다.

그렇다면, 인간은 매 순간 주어지는 감각적 경험을 자기 자신의 몸과 어떻게 연결하는가? 인간은 어떤 방식으로 자신의 몸에 대해 파악하며, 그 몸의 상태를 기준으로 외부의 감각 입력들을 조직하는 것일까? 이러한 질문에 대한 답은 아직 명확히 주어진 바 없다. 이 절에서는 신체의 운동에 관한 감각을 뜻하는 자기수용감각 및 운동감각에 대해 간략히 살펴봄으로써 지각-운동 체계의 개입을 통해 우리의 경험이 정립되어가는 원리를 탐색해보고자 한다. 앞서 설명하였던 인간의 5감 이외에 인체에는 자기수용감각이라고 하는 또 다른 감각체계가 존재한다. 자기수용감각을 통해 우리는 몸의 상태를 지각한다. 여기에서 몸의 상태는 보통 말하는 신체적 컨디션과는 달리, 나의 몸이 물리적 공간에서 어떤 상태에 있는가에 대한 정보를 포함한다. 내가 멈추어 있는지, 어떤 방향으로 가속되고 있는지, 아니면 아래로 추락하고 있는지와 같은 몸에 가해지는 물리적 힘의 방향과 크기 그리고 그에 따른 신체 분절들의 운동에 관해 우리는 지각한다. 자기수용감각은 전정기관, 골지건기관, 근방추, 관절수용기, 피부수용기 등을 포함하고 있다. 이 다양한 감각 기관들은 몸(신체)에 가해진 힘과 그 힘에 의해 발생한 변형에 관한 정보들을 제공한다. 여기까지의 설명을 들으면, 몸의 감각은 다른 감각과 별 차이 없는 수동적인 기능을 수행하는 것으로 보인다. 하지만, 몸의 감각은 능동적인 운동에 대한 감각을 포함한다는 점에서 단지 수동적이지만은 않다. 운동감각은 주로 근육의 수축에 따른 관절의 움직임에 관한 정보를 다루지만, 경우에 따라서는 시각적이거나 청각적으로 파악되는 나 자신의 움직임 상태에 관한 정보도 포함한다. 시각이나 청각은 전통적인 자기수용감각의 범주에 포함되지 않으나, 자신에 관한 정보를 획득한다는 점에서 내부수용감각(interoception)으로 포함할 수 있다. 즉, 시각이나 청각은 외부의 감각을 받아들이는 외부수용감각(exteroception)인 동시에 자신에 관한 정보를 수집하는 내부수용감각이기도 한 것이다. 주어진 모든 감각기관들을 통해 우리는 몸의 상태를 파악하며, 매 순간 주어지는 외부의 환경에 대한 정보를 자신의 신체적 맥락에 따라 처리할 수 있는 여지를 가지게 된다.

　신체의 지각-운동 체계가 세계에 대한 지식의 형성에 기여하는 방식은 운동 감각이 발생하는 과정에 대한 설명을 통해 부분적으로 이해해 볼 수 있다. 인간의 운동은 움직임 의도를 실현하기 위한 근골격계의 작용을 의미한다. 움직임의 의도가 정확히 달성되었는지의 여부는 시각을 비롯한 외부에 관한 감각과 자기수용감각을 포함한 몸에 관한 감각기관을 통해 확인 가능하다. 움직임 의도의 실현으로서의 인간 운동과 그 결과에 대한 피드백 체계는 자신과 주변 세계를 이해하기 위한 매우 풍부한 정보를 제공한다. 이 과정을 다음의 극단적인 예시를 통해 살펴보자. 만약 당신이 깊은 잠에서 깨었을 때 눈앞에 펼쳐진 광경이 전혀 새로운 외계의 어떤 것과 같은 모습이라고 생각해보자. 당신은 이전에 한 번도 본적이 없고, 경험해본 적 없는 이상한 곳에 와 있다. 당신은 아마도, 눈을 좌우로 움직여 주변을 살필 것이다. 물론 여기에도 안구의 운동과 수정체의 두께 조절을 위한 근육의 운동이 포함된다. 잠시 동안의 탐색을 통해 당신은 어떤 방안의 침대에 누워 있음을 알게 된다. 이제 당신은 몸을 일으켜 좀 더 넓은 주변 환경을 탐색하려고 시도할 것이다. 침대에 걸터앉은 당신은 눈앞에 놓인 물컵을 발견했다. 당신은 갈증을 느껴 컵을 향해 손을 뻗는다. 그런데 이상한 일이 발생한다. 분명 컵을 향해 손을 뻗었는데, 내 손은 오른쪽으로 치우친 방향으로 움직여간다.

몇 번의 시도 끝에 당신은 컵에 손을 가져가는데 성공했다. 이제 컵을 입으로 가져올 차례이다. 그런데, 컵을 잡으려할 때와는 전혀 다르게 당신의 손은 당신의 입으로 컵을 매우 정확하게, 오차 없이 가져다준다. 물을 마신 당신은, 이제 문 밖으로 나가려고 한다. 침대에서 몸을 일으킨 당신은 방문을 향해 걸음을 옮긴다. 그런데 또 이상한 일이 일어난다. 당신은 문을 향해 걸으려 시도하였지만, 문은 당신의 왼쪽으로 멀어진다. 결국 당신은 눈에 보이는 문을 기준으로 왼쪽으로 치우친 위치를 향해 걸어간다. 상상해보자 나는 왼쪽으로 치우치게 걷고 있는데, 눈에 보이는 문은 나를 향해 똑바로 다가온다. 이런 경험을 통해 당신은 무엇을 알게 되는가? 이 경험들의 기저에는 세계에 대한 시각적 경험과 그 시각적 경험을 토대로 구성한 세계의 좌표계, 움직임 의도를 실현하기 위한 운동명령의 계획과 실행, 운동명령의 실행에 따라 발생하는 몸의 움직임과 그 결과에 대한 감각 피드백, 마지막으로 감각피드백에 근거한 동작의 수정(운동명령의 수정) 및 재실행을 담당하는 메커니즘이 자리 잡고 있다. 우리는 의식되지 않고 아주 자동적으로 이루어지는 작용들에 의존하여 세계를 탐색하고, 나의 상태를 실시간으로 파악한다.

위 사례에서는 "어떤 조작"의 영향으로 시각적으로 파악된 세계와 실제의 물리적 세계 사이에 약간의 왜곡이 개입하고 있다. 이러한 조작은 시각-운동 조절과정을 연구하기 위한 프리즘 왜곡 실험에서 전통적으로 사용되어 온 방법론이다. 앞서 프리즘 적응 실험에서 살펴본 바와 같이 실험적 조작에 노출된 당신은 이전에 경험했던 것과 아주 다른 시각-운동 경험을 갖게 된다. 당신은 반복적인 경험을 통해 시각적 정보와 운동감각적 정보 또는 자기수용감각적 정보가 서로 다른 내용을 전달하고 있음을 깨닫게 되고, 그 차이에 따른 오류를 수정하기 위해 매 순간 노력을 계속한다. 다행스럽게도 우리의 감각-운동체계는 이런 종류의 왜곡에 빠르게 적응할 수 있다. 이와 관련된 많은 실험 연구들에 따르면 보통의 인간은 100번 정도의 시행착오 경험을 통해 시각정보와 운동정보 사이의 체계적인 왜곡을 감지하고 이를 조정한다.[3] 소뇌를 비롯한 운동 시스템에서 일어나는 일련의 조정이 완료되면, 새로운 환경에서도 정확한 동작의 수행이 가능해진다. 이러한 적응이 가능한 이유는 반복적인 운동과 그 운동에 따른 감각

---

3 Panico, F., Rossetti, Y. & Trojano, L., "On the mechanisms underlying Prism Adaptation: A review of neuro-imaging and neuro-stimulation studies", *Cortex*, *123*, 2020, pp. 57–71.

경험을 통해 몸을 이러이러하게 움직이면 감각 경험은 저러저러하게 나타날 것이라는 풍부한 자료들을 확보할 수 있기 때문이다. 우리는 매 순간 움직임을 통해 이러이러한 운동과 저러저러한 감각 경험을 매핑하며, 앞의 사례에서와 같이 이 매핑이 비틀어지게 되면 우리는 왜곡된 경험을 가지게 된다. 왜곡이 주어지건 주어지지 않건 우리는 몸을 움직이는 매 순간 무수한 매핑 작업을 통해 나의 감각 체계에 드러나는 것을 분명하게 해석할 수 있는 기준점을 마련하게 된다. 바로 나의 몸을 중심으로 한 좌표계의 형성이다(egocentric coordination). 우리는 나의 몸, 특히 나의 머리를 중심으로 구성된 좌표계에 외부 감각 입력을 배치하고, 나의 몸을 중심으로 세계를 조직화한다. 즉 우리는 몸을 통한 세계 경험의 반복을 통해 환경과 자신에 대한 탐험을 지속하며, 몸의 움직임과 연결되어 있는 지각 대상의 현출 방식을 암묵적으로 깨달으며 지평의 확장을 이루어 간다.

2. 메타버스는 새로운 지각-운동 경험의 세계이다.

신체를 통한 경험과 지각-운동 경험의 축적을 통한 세계의 이해라는 측면에서 메타버스는 이전과 다른 새로운 경험 세계의 가능성을 열어준다. 이 절에서는 가상세계, 증강현실, 라이프로깅, 거울세계로 분류되는 메타버스를 지각-운동 경험의 관점에서 고찰하고 확장된 현실(extended reality)로서 메타버스가 지니는 특징에 대하여 살펴보고자 한다.

가상 및 증강 현실 기술은 실재하지 않는 것에 대한 경험을 제공하기 위해 활용되어 왔다. 메타버스는 가상 및 증강 현실을 주요한 기술적 축으로 삼고 있으며, 가상과 실제를 연결하고 통합하기 위한 방향으로 계속 발전하고 있다. 그런 이유로 메타버스는 XR(확장 현실)과 유사한 의미로 받아들여진다. 물론 소셜 네트워크 서비스로 대표되는 라이프로깅이나 다양한 현실을 정교하게 반영하는 거울세계 역시 메타버스의 중요한 영역으로 여겨진다. 하지만, 최근의 초연결 및 초실감 기술 발전은 가상세계-증강현실-라이프로깅-거울세계의 구분을 허물고 있으며 가상과 실제를 아우르는 여러 층위의 복합적 세계를 만들어 내고 있다. 물론 세계를 연결하기 위한 기술적 노력은 이미 오랜 역사를 가지고 있다. 인터넷은 전 세계의 지식에 언제든 접속할 수 있도록 만들어 주었고, 스마트폰은 이동하면서 인터넷에 접근할 수 있는 도구를 제공한다. 인터넷과 스마트폰은 정보가 있는 곳에 언제든 다가갈 수 있는 능력을 우리에게 주었으며 어디에서든 다른 사람과 교류할 수 있는 통로를 제공해 주었다. 한편 바깥으로의 연결을 추구해온 인터넷·스마트폰과 달리 메타버스는 세계를 나에게 끌어 모은다. 물론 나의 아바타는 전 지구를 여행하고, 우주공간을 유영하거나, 아무도 가보지 못한 전혀 새로운 가상의 공간을 탐험할 수 있다. 그러나 그 모든 경험은 물리적인 내가 위치한 이곳, 나의 눈과 손앞으로 끌어당겨지며 우리는 모든 지각-운동 능력을 동원하여 메타버스에 접속한다.

XR을 중심으로 한 메타버스의 핵심은 현전(presence)의 경험을 제공한다는 점이다. 원격현전이라고도 불리는 이 경험은 우리의 자아를 확대하고 경우에 따라서는 새로운 페르소나를 가지도록 허용한다. XR 장치를 통해 제공되는 실감 넘치는 감각 자극은 우리의 지각-운동 체계에서 일어나는 정보의 흐름과 결합하여 우리를 그 자극이 발생한 그곳으로 인도한다. 이 곳에서는 나를 중심으로 한 감각경험과 운동경험이 모두 구현될 수 있으며, 그 결과 신체를 중심으로 한 지각-운동 경험에 토대를 둔 완전히 새로운 경험을 가지게 된다.

가상현실을 위한 헤드마운트 디스플레이(head mounted display)를 통해 우리는 부분적이나마 새로운 경험을 가질 수 있다. HMD는 사용자로 하여금 3차원 공간을 보는 것과 같은 시각적 경험을 가지도록 한다. TV나 모니터와 같은 보통의 디스플레이와 달리 HMD는 머리의 움직임에 맞춰 화면에 표시되는 영상을 변화시킬 수 있다. 예를 들어, 나의 머리의 움직임에 맞춰 회전하는 카메라가 콘서트 홀 무대 앞에 설치되어 있고, 카메라에서 촬영된 영상이 실시간으로 내 눈 앞의 화면에 중계되는 장면을 상상해 보자. 내가 머리를 오른쪽으로 돌리면 카메라도 오른쪽으로 돌아가는 것인데, 이런 장치를 통해 나는 콘서트 홀 무대 앞에 서서 공연을 감상하는 것과 같은 경험을 가지게 된다. 이런 방식의 시각정보 제공은 사용자로 하여금 일상적인 상황에서와 동일한 방식의 시각경험을 가지도록 하며, 자신이 화면에 보이는 그 세계 속에 위치하고 있다는 착각을 불러일으킨다. 여기에서 중요한 것은 나의 움직임에 맞춰 눈에 보이는 화면이 변화한다는 것이다. 이런 기능이 충분히 구현되지 않았던 초기의 HMD 사용자들은 원격 현전의 느낌을 가질 수 없었다. 최근 개발되고 있는 다중감각 제공 장치들은 가상공간에 대한 원격 현전을 더욱 강력하게 제공한다. 앞서 설명한 HMD에 관한 설명은 나의 몸 움직임에 따른 시각적 입력의 동조된 변화에 한정된 것임에 반해, 새롭게 도입되고 있는 다중감각 장치들은 청각과 촉각을 포함한 보다 풍부한 감각적 경험을 제공한다. HMD를 통해 제공되는 시각 경험의 내용과 동조된 청각 및 촉각적 경험의 제공은 사용자에게 더 깊은 몰입감을 가지도록 한다. 예를 들어 눈밭을 걸어가는 장면에서 나의 발 움직임에 맞춰 눈 밟는 소리를 들려주고 신발에 부착된 진동 장치로 눈을 밟는 것과 같은 촉각적 경험을 제공할 수 있다. 자신의 동작에 의해 나타나는 감각적 피드백은 사용자로 하여금 지각-운동 경험의 일관성을 확보할 수 있도록 도와주며 그 결과 사용자는 강화된 현전을 경험하게 된다.

앞서 살펴본 내용은 XR기술의 작동원리에 관한 기초적인 설명을 제공한다. 초고해상도의 디스플레이와 초고정밀의 로봇기술을 이용한 가상시뮬레이터 등 여기에서 다루지 않은 새로운 기술들이 계속해서 나타나고 있으며 향후 XR기술의 발전 방향은 실제현실과 동일한 경험의 재창조를 위한 노력에 집중될 것으로 예상된다. 이러한 흐름 위에서 일반인과 대부분의 연구자들에게 받아들여지는 메타버스의 이미지는 실제현실을 그대로 옮겨놓은 실감나는 가상현실이다. 현재 논의되고 있는 많은 메타버스 서비스들은 가상공간에서 나의 아바타를 조종하거나 이동시킴으로서 가상공간의 타인들과 교류한다. 아바타 조종의 정밀함이나 가상환경의 정교함 등은 서비스마다 차이가 있지만, 기술적 제약이 극복된다면 대부분의 서비스들이 완전한 가상세계 몰입을 제공하는데 문제가 없을 것으로 예측된다.

가까운 미래에 가상-실재를 구분하기 어려운 완전한 메타버스가 구현된다면 인류는 메타버스의 세계로 이주할 수 있을 것인가? 만약 현실과 동일한 모든 경험이 가능한 메타버스를 완성한 후 그 안으로 들어갈 것을 요구받는다면 우리는 기꺼이 그 선택을 받아들일 것인가? 이런 상황은 마치 영화 매트릭스의 주인공에게 주어졌던 선택지와 유사하게 느껴진다. 현재까지의 기술 발전 추세와 향후 흐름 등을 고려할 때 위 질문에 관한 필자의 잠정적인 입장은 부정적이다. 우선 현재의 기술 수준 그리고 향후 상당기간의 발전 예측을 고려하더라도 현실과 구분이 불가능한 수준의 초실감 경험은 실현이 어려워보인다. 메타버스로의 이주에 관한 질문과 그에 대한 개인의 판단은 분명 유의미한 것이겠으나, 그 질문이 가능하기 위한 전제조건을 마련하는 것이 상당히 어려워 보인다는 것이다. 본 고의 초반부에 논의한 것과 같이 인간의 사고 체계는 지각-운동 체계에 매우 의존적이다. 단일 감각 자극의 제공이라는 측면에서 최근의 초고해상도 디스플레이, 고정밀 햅틱 글러브 등은 매우 인상적인 발전으로 평가할 수 있다. 하지만 고해상도 정보의 제공만으로는 지각-운동 체계의 관여를 이끌어낼 수 없고, 몸을 통한 세계 경험을 의미 있는 방식으로 조직하기 위한 조건을 충족하지 못한다. 일군의 연구자들은 인간의 뇌신경 활동에 관한 직접적인 개입과 조작을 통해 현실과 동일한 지각-운동 경험의 제공이 가능할 것임을 제안하기도 한다. 인간의 마음에 관한 환원론적 태도를 지지하는 입장에서 이러한 뇌신경 활동 조절을 통한 접근은 상당히 타당한 것으로 보인다. 하지만, 이 역시 그 구체적 실현, 현실세계로의 적용이 가능한 시점을 생각해본다면 당분간 실현되기 어려운 제안으로 판단된다.

초실감의 감각적 경험과 원격현전의 완성을 추구하는 XR기술만으로 가까운 미래에 충분한 지각-운동 경험과 그에 기초한 세계 경험을 제공해 줄 수 없다면, 메타버스는 어느 방향으로 나아가야 하는가? 첫 번째 대안은 가상-실제 구분이 없는 완벽한 XR을 구현하는 노력을 지속하는 방법이다. 지금까지의 많은 기술개발 노력의 연장선에서 나를 중심으로 한 감각경험과 운동경험이 모두 구현되며 원격현전과 다중체화가 가능해지는 기술적으로 완벽한 가상 및 증강현실 세계를 구축하는 것이다. 실제현실과 가상세계에서 발생하는 데이터를 저장하고, 정교하게 시뮬레이션 할 수 있는 정보처리능력은 매우 빠른 속도로 발전하고 있으며 가상세계와 실제세계를 부드럽게 연결할 수 있는 장치들의 개선도 시시각각 이루어지고 있다는 점을 고려하면 먼 미래에 XR기술을 통한 완벽한 메타버스의 실현이 불가능한 것만은 아닐 것이다. 두 번째 조금 더 현실적인 대안은 현재의 기술 수준에서 충분히 가능한 지각-운동 경험의 활용을 높이는 방안이다. 여기에는 제한된 기술적 환경에서 신체 소유감과 에이전트 감각을 높여주기 위한 몇 가지 인지신경과학적 고려가 포함될 수 있다. 다음 절에서는 조금 더 현실적인 대안에 관한 소개에 앞서 신체 소유감과 에이전트 감각에 관해 잠시 살펴보도록 하겠다.

고무손 착각(Rubber hand illusion) 사례[4]는 기술적 제약에도 불구하고 우리의 인식 수준에서 새로운 세계 경험이 가능함을 보여주는 좋은 예시이다. 널리 알려진 이 실험의 전형적인 모습은 다음과 같다. 연구참여자는 테이블 위에 양 손을 올려놓는다. 참여자의 왼쪽 가슴 앞에 설치된 가림막은 참여자가 자신의 왼손을 직접 볼 수 없도록 차단한다. 다음으로 실험자는 테이블위에 고무로 만들어진 마네킹 손을 올려놓는다. 이 손은 가림막 안쪽에 위치하므로 참여자는 마네킹

---

4   Costantini, M., & Haggard, P., "The rubber hand illusion: sensitivity and reference frame for body ownership", *Consciousness and cognition*, 16(2), 2007, pp. 229-240.

손을 직접 관찰할 수 있다. 본격적인 실험은 실험자가 고무손과 참여자의 왼손을 부드러운 붓을 이용하여 동시에 자극하면서 시작된다. 실험자가 양손에 붓을 들고 참여자의 왼손등과 마네킹의 손등을 동시에 쓰다듬는 장면을 상상해보자. 실험이 시작된 후 몇 번의 터치만으로 참여자는 눈에 보이는 마네킹 손이 마치 자신의 왼손인 것처럼 느끼기 시작한다. 충분한 착각의 유도가 이루어진 후 실험자는 갑작스럽게 망치를 들어 마네킹 손을 내려치며 실험은 종료된다. 참여자들의 왼손은 가림막 뒤에 안전하게 위치해있음에도 불구하고 황급히 피하는 반응을 보인다. 참여자들이 경험한 고무손 착각의 핵심적인 원리는 시각적으로 주어진 자극과 촉각적으로 주어진 자극 사이의 시간적 일관성이다. 참여자들은 마네킹 손을 붓으로 쓰다듬는 것을 관찰하는 동안 자신의 왼손에 가해지는 동일한 종류의 촉각적 자극을 지각하며, 시각적으로 확인되는 고무손에서 마치 촉각자극이 느껴지는 것과 같은 경험을 하게 된다. 여러 버전의 실험들을 통해 두 개의 붓이 시간적으로 동조화 되어 자극을 제공했는지 여부가 고무손에 대한 신체 소유감(body-ownership) 발생의 중요한 요인이 된다는 것이 알려졌으며, 인간의 지각 체계는 주어진 자극들을 통해 파악된 상관관계를 중요하게 고려하며 이를 토대로 세계에 대한 모델을 형성한다는 주장의 주요한 근거가 되었다.

　새로운 세계 경험에 관련된 또 다른 사례로 행위주체감(sense of agency)의 유도와 상실에 관한 실험 역시 살펴볼 만하다.[5] 행위주체감

5　Haggard, P., "Sense of agency in the human brain", *Nature Reviews Neuroscience*, *18*(4), 2017, pp. 196 – 207.

은 자신의 행위를 스스로 통제하고 있다는 주관적 느낌을 의미하며, 그 행위로 인해 나타나는 외부 사건 역시 자신이 일으킨 것이라고 생각하는 일종의 믿음이다. 전형적인 행위주체감 실험은 다음과 같이 이루어진다. 연구참여자는 가림막 아래에 자신의 손을 위치시킨다. 참여자의 손 움직임은 가림막 아래에 설치된 비디오 카메라에 의해 촬영되며 모니터를 통해 손의 움직임을 관찰할 수 있다. 참여자는 모니터에 표시된 손이 자신의 것이라고 느끼는지 보고하도록 요구받는다. 이 실험에서 중요한 조작은 연구참여자의 모니터에 표시되는 영상과 관련된다. 연구참여자는 화면에 표시된 손이 자신의 것이라고 믿고 있지만, 사실은 다른 공간에 위치한 실험자가 흉내 내고 있는 손동작의 영상을 보게 된다. 통제 조건에서 실험자는 참여자의 손동작과 동일한 움직임을 보여주지만, 조작된 실험 조건에서는 참여자의 손동작과 다른 움직임을 취하게 된다. 그 결과 연구참여자는 어떤 경우에는 자신의 손동작과 동일한 손 움직임 영상을 보게 되고, 또 다른 경우에는 자신의 손동작과 차이가 있는 손 움직임 영상을 보게 된다. 연구결과 참여자들은 극단적으로 다른 움직임이 나타나는 경우를 제외하고 대부분의 상황에서 화면에 보이는 손이 자신의 것이라고 느끼는 것으로 보고하였다. 이런 현상은 우리의 상식에 어긋나는 것처럼 보인다. 실험자가 아무리 정확하게 참여자의 손동작을 모방했다고 하더라도 거기에는 분명한 차이가 존재할 것이고, 참여자는 그런 차이를 알아챌 수 있어야만 할 것 같기 때문이다. 참여자들은 왜 이런 반응을 보이게 된 것일까? 관련된 연구들에서는 참여자들이 화면에 보이는 것이 자신의 손일 것이라는 믿음을 가지고 있었고 그 결과 인지적인 편향을 형성한 상태로 판단을 수행하였기 때문이며, 자신이 최초에 의도한 행위의 대략적인 결과물이 성취되었다면 해당 사건에 대해 행위주체감을 형성할 수 있게 된다고 설명한다. 즉 행위주체감의 발생에 기여하는 것은 세부적인 신체 동작과 그에 대한 정교한 피드백의 매칭이 아니라, 대략적인 의도의 성취 여부가 된다는 것이다.

앞서 살펴본 고전적인 고무손 착각의 사례와 행위주체감 형성의 사례는 인간의 세계 및 자신의 신체에 대한 인식이 어떤 과정을 통해 형성되는지를 보여준다는 점에서 XR기술 중심의 메타버스가 나아가야 할 방향을 보여준다. 앞서 여러 차례 논의한 바와 같이 인간의 세계에 대한 인식은 지각-운동 경험을 통한 조직화를 통해 이루어진다. 우리는 자신의 몸과 세계에 관한 다양한 지각-운동 탐색을 통하여 여러 차원의 감각, 지각, 인지적 자료들을 축적하며 그 안에서 일관성 있는 구조를 발견한다. 고무손 착각 실험과 행위주체감 실험에서 알 수 있듯 신체를 통한 지각-운동 순환 구조는 자신의 신체와 세계에 관한 풍부한 경험을 제공해 주는 중요한 도구이다. 여기에서 흥미로운 것은 그 과정에 적절한 조작이 가해진다면 실제 벌어지고 있는 물리적 현상과는 전혀 다른 내용의 인식이 가능하다는 점이다. 지각-운동적 일관성만 유지된다면 우리는 마네킹 손을 나의 손인 것처럼 인식할 수 있고, 타인의 동작을 나의 동작인 것처럼 믿을 수 있다. 가상현실 환경에서의 몰입감에 관한 여러 연구들에서 신체소유감과 행위주체감은 몰입 경험을 위한 중요한 요인으로 제시하고 있다는 점은 현재의 메타버스 개발 방향에 큰 시사점을 준다.

메타버스는 사용자에게 확장된 현실 경험을 제공하는 새로운 환경이 되어야 한다. 사용자가 처한 현실의 확장은 여러 종류의 XR기술을 통해 구현될 수 있으나, 초실감의 감각자극을 제공하는 것만으로는 분명한 한계에 부딪힐 수밖에 없다. 본 고에서 지속적으로 제안하는 바와 같이 인간의 경험은 지각-운동 체계를 통한 세계와의 교류를 통해 형성된다. 메타버스 역시 인간이 경험을 쌓아갈 수 있는 체험의 장이 되어야 하며, 인간에게 유의미하고 지속적인 참여가 가능한 경험 세계로 만들어져 가야 할 것이다. 현 시점의 기술 수준에서 추구되어야 할 메타버스의 새로운 세계 경험은 인간의 경험 형성 메커니즘을 고려한 형태로 구축되어야 할 것이다.

3. 메타버스를 위한 투명한 몸 인터페이스의 제안

나의 몸은 메타버스에서 주어지는 무제한적 경험의 주체이며 중심이고 기준이다. 메타버스라는 새로운 환경이 주는 경험을 겪어 내기 위해 우리는 몸이 필요하다. 몸을 통한 지각-운동적 체험은 우리의 몸을 기준으로 삼아 축적되며 세계와 타인에 관한 모델을 정립하는데 사용된다. 이 절에서는 "나의 몸"과 그 몸을 인터페이스로 삼는 메타버스 경험에 대한 분석에 기초하여 메타버스 경험 설계를 위한 몇 가지 가이드라인을 제안하고자 한다.

인간-컴퓨터 상호작용 인터페이스 설계에서 "직관성"은 매우 중요한 개념이며, 별다른 의식적 노력 없이 조작할 수 있도록 디자인된 직관적 인터페이스를 개발하기 위해 많은 연구가 수행되고 있다. 문자와 기호, 도형들로 구성된 사용자 경험에서 인터페이스의 직관적 구성은 사용자의 편의를 높이기 위한 매우 중요한 요소이다. 그런데 메타버스 사용자 경험 설계에서는 직관성을 높이는 것이 부수적인 사항이 될 수 있다. 물론 가상 및 증강 세계를 탐색할 때 마주치는 다양한 선택과 조작의 가능성들이 보다 직관적으로 주어질 때 혼란을 줄여 줄 수 있을 것이지만, 메타버스의 원활한 체험을 위해서는 시각화의 직관성보다 더 중요한 다른 것이 필요하다. 앞서 강조해왔던 것과 같이 메타버스에서의 인간 경험은 몸의 작동방식에 깊게 의존한다. 따라서 메타버스를 성공적으로 경험하기 위해서는 몸의 작동방식에 관련된 새로운 인터페이스 기준이 필요하다. 관련하여 앤디 클락은 '투명한 기술(transparent technologies)'이라는 용어를 제시한 바 있다.[6] 그의 언급에 따르면 투명한 기술이란 사용하는 과정에서 눈에 보이지 않는 기술을 의미하며, 특히 우리의 의식이 그 기술을 사용하는 데 동원되지 않거나 매우 적은 정도만 개입하는 경우에 기술의 투명성이 나타난 것으로 판단한다. 투명한 기술의 반대 개념으로 불투명한 기술이 있는데, 이는 사용하는 과정에서 지속적으로 많은 정도의 주의를 요구하는 기술들을 의미한다.

보다 향상된 경험의 제공을 위해 메타버스에서의 인터페이스는 직관적인 것 보다는 투명한 것이어야 한다. 인터페이스가 투명하다는 것은 나와 환경이 아무런 장벽도 느껴지지 않는 방식으로 연결될 수 있다는 것을 뜻한다. 예를 들어, 화상회의는 다른 사람과의 연결을 만들어 주는 불투명한 인터페이스이다. 이것은 어쩌면 다소 상대적인 정도의 차이일 수 있지만, 타인과 교류하기 위해 우리는 화상회의 시스템이라는 눈에 보이는 인터페이스를 의식적 노력을 기울여 사용해

---

6   Clark, A., *Natural-Born Cyborgs: Minds, Technologies, and the Future of Human Intelligence*, New York: Oxford University Press, 2003, p. 29.

야만 한다. 만약 내가 대화하고자 하는 사람이 나의 바로 옆에 있다면 어떠한가? 옆자리의 사람과 이루어지는 즉각적이고 자연스러운 대화의 흐름을 상상해 보자. 그 상태는 궁극의 투명한 인터페이스가 완성된 장면이다. 화상회의보다 대면회의가 더 편안하고 투명하게 이루어지는 이유는 내가 "바로 거기에" 있기 때문이다. 화상회의는 서로의 얼굴과 몸짓을 확인할 수 있지만 "바로 거기에" 있지 않으므로 불투명한 교류에 그치고 만다.

앞서 이야기한 화상회의를 원격지에 존재하는 또는 가상세계에만 존재하는 타인 또는 어떤 지능적 존재와 가지는 상황을 상상해보자. 시각적으로 표시된 상대방의 아바타와 음성, 몸짓을 우리는 보고 들을 수 있다. 나의 목소리와 몸짓 역시 상대방에게 전달되며 상호간에 일정 정도의 상호작용이 일어난다. 이제 고정된 시점에서 이루어지는 화상전화에서 조금 더 발전된 형태의 상호작용을 떠올려보자. VR 헤드셋을 착용하고, 가상의 3차원 회의실에서 함께 모여 회의를 진행한다. 나는 고개를 돌려 다른 참석자들을 둘러볼 수 있고, 같은 공간을 점유하고 있다는 강력한 느낌과 내가 여기에 위치하고 있다는 현존감을 가지게 된다. 이러한 경험은 2차원의 화상회의나 휴대전화를 이용한 원격회의와 근본적인 차별성을 가진다. 우리는 내가 그 공간에 실제로 위치하고 있으며, 타인들도 같은 공간에 존재하고 있다는 경험을 가지게 되며, 매우 사회적인 상호작용이 실질적으로 나타난다. 우리는 타인의 몸짓과 표정을 면대면 대화에서와 같은 방식으로 지각하고 해석하며 교류할 수 있다. 같은 공간에 함께 존재함이라는 느낌을 제공함으로써 미래의 화상회의 시스템은 마찰이 없는 투명한 연결을 만들어 낼 수 있다.

XR을 중심으로 구현된 메타버스에서 "바로 거기에" 있기 위해 필요한 것은 현존감 또는 몰입감에 기반한 투명함이다. 미래의 메타버스 인터페이스는 투명함을 가지기 위해 필요한 조건들을 고찰하고, 이를 강화할 수 있는 기술적 발전을 추구해야 한다. 본 고에서는 메타버스 인터페이스의 투명함을 높이는데 기여할 수 있는 몇 가지 조건을 살펴보았으며, 다음과 같이 요약할 수 있다. 메타버스의 경험은 지각-운동적 일관성을 제공하여 사용자가 적응할 수 있도록 디자인 되어야 한다. 이때 메타버스의 감각 및 운동 경험이 실세계 상호작용과 반드시 동일할 필요는 없다. 최소한의 사용자 의도와 그 의도의 실현에 따른 일관성 있는 피드백 정보의 제공이 가능하다면 신체소유감과 행위주체감을 확보할 수 있기 때문이다. 메타버스 내에서의 감각-운동 경험과 지각-운동 싸이클은 일관성이 있어야 하고 낮은 지연시간 내에 구현되어야 하며, 시각, 청각 뿐 아니라 자기수용감각과 촉각, 운동감각의 통합처리를 촉진할 수 있도록 설계되어야 한다. 이러한 몇 가지 조건이 충족된다면, 메타버스의 무한한 가능성은 인간 경험의 확장을 이끌어 내는 새로운 세계로 자리 잡아 갈 수 있을 것이다.

참고문헌

Costantini, M., & Haggard, P., "The rubber hand illusion: sensitivity and reference frame for body ownership", *Consciousness and cognition*, *16*(2), 2007.

Clark, A., *Natural-Born Cyborgs: Minds, Technologies, and the Future of Human Intelligence*, New York: Oxford University Press, 2003.

Haggard, P., "Sense of agency in the human brain", *Nature Reviews Neuroscience, 18*(4), 2017.

Hurley, S. L., *Consciousness in action*, London: Harvard University Press, 1998.

Panico, F., Rossetti, Y. & Trojano, L., "On the mechanisms underlying Prism Adaptation: A review of neuro-imaging and neuro-stimulation studies", *Cortex, 123*, 2020.

Sachse, P., Beermann, U., Martini, M., Maran, T., Domeier, M. & Furtner, M. R. "The world is upside down – The Innsbruck Goggle Experiments of Theodor Erismann (1883–1961) and Ivo Kohler (1915–1985)", *Cortex, 92*, 2017.

3

메타버스 추모 박물관,
가상경험을 현실 속 실천으로

차지민

1. 들어가는 글

현재 추모 박물관은 과거의 사건을 정리, 보존 그리고 전시하는 공간
으로 인식되고 있다. 이처럼 과거의 장소라는 수식어는 추모 박물관
이 전달하려는 내용과 메시지를 현재와는 관련 없는 것으로 치부하
도록 하는 것은 물론 전시내용을 일종의 오락적 구경거리로 소비하
도록 한다. 이와 같이 추모 박물관이 전시하는 내용이 현실과는 상관
없는 과거의 일로 이해되는 현상은 과거 발생한 인권탄압이 현재에
는 존재하지 않는 듯한 착각을 불러일으킨다. 그렇다면 현재 추모 박
물관의 오락적 소비 그리고 현재와의 단절을 해결하기 위해서는 어
떠한 노력이 요구될까?

추모 박물관은 단절과 "붕괴(implosion)"[1]라는 두 가지 모순적인 요소를 내재하고 있다. 과거 사건을 전시하는 박물관은 과거가 충격적인 구경거리(spectacle) 즉, 영화나 소설, 게임과 같은 오락적인 홍밋거리로 경험됨으로써 현실과의 단절을 초래하고, 이로 인해 과거에 머물러있는 장소로 인식됨으로써 현재와의 단절을 촉발한다. 이와 같은 추모 박물관 속 단절은 흥미롭게도 두 가지 "붕괴"를 발생시킨다. 과거의 사건을 실감 나게 재연하기 위해 이뤄지는 진짜(원본)와 가짜(복제품)가 "붕괴"하는 전시형식은 이 둘의 경계를 모호하게 만들 뿐만 아니라 박물관이 속한 현대사회에 만연한 소비가 박물관 안으로 "붕괴"함으로써 추모가 즐겁게 소비되도록 한다. 이러한 박물관 속 단절과 "붕괴"의 문제점은 박물관이 전달하려는 교훈을 퇴색시키고 박물관을 현실과는 관련이 없는 박제된 수장고처럼 규정하도록 한다는 데 있다. 이처럼 현재 그리고 현실과 상관없는 과거의 공간으로 추모 박물관이 인식되는 현상을 바로잡기 위해 본 고는 시공간을 연결성(continuum)으로 이해하는 메타버스(metaverse)를 통해 박물관 속 단절과 "붕괴"를 회복시킴으로써 박물관을 읽는 대안적 시각을 제시하고자 한다.

---

1   Jean Baudrillard, *Simulacra and simulation*, Ann Arbor: University of Michigan Press, p. 31, 1994.

2. 추모 박물관과 단절

1) 재구성의 공간

에니스(Sheldon Annis)는 박물관을 전시를 위해 사료들이 새롭게 정리된 일종의 "문화적인 창고(cultural warehouse)" 그리고 무대와 같다고 정의한다.[2] 따라서 그는 박물관 속 전시품들은 큐레이터와 역사학자들에 의해 새로운 의미를 얻게 된다고 주장한다. 박물관에 대해 에니스와 비슷한 주장을 펼치는 루크(Timothy W. Luke)는 박물관이 새로운 현실을 창조하고 의미를 생산해내는 재구성된 재연(representation)의 공간이라고 주장한다.[3] 따라서 그에게 박물관이란 역사적 사실 그리고 의미들이 박물관 큐레이터들에 의해 재탄생되는 공간이다. 알마다(Bernard J. Armada)는 박물관에 대한 또 다른 주장을 제안한다.

알마다는 박물관의 목적과 의도에 순응해야 하는 큐레이터가 전시를 완전히 객관적으로 계획하기보다는 박물관이 선호하는 과거에 대한 특정 해석 방향, 의도 그리고 목적에 부합하게 전시를 기획하고 진행할 수밖에 없다는 점을 지적한다.[4] 또한, 그는 박물관이 추구하는 가치에 부합하는 전시 내러티브를 생산해내야 하는 큐레이터는 과거를 있는 그대로 보여주기보다 박물관의 시각과 일치하는 방향으로

---

2   Sheldon Annis, "The museum as a staging ground for symbolic action", *Museum International*, 38, 3, p. 168, January 01, 1986.

3   Timothy W. Luke, *Museum politics: Power plays at the exhibition*, Minneapolis: University of Minnesota Press, 2002.

4   Bernard J. Armada, "Memorial agon: An interpretive tour of the National Civil", *Southern Communication Journal*, 63, 3, p. 236, March 01, 1998.

전시를 전개시킬 수밖에 없다고 주장한다. 에니스는 큐레이터의 역할 중 또 한 가지 중요한 부분을 언급한다. 그는 큐레이터가 박물관 방문자들에게 전시품들이 과거를 정당하고 객관적으로 보여주는 진품 증거라는 확신을 주는 역할을 한다고 해석한다. 즉, 박물관 전시는 원본과 복제품이 혼재되어 재구성되었음에도 전시품의 원본성 혹은 진실성(authenticity)을 강조함으로써 박물관이 내세우는 역사해석에 대한 신빙성 혹은 객관성을 높이려는 노력을 기울인다는 것이다. 다시 말해, 그는 큐레이터들이 어떠한 물건들을 전시에 포함하고 제외할지를 선별하는 과정을 통해 특정 전시품에 타당성을 부여함으로써 박물관이 원하는 과거 해석에 힘을 실어주어 방문객들이 전시가 보여주는 상황이 진정한 과거라는 확신이 들도록 설득한다고 지적한다. 따라서 박물관이 제시하는 역사는 큐레이션을 통해 재구성된 것임에도 불구하고 방문객들은 전시가 진실 혹은 사실이라고 믿게 된다. 그렇다면 이러한 현상에 부정적인 측면은 없는 것일까?

레논과 폴리(John Lennon & Malcolm Foley)는 에니스가 언급한 부분, 즉 방문객들이 박물관 속 전시를 과거에 일어난 사실로 비판 없이 받아들이는 것에 어떠한 위험이 존재하는지를 논의한다. 그들은 방문객들이 박물관 전시 혹은 박물관의 과거에 대한 해석을 무비판적으로 수용하는 태도는 특정 그룹이 선호하는 역사해석에 손을 들어줌으로써 진정한 사실에서 그만큼 멀어지도록 한다고 지적한다. 또한, 이러한 현상은 역사를 혼란스럽게 만들 뿐만 아니라 전시가 재구성한 과거를 마치 일종의 흉내 내기 혹은 모방(simulation)으로 전락하도록 만든다고 주장한다.[5] 다시 말해, 그들은 박물관이 재구성한 과거를 방문객들이 재연된 과거로 이해하기보다 있는 그대로의 진실로 받아들일 수 있다는 사실을 염려한다. 박물관 학자 영(James Young) 역시 박물관이 객관적인 진실이라고 믿게끔 하려는 전시는 특정 의도를 갖고 재구성되고 재생산된 과거라는 사실을 명심해야 한다고 강조한다.[6] 그렇다면 박물관에서 방문객들이 전시내용을 사실로 받아들이도록 하는 요소는 무엇일까?

2) 감정의 공간

추모 박물관은 과거에 발생한 사건을 복제와 재연을 통해 방문객들에게 소개하고 교육하는 공간이다. 그중에서도 홀로코스트 박물관은 전 세계에 존재하는 추모 박물관의 기틀을 제공한 대표적인 박물관이다. 홀로코스트 박물관에서 과거는 크게 두 가지 방식으로 전시된다. 첫째, 당시 사건을 상징적으로 보여주는 나치수용소의 실물 재연과 둘째, 감정에 호소하는 희생자들의 사진 혹은 소장품들이 그것이다. 따라서 홀로코스트 박물관을 대표하는 전시는 나치수용소 입구의 간판, 유대인들이 수용소로 타고 온 기차, 수용소 내부의 모습, 희생자, 생존자 그리고 그들의 가족들이 기부한 사진, 수많은 희생자를 상징하기 위해 산더미처럼 쌓아놓은 서류 가방, 안경 등과 같은 개인용품들 외에도 복제품들이 혼재되어 구성된다.(그림1~3) 이처럼 실제 수

5   John Lennon & Malcolm Foley, "Interpretation of the Unimaginable: The U.S. Holocaust Memorial Museum, Washington, D.C., and 'Dark Tourism'", *Journal of Travel Research*, 38, 1, p. 49, August 01, 1999.

6   James Young & Mazal Holocaust Collection, *The texture of memory: Holocaust memorials and meaning*, New Haven: Yale University Press, p. 2, 1993.

그림1 나치수용소 입구의 간판[7]

그림3 희생자들의 가족사진[9]

그림2 나치수용소 내부의 모습[8]

---

7   Photo archives, United States Holocaust Memorial Museum Archives, Washington, DC.

8   Photo archives, United States Holocaust Memorial Museum Archives, Washington, DC.

9   Photo archives, United States Holocaust Memorial Museum Archives, Washington, DC.

용소의 모습을 전시장에 재연함으로써 박물관은 방문자들에게 마치 당시 상황을 직접 경험하고 있는듯한 착각을 불러일으킨다. 그러나 이러한 전시 요소에 비판적인 목소리도 적지 않다.

브렌헴(Joan Branham)은 추모 박물관이 나치수용소를 일종의 연극 무대처럼 연출함으로써 홀로코스트라는 비극적인 사건의 무게를 가볍게 만들었다고 주장한다.[10] 그중에서도 저자는 워싱턴 디시의 홀로코스트 박물관(United States Holocaust Memorial Museum)의 나치수용소와 방문객들에게 배포되는 신분증에 대해 논하고자 한다. 박물관은 나치수용소와 유대인들이 타고 온 열차의 모습을 그대로 재연함으로써 당시 상황을 완벽하게 재구성하여 더욱 견고한 현장감을 주는 가상현실(virtual reality)을 완성한다. 이러한 장치를 통해 방문객들은 당시 유대인 희생자가 되어 전시 공간을 실감나게 경험할 수 있게 된다. 즉, 홀로코스트 박물관은 나치수용소의 모습을 재연하는 복제품들을 마치 연극무대의 미장센(mise-en-scène)처럼 사용하고 있는데, 이러한 관점에서 전시 속 희생자들은 연극의 주연 혹은 조연이, 방문객들은 주인공인 동시에 관객으로 해석될 수 있다. 또 다른 요소는 전시실 입구에 비치된 희생자의 인적사항이 적힌 여권 혹은 신분증을 꼽을 수 있다.[11] (그림4)

레논과 폴리는 방문객들에게 현실과 가상의 간극을 좁히는 이 신

---

10 Joan Branham, "Mapping Tragedy in the US Holocaust Memorial Museum", *Architectural Design*, Vol. 70 Issue 5, p. 55, 2000.

11 희생자의 사진과 함께 간략한 인적사항(이름, 나이, 성별, 직업 등)이 적힌 이 신분증은 얇은 책자 두께 정도로 마지막 부분은 희생자가 생존하였는지를 알려준다.

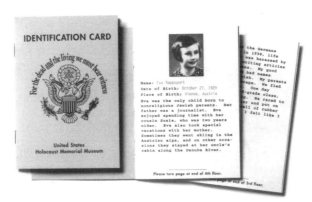

그림4 홀로코스트 박물관 신분증[12]

분증의 역할을 결코 가볍게 여겨서는 안 된다고 경고한다.[13] 이들의 비판에는 홀로코스트 당시 유대인들이 자신들의 신분을 속이기 위해 가짜 신분증을 얻으려 처절하게 싸워야 했다는 역사적 배경이 있다. 따라서 레논과 폴리는 박물관이 유대인의 신분증을 방문객의 경험을 위해 이용하고 있다고 비판한다. 이처럼 방문객들을 희생자들에게 이입하도록 하는 현상은 마치 영화, 드라마 혹은 비디오 게임을 할 때 주인공의 상황과 자신을 일치시키는 행위와 비슷한 형식을 취하는데, 이는 박물관의 전시가 촉발하는 감정에 의해 가능해진다.

희생자들의 시체를 홀로코스트 박물관 전시에 포함하는 것에 대해 우호적 시각을 갖는 학자 중 한 명인 비젤티어(Leon Wieseltier)는 인간

12　Photo archives, United States Holocaust Memorial Museum Archives, Washington, DC.

13　John Lennon & Malcolm Foley, "Interpretation of the Unimaginable: The U.S. Holocaust Memorial Museum, Washington, D.C., and 'Dark Tourism'", p. 49.

의 시체만이 전달할 수 있는 인류 공통의 "소름끼치는 감정"이 있다고 주장한다.[14] 미국 워싱턴 디씨에 있는 홀로코스트 박물관을 건축한 프리드(James Ingo Freed)도 비젤티어와 유사한 시각을 공유한다. 그는 박물관을 설계할 때 감정적으로 매우 강렬한 공간이 되도록 의도한 배경에는 "홀로코스트를 이성적으로는 이해할 수 없다고 판단"하여 방문객이 "머리보다는 가슴으로" 느끼도록 하기 위해서였다고 설명한다.[15] 하지만 홀로코스트에서 희생당한 이들의 참혹한 모습이 빠져서는 안 되는 무척 필수적인 전시 요소임에도 불구하고 이러한 이미지를 전시에 도입할 때 신중해야 할 부분이 있다. 그 이유는 루크가 주장하듯이 방문객들에게는 희생자들의 모습이 가벼운 구경거리가 되거나 가짜같이 받아들여질 수 있기 때문이다. 이럴 경우, 홀로코스트라는 참변이 단순히 충격적 구경거리로 치부될 여지가 있을 뿐만 아니라 지금까지 지속되고 있는 희생자들과 생존자들의 상처 그리고 현재까지 남아있는 유대인에 대한 편견과 차별을 간과하도록 할 수 있기 때문이다. 또한, 방문객들이 당시 사건을 이성적으로 이해하기보다 지나치게 감정에 의존하도록 하는 경험의 문제점은 방문객들에게 일시적인 충격을 주어 전시를 흥밋거리로 소비하도록 할 가능성이 있다는 사실이다. 다시 말해, 전시 속 참혹한 희생자들의 모습이 방문자들에게 단순한 충격적인 구경거리로 인식되어 그 순간 휘발해

---

14 Leon Wieseltier, "AFTER MEMORY", *New Republic*, 208, 18, p. 26, May 03, 1993.

15 James Ingo Freed, "The United States Holocaust Memorial Museum — A Dialogue with Memory", *Curator: the Museum Journal*, 38, 2, p. 100, June 01, 1995.

버리는 경험이 될 수 있다는 점이 염려스럽다.[16] 그렇다면 추모 박물관이 가볍게 소비되는 원인은 무엇일까? 이를 위해서는 박물관이 속한 사회에 대해 살펴볼 필요가 있다.

3. 추모 박물관과 "붕괴"

1) 시뮬레이션과 고도현실의 공간

쟝 보드리야르(Jean Baudrillard)의 시뮬라크럼(Simulacrum)과 고도현실성(Hyperreality)에 관한 분석은 추모 박물관을 이해하는데 확장된 시각을 제공한다. 시뮬라크럼에 대해 그는 재연은 "사인(sign)과 진실이 동일하다는 원칙"을 갖는 반면, 모방은 "사인의 가치를 근본적으로 부정하는 데서 시작"해 "진정성 있는 현실(profound reality)"을 감출 뿐만 아니라 "진정성 있는 현실의 부재" 역시 숨겨버린다고 해석한다.[17] 추모 박물관의 전시는 재연과 모방에 의해 완성된다. 다시 말해, 박물관은 과거 사건의 "사인"인 전시품들을 통해 진실을 탄생시킴으로써 결과적으로 방문객들이 전시를 진실로 경험하도록 한다. 또한, 한 걸음 더 나아가자면, 박물관은 모방을 통해 방문자들이 지금까지 계속되고 있는 인권문제("진정성 있는 현실")에 대한 언급의 "부재"를

---

16 또한, 이러한 충격적인 경험이 그 자체로 방문객들에게 박물관에 온 보상을 제공할 위험도 도사리고 있다. Philip Gourevitch, "Behold now behemoth", *Harper's Magazine*, 287, 1718, p. 61, July 01, 1993.

17 Jean Baudrillard, *Simulacra and simulation*, p. 6.

본의 아니게 보지 못하도록 한다. 이처럼 "현실과는 그 어떠한 상관관계도 맺고 있지 않은" 모방은 "자체적으로 순수한 시뮬라크럼(pure simulacrum)"으로 "모방이 더 이상 모방이 아닌 거대한 시뮬라크럼 (gigantic simulacrum)"[18]이 됨으로써 이는 "전체적인 시스템을 무의미하게(weightless) 만들어"버린다고 보드리야르는 분석한다.[19] 즉, 추모 박물관이 과거의 재연을 위해 탄생시키는 시뮬라크럼은 의도치 않게 박물관이라는 "전체적인 시스템을 무의미하게 만들어"버리는 셈이다. 이로써 시뮬라크럼이란 "현실의 대역(operational double)"[20]이 현실을 대체해 버리는 현상을 의미한다. 흥미롭게도 전시라는 "현실의 대역"을 통해 과거 사건(진실)을 보여주는 추모 박물관은 방문자들이 이를 "대역"이라고 인식하지 못하거나 상관하지 않는 장소이기도 하다. 이처럼 "대역"과 현실의 경계가 모호해지는 현상을 보드리야르는 고도현실성이라는 개념을 통해 소개한다.

보드리야르는 리얼리티 TV쇼를 예로 고도현실성을 설명하는데, 그에 따르면 리얼리티 쇼는 시청자들이 마치 TV라는 매개체 없이 그들이 직접 "현장에 있는 듯"[21] 착각하게 할 뿐만 아니라 "현장" 역시 모방이 아닌 "진정성 있는 현실"인 것처럼 시청자들이 쇼의 "진정성" 혹은 진실성을 의심하지 않도록 설득한다. 이러한 리얼리티 쇼의 속성과 영향은 추모 박물관에서는 조금 더 과감하고 적극적으로 발생한

---

18 Ibid., p. 6.

19 Ibid., p. 5.

20 Jean Baudrillard, *Simulacra and simulation*, p. 2.

21 Ibid., p. 28.

다. 추모 박물관의 경우, 과거("현장")는 큐레이터 그리고 역사학자 등과 같은 매개체(TV) 없이 과거를 그대로 전달하는 듯 보이지만, 고도현실성이 극대화된 가상현실의 전시 공간은 방문자들이 마치 당시 희생자인 듯 과거를 경험하도록 함으로써 "현장에 있는 듯"한 착각이 들도록 철저히 계획된 무대이다.[22] 따라서 추모 박물관에서 보여주는 현실은 진짜가 아닌 "현실의 대역"임에도 방문객들은 전시를 고도현실로 경험함으로써 "진정성 있는 현실"로 받아들이게 되는데, 이러한 현상은 진짜/사실과 가짜/거짓을 구별하는 것을 모호하게 만들어 버림으로써 "현실은 그저 소비 혹은 운영되는"[23] "무의미"한 처지로 만들어 버리게 된다. 이처럼 고도현실성은 현실과 모방의 구분이 허물어지는 시뮬라크럼을 더욱 견고하게 만들어 현실이 "소비 혹은 운영되는 상태"인 "완전한 조작의 공간으로 […] 접어들게"함으로써 "모방에 입성"하도록 하는데,[24] 보드리야르에 따르면 이러한 상황은 "한 축에서 다른 축을 구분하는 선"[25]이 "붕괴"함으로써 발생하게 된다. 다시 말해, 방문객들은 전시실에 발을 들여놓는 순간 진짜와 가짜를 "구분하는 선"이 사라진("붕괴") "완전한 조작의 공간"인 "모방에 입성"하게 되는 것이다. 이처럼 "붕괴"를 통해 방문객들은 "모방에 입성하게 되며, 이는 완전한 조작의 공간으로 […] 접어들게"되는데, 이 순간을 보드리야르는 "현실을 현실의 대역이 대용하는" "모방이 시작되는 지

---

22 Sheldon Annis, "The museum as a staging ground for symbolic action".

23 Jean Baudrillard, *Simulacra and simulation*, p. 2.

24 Ibid., p. 31.

25 Ibid., p. 31.

점"으로 해석한다.[26] 이때 추모 박물관은 아무런 영향력 없이 "소비 혹은 운영되는 상태로 존재하는 데 불과"[27] 할 여지가 있는데, 이러한 배경에는 박물관이 소비사회에 속해 있다는 점과 밀접하게 연관되어 있다.

2) 소비의 공간

현대사회에 팽배한 소비에 주목했던 보드리야르는 현대인들이 사물과 상품이 쏟아내는 메시지, 즉 "소비의 중심에서 일과"[28]를 보낸다고 분석한다. 그에 따르면 소비는 "완전하게 집단적인" 행위며 "집단이 통합되도록 보장하는 구조"로 "도덕성(morality)"[29]을 지니는데, 이러한 해석은 추모 박물관 방문과 닮아있다.

추모 박물관은 과거를 기억함으로써 다시는 과거의 비극이 반복되지 못하도록 하자는 교훈은 물론, 과거를 공개적으로 전시함으로써 상처를 치유하고 이를 통해 사회적인 "통합"을 꾀하려는 목적이 있다.[30] 다시 말해, "가치가 있다고 지정"된 추모 박물관은 대중들의 방

---

26 Ibid., p. 31.

27 Ibid., p. 2.

28 Ibid., p. 34.

29 Jean Baudrillard & Mark Poster, *Selected writings*, Stanford, Calif: Stanford Press, p. 46, 2001.

30 Sheldon Annis, "The museum as a staging ground for symbolic action" ; Bernard J. Armada, "Memorial agon: An interpretive tour of the National Civil" ; Crysler Greig & Kusno Abidin, "Angels in the Temple: The Aesthetic Construction of Citizenship at the United States Holocaust Memorial Museum," *Art Journal New York*-, 56(1), pp. 52~64, January 01, 1997 ; James Young & Mazal Holocaust

문을 유도하고, 방문자들은 박물관이 전달하는 교훈을 소비함으로써 박물관이 함의하는 "가치가 있다"는 "집단적인" "소통의 시스템"을 "생산하는 구조에 얽"[31]히게 되는 셈이다. 이처럼 추모가 소비되는 과정에서 흥미로운 점은 이러한 현상이 "도덕성"을 갖는다는 사실로, 이는 애도의 공간(commemorate)인 추모 박물관을 소비(consume)함으로써 발생할 수 있는 양심의 가책과 같은 심리적 불편함을 경감시켜준다. 그렇다면 추모 박물관은 왜 소비되고 있는 것일까? 이에 대한 논의를 위해서는 보드리야르가 정의하는 현대사회 속 소비의 속성에 대한 이해가 전제되어야 한다.

보드리야르는 현대사회를 살아가는 가는 개인에게 소비는 "모든 것이 시도되어야"[32]하는 강박적인 행위로 간주한다. 그에 따르면 현대인들의 소비는 "즐거운 도덕성(fun morality)"을 갖는 것으로, "그 어떠한 즐거움(pleasure)도 놓칠까 봐" 행해지는 "취향"과 "기호"마저 없는, 지극히 "보편적인 호기심(generalized curiosity)"에 의해 발생하는 소비를 위한 소비이다.[33] 소비에 대한 보드리야르의 시각을 통해 추모 박물관을 바라보면 방문자들은 "즐거움"에 대한 강한 "집착" 때문에 박물관을 방문한다고 이해할 수 있다. 한 걸음 더 나아가서는 "모든 것이 시도되어야"하고 "기쁨 그리고 만족감을 느끼게 하는 그 어떠한 가능성을 모조리 착취해야 한다는 집착"이야말로 추모 박물관

Collection, *The texture of memory: Holocaust memorials and meaning.*

31 Jean Baudrillard & Mark Poster, *Selected writings*, p. 46.

32 Ibid., p. 48.

33 Ibid., pp. 48~49.

을 찾게 하는 원동력이다.³⁴ 이처럼 애도와 소비를 가르는 축이 "붕괴" 하는 현상은 추모 박물관을 "즐거운 도덕성"을 유발하는 장소로 만들 뿐만 아니라 이로 인해 방문 자체를 즐겁게 하는데, 이는 추모 박물관에서 느낀 감정을 소설, 영화 혹은 드라마가 촉발하는 "오락적 애도(recreational grief)"³⁵로 만들어 전시내용을 "무의미"하게 소비하도록 한다. 따라서 현대 소비사회 속 추모 박물관은 과거에 발생한 처참한 대량학살이 즐겁게 소비되는 "즐거운 도덕성"의 장소로 방문자들의 "집착"을 해결해주는 "무의미"한 공간인 셈이다. 다시 말해, 추모 박물관과 소비사회를 나누는 경계의 "붕괴"는 박물관이 전하려는 "두 번 다시는(Never Again)"이라는 교훈을 "무의미"하게 만드는 기능을 한다. 그렇다면 추모 박물관이 "무의미"하게 소비되지 못하도록하기 위해서는 어떠한 노력이 필요할까? 저자는 몰입형 가상환경 기술(Immersive virtual environment technology, IVET)을 바탕으로한 메타버스 추모 박물관에서 그 해답을 찾고자 한다.

4. 추모 박물관과 메타버스

1) 메타버스의 공간

현재 가상 투어(Virtual tour)와 홀로그램을 이용한 전시는 존재하지

---

34 Ibid., p. 49.

35 Patrick West, *Conspicuous compassion: Why sometimes it really is cruel to be kind*, London: Civitas, Institute for the Study of Civil Society, p. 11, 2004.

만 이러한 기술은 몰입과 공감을 요구하는 추모 박물관보다는 과거의 모습을 재연, 복원 혹은 미래모습을 예측하는 경우에 적합하다. 머리 착용 디스플레이(Head-mounted display)를 통해 가상현실에서 듣고, 보고, 느낄 수 있는 체화된 경험(embodied experience)을 가능하도록 하는 IVET를 추모 박물관에 적용하려는 이유는 크게 두 가지이다.

첫째, IVET는 사용자와 가상공간 속 인물의 일체감(oneness) 혹은 상호연결성(interconnectedness)이라는 나와 타인의 결합(self-other merging)을 통해 몰입감을 증폭시킨다.[36] 한 예로, 빨간색과 녹색을 구분하지 못하는 적록색맹인 듯 설계된 IVET를 경험한 실험자들이 실험 후 적록색맹인 사람들뿐만 아니라 모든 시각장애인에 대해 더 우호적으로 태도가 바뀌었을 뿐만 아니라 자발적으로 이들을 돕는데 자신의 시간을 할애하는 행동을 취하였다는 연구 결과가 있다.[37] 즉, 타인과 일치되고 연결성을 느낀 가상 현실 속 경험이 현실에서의 행동으로 이어진 것이다.[38] 이처럼 나와 타인의 결합이 가상을 현실과 연결한다는 사실을 보여준 이 실험이 추모 박물관에 시사하는 바는 무척 크다.[39] IVET가 제공하는 일체감과 연결성은 추모 박물관이 전

---

36 Sun Joo (Grace) Ahn, Amanda Minh Tran Le & Jeremy Bailenson, "The Effect of Embodied Experiences on Self-Other Merging, Attitude, and Helping Behavior", *Media Psychology*, 16(1), p. 9, 2013.

37 Sun Joo (Grace) Ahn, Amanda Minh Tran Le & Jeremy Bailenson, "The Effect of Embodied Experiences on Self-Other Merging, Attitude, and Helping Behavior".

38 이때 타인의 상황이 실험자들에게는 매우 생소하고 낯설었다는 점이 중요하다.

39 타인에 대해 연민(empathy)을 느끼는 것이 이타적인 행동으로 옮겨진다기보다 타인과 나의 정체성이 일치되고 연결될 때, 즉, 타인을 나로 인식하는 나와 타인의 결합을 경험하면 타인을 돕는 행동이 발생한다는 해석이 나온다.

시하는 현재 나의 삶과는 상관없어 보이는 과거의 사건을 나와 연결하는 매우 중요한 연결고리 역할을 할 수 있기 때문이다. 다시 말해, 메타버스 추모 박물관이 과거 사건의 경험은 물론, 현재까지 이어지고 있는 희생자들의 고통 혹은 여전히 반복되고 있는 인권탄압 사례들을 경험하도록 한다면 이용자는 과거를 현재와의 연결 선상에서 바라보게 됨으로써 인권문제를 현재 그리고 현실과 단절되고 동떨어진 것이 아닌 지금 나와 연결된 문제로 이해하도록 설득할 수 있게 되기 때문이다.

둘째, IVET가 제공하는 체화된 경험은 지식과 행동 사이의 괴리(knowledge-to-action gap)를 연결하는 데 효과적이다. 한 예로, IVET를 사용하여 환경문제에 대한 경각심을 일깨워 사람의 행동을 변화시킨 사례가 있다.[40] 환경파괴를 막기 위해 개인의 행동 변화가 절실함을 설득시키는 데 가장 큰 어려움은 바로 지식과 행동 사이의 괴리인데, 그 이유는 환경보호가 중요한 것은 잘 알고 있지만, 며칠 재활용을 하지 않는다고 해서 그 여파가 당장 내일 나타나는 것이 아니기 때문이다. 그런데 한 IVET 실험에서 지식과 행동 사이의 간극을 극복하는 결과가 나왔다. IVET 속 가상 숲에서 실험자는 직접 씨앗을 뿌려 그 씨앗이 아름드리 나무가 될 때까지를 경험하게 되었는데, 이후 실험자들은 현실 속에서 일회용품을 적게 사용하는, 즉 환경문제를 의식한 변화된 행동을 보였다.

---

40 Sun Joo (Grace) Ahn, Jesse Fox, Katherine R. Dale, and J. Adam Avant, "Framing Virtual Experiences: Effects on Environmental Efficacy and Behavior Over Time", *Communication Research*, 42(6), pp. 839~863, 2015.

위에 소개한 실험들은 타인과 나의 결합을 통한 생생한 경험이 실험이 종료된 후 현실 속 실천으로 이어졌음을 보여주었다. 이러한 사례들은 메타버스 추모 박물관에 새로운 관점을 제시한다. 과거의 사건이 메타버스 추모 박물관 안에서 희생자와 나의 결합을 통한 체화된 경험으로 생생하게 체험된다면 기존의 추모 박물관이 전달하고자 하는 지식과 이를 실현하기 위한 행동이 현실 속에서 실천되는, 지식과 행동 사이의 괴리가 봉합되는 결과가 발생할 수 있을 것이기 때문이다. 즉, 몰입도가 높은 메타버스를 추모 박물관에 접목한다면 단순히 게임과 같은 수준의 체험이 아닌 가상경험이 이용자의 사고를 변화시킬 뿐만 아니라 현실 속 실천으로 이어지는 결실을 맺는데 기여할 수 있을 것으로 기대된다.[41] 그렇다면 추모 박물관과 메타버스의 만남은 어떻게 추모 박물관(과거)과 현실(현재)의 연결성을 회복시킬 수 있을까?

2) 연결성의 공간

현재의 추모 박물관이 놓치고 있는 현재와의 연결성 그리고 현실에서의 실천이라는 단절을 매듭 짓기 위해서 메타버스는 박물관에 어떠한 대안을 가져다줄 수 있을까? 이에 대해 저자는 두 가지 시각을 제안하고자 한다.

---

41 메타버스 추모 박물관은 박물관이라는 장소에 익숙한 이들 외의 사람들이 방문하도록 하여 방문자의 폭을 넓힐 수 있을 것으로 기대된다. 또한, 물리적 이동이 불필요한 특성 덕에 접근성이 기존의 박물관에 비해 높아지도록 하는 장점이 있다. 그러나 이때 메타버스에 익숙한 특정 그룹만 이용할 수 있다는 점과 개인정보 유출과 같은 문제가 발생하지 않도록 하는 것이 중요하다.

첫째, 메타버스를 통한 체화된 경험은 추모 박물관이 현재와 단절된 과거의 공간이라는 이분법적인 시간적 한계를 극복하도록 할 것이다. 메타버스는 현실에 존재하는 추모 박물관의 전시가 제공하는 현장감과 희생자와 느낄 수 있는 심리적 밀접함 혹은 친밀감(intimacy)보다 훨씬 더 사적인 느낌을 주어 그만큼 몰입도를 증폭할 것이다. 이러한 강력한 몰입도는 방문자가 전시내용에 집중하도록 할 뿐만 아니라 희생자에게 느끼는 연민의 감정을 통해 희생자와 내가 하나인듯한 체험을 완성함으로써 희생자가 있는 과거와 방문자가 있는 현재의 시간적 장벽을 허무는 결과를 가능하게 할 것으로 기대된다. 다시 말해, 희생자의 시선을 통한 체화된 경험이 가능한 메타버스 속에서 방문객은 전시를 보는 관람자에서 현장에 있는 참여자로 입장이 바뀜으로써 당시의 사건을 과거에 존재한 동떨어진 것이 아닌 현재에도 반복되는 문제로 이해하도록 할 것이다. 따라서 이는 희생자들의 입장만을 지나치게 강조하여 감정적인 전시에 치중하였다는 비판을 해소해 줄 뿐만 아니라 과거를 현재와 동일 선상에서 바라보도록 할 것이다. 이를 위해 박물관은 메타버스 속 내러티브를 과거에만 집중하지 않고 과거의 사건이 어떻게 현재까지 이어지고 있는지에 대해 설명해야 할 것이다. 또한, 메타버스 추모 박물관은 이용자가 희생자, 인권탄압을 자행한 가해자 그리고 관람자라는 세 가지 관점을 선택할 수 있도록 하는 것이 가능한 공간이다. 이러한 요소는 당시 상황을 다각적으로 접근하고 이해할 수 있도록 할 뿐만 아니라 방문자가 능동적으로 체화된 경험을 하도록 함으로써 박물관에 의해 이미 짜여진 전시를 수동적으로 관람할 때와는 다른 경험을 하도록 할 수 있을 것이다.

둘째, 메타버스 전시가 마무리될 때 방문자가 현실에서 어떠한 실천을 할 수 있을지에 관한 정보를 제공하는 것은 체화된 경험이 지식과 행동 사이의 괴리를 봉합하는 역할을 하도록 할 것이다. 한 예로, 미국 앨라배마주의 흑인 노예 역사를 다루는 유산박물관(Legacy Museum)의 경우, 전시 마지막에 방문자들이 자신들이 사는 지역 혹은 관심사에 따라 흑인 인권단체에 자원봉사 그리고 기부 등을 할 기회를 검색할 수 있는 터치스크린을 마련해 두었다. 박물관 방문에서 전시 마지막이 특히 중요한 이유는 방문자들이 변화를 위해 현장에 개입하고자 하는 의욕이 가장 넘치는 순간이기 때문이다. 따라서 메타버스 추모 박물관 역시 가상체험이 완료될 즈음 방문자들에게 전시에서 다룬 주제와 연관된, 현재 발생하고 있는 인권침해에 대해 그리고 이러한 문제에 앞장서고 있는 인권단체에 관해 소개하거나 검색할 기회를 제공한다면, 이는 방문자들이 체험을 통해 얻은 지식을 현실에서의 실천으로 자연스럽게 옮기도록 하는 다리 역할을 할 것이다. 또한, 기존의 박물관은 소셜미디어와 전시가 분리되어 존재하지만 메타버스 추모 박물관 안에서는 이 둘이 연동될 수 있다는 장점이 있어 방문자가 박물관과 원활하게 소통하는 시너지효과를 발생시킬 수 있을 것이다. 이는 메타버스 추모 박물관이 가상공간에만 제한적으로 머무는 것이 아니라 이용자들의 데이터를 현실 전시에 적용함으로써 가상과 현실 속 박물관이 끊임없이 변화하는 살아있는 박물관이 되도록 할 것이다.

5. 나가는 글

지금까지 추모 박물관 방문자는 박물관이 짜놓은 전시를 관람하는 수동적인 존재였다면 메타버스와 박물관의 만남은 방문객의 역할은 물론 박물관의 기능 역시 전면적으로 재구성할 것이다. 이러한 변화는 비단 방문자에게만 국한된 것이 아니라 박물관에도 긍정적인 영향을 가져다줄 것으로 판단된다. 앞서 살펴본 바와 같이, 메타버스 추모 박물관은 박제된 과거의 공간이라는 인식에서 박물관을 자유롭게 할 것이다. 다시 말해, 현실과 단절되고 추모가 흥밋거리로 소비되는 장소였던 추모 박물관은 메타버스를 통해 현실과 현재와의 관련성을 회복할 수 있을 뿐만 아니라 과거와 현재 사이의 연결고리를 명확히 함으로써 메타버스 추모 박물관 방문이 현실 속 의미 있는 변화를 시도하려는 노력으로 이어지도록 할 것이다. 즉, 메타버스 추모 박물관에서 이용자가 과거의 인권탄압을 1인칭 시점으로 경험한다면 단순히 인권탄압은 부당하다는 지식을 배웠을 때와는 달리 현실에서도 인권문제에 관심을 갖거나 행동을 취할 가능성이 커지는 것은 물론, 전시내용이 오락물처럼 가볍게 소비되는 현상을 최소화할 수 있을 것이다. 따라서 메타버스 추모 박물관 안에서 희생자와 나의 결합을 통해 과거를 생생하게 경험한다면 기존의 추모 박물관이 전달하고자 하는 "두 번 다시는"이라는 지식과 이를 실현하기 위해 반드시 동반되어야 할 행동이 현실 속에서 실천되는 결과가 발생할 수 있을 것이다. 따라서 IVET가 갖는 높은 몰입도를 메타버스 추모 박물관에 접목한다면 단순히 게임과 같은 수준의 체험이 아닌 가상경험이 이용자의 사고를 변화시킬 뿐만 아니라 현실 속 실천으로 이어지는 결실을 일구는데 기여할 수 있을 것으로 기대된다.

참고문헌

Bernard J. Armada, "Memorial agon: An interpretive tour of the National Civil", *Southern Communication Journal*, 63, 3, pp. 235~243, March 01, 1998.

Crysler Greig & Kusno Abidin, "Angels in the Temple: The Ae sthetic Construction of Citizenship at the United States Holocaust Memorial Museum", *Art Journ al New York-*, 56(1), pp. 52~64, January 01, 1997.

James Ingo Freed, "The United States Holocaust Memorial Museum — A Dialogue with Memory", *Curator: the Museum Journal*, 38, 2, pp. 95~110, June 01, 1995.

James Young & Mazal Holocaust Collection, *The texture of memory: Holocaust memorials and meaning*, New Haven: Yale University Press, 1993.

Jean Baudrillard, *Simulacra and simulation*, Ann Arbor: University of Michigan Press, 1994.

Jean Baudrillard & Mark Poster, *Selected writings*, Stanford, Calif: Stanford Press, 2001.

Joan Branham, "Mapping Tragedy in the US Holocaust Memorial Museum", *Architectural Design*, Vol. 70 Issue 5, pp. 54~59, 2000.

John Lennon & Malcolm Foley, "Interpretation of the Unimaginable: The U.S. Holocaust Memorial Museum, Washington, D.C., and 'Dark Tourism'", *Journal of Travel Research*, 38, 1, pp. 46~50, August 01, 1999.

Leon Wieseltier, "AFTER MEMORY", *New Republic*, 208, 18, pp. 16~26,

May 03, 1993.

Patrick West, *Conspicuous compassion: Why sometimes it really is cruel to be kind*, London: Civitas, Institute for the Study of Civil Society, 2004.

Philip Gourevitch, "Behold now behemoth", *Harper's Magazine*, 287, 1718, pp. 55~62, July 01, 1993.

Sheldon Annis, "The museum as a staging ground for symbolic action", *Museum International*, 38, 3, pp. 168~171, January 01, 1986.

Sun Joo (Grace) Ahn, Amanda Minh Tran Le & Jeremy Bailenson, "The Effect of Embodied Experiences on Self-Other Merging, Attitude, and Helping Behavior", *Media Psychology*, 16(1), pp. 7~38, 2013.

Sun Joo (Grace) Ahn, Jesse Fox, Katherine R. Dale, and J. Adam Avant, "Framing Virtual Experiences: Effects on Environmental Efficacy and Behavior Over Time", *Communication Research*, 42(6), pp. 839~863, 2015.

Timothy W. Luke, *Museum politics: Power plays at the exhibition*, Minneapolis: University of Minnesota Press, 2002.

이미지

(그림1) View of a casting taken of the gate to the main camp at Auschwitz with the sign "Arbeit Macht Frei" [Work Makes One Free] that is displayed on the third floor of the permanent exhibition in the U.S. Holocaust Memorial Museum, Photo archives, United States Holocaust Memorial Museum Archives, Washington, DC., https://collections.ushmm.org/search/catalog/pa1092935

(그림2) Prisoner bunks and food bowls in the reconstructed Auschwitz prisoner barracks displayed on the third floor of the permanent exhibition at the U.S. Holocaust Memorial Museum, Photo archives, United States Holocaust Memorial Museum Archives, Washington,

DC., https://collections.ushmm.org/search/catalog/pa1092941

(그림3) The Tower of Faces (the Yaffa Eliach Shtetl Collection) in the Permanent Exhibition at the U.S. Holocaust Memorial Museum, Photo archives, United States Holocaust Memorial Museum Archives, Washington, DC., https://collections.ushmm.org/search/catalog/pa1092935

(그림4) U.S. Holocaust Memorial Museum identification card for Eva Rappoport, Photo archives, United States Holocaust Memorial Museum Archives, Washington, DC., https://collections.ushmm.org/search/catalog/pa1092790

4

메타버스: 절대선을 향한 2030의 독립 선언

에스디경제연구소 이소담 / 최윤지

1. 대한민국 소멸과 번영의 갈림길

유튜브와 인터넷에서 쉽게 접할 수 있는 문구 중 하나가 "지금이 단군 이래 가장 돈을 벌기 좋은 시대"이다. 2007년 증권사에 처음 입사한 이후부터 지금까지도 지속해서 투자 관련 업무를 하고 있지만 이렇게까지 전국이 투자에 관하여, 경제에 관하여 열정이 뜨거웠던 순간은 없던 것 같다. 2007년에는 펀드 가입을 위해 오프라인 객장에 길게 줄을 서서 자기 차례를 기다렸다면 지금의 20~30대들을 중심으로 한 투자 열풍은 온라인 비대면으로 스마트폰을 활용하여 계좌를 개설하고 유튜브를 보면서 스스로 공부하여 국내 주식을 거래하는 '기본'을 넘어 해외주식과 다양한 암호화폐의 거래와 함께 갭투자와 경매를 통한 부동산 투자, 아직 거래소에 상장되지 않은 장외주식 등 현물 투자의 영역을 넘어 최첨단 거래 기법인 주가지수상품, 원자재의 선물 옵션, 암호화폐의 Fx마진거래에 이르기까지 가히 전 세계적으로 투자에 나서고 있다. 필자가 증권사에 재직하던 시기인 2015년만 하여도 오프라인 투자 강연회, 설명회 등을 개최하면 40대 중반 이후부터 50~60대의 참석자가 대부분이었고 20~30대 투자자는 거의 찾아볼 수 없었던 반면 지금은 투자의 축이 20~30대가 중심축이 되고 있다는 것도 가장 큰 변화의 하나이다. 한편으로는 이렇게 뜨거운 투자 열기가 반갑기도 하면서도 인생 2모작을 준비하던 40대 중반 이후부터 관심 있어 하던 투자에 그토록 20~30대가 몰리는지 조금은 씁쓸한 감정이 들기도 한다. 물론 이런 말을 대놓고 이야기한다면 요즘은 '꼰대'라고 엄청나게 비난을 받는다. 심지어는 직장에서의 업무 혹은 인사 고과 등 '기본적 사회생활' 보다도 재테크를 잘하는 것이 지금 세대가 바라는 것이라 한다. 필자가 하던 원래의 본분대로 어느 분야와 종목이 유망하고 자산 분배는 어떻게 해야 하는지 조용하게 보고해 드리는 것이 참다운 지식인의 자세이다. 그런데 무엇이 이렇게 20~30대들이 투자와 재테크가 본업이 될 정도로 열중하게 했을까? 최근 인터넷에서 유명해진 지금으로부터 70년도 전에 미국에서 진행되었던 한가지 실험에서 힌트를 얻을 수 있을 것 같다.

1968년 미국의 동물 행동학자이자 행동과학자인 존 B. 칼훈은 당시 화두가 되었던 인구 과잉으로 인한 미래 인류의 사회상에 관하여 실험을 했다. 그는 가로세로 각 2.7 m, 높이 1.4m의 공간에 각 15마리의 쥐를 수용하는 256개의 방이 갖추 어진 최대 3,840마리의 쥐들을 수용할 수 있는 쥐들을 위한 에덴동산을 만들었다. 고양이 등 외부의 천적은 접근할 수가 없었고 먹이와 물은 무한정 공급이 되었다. 이 에덴동산의 이름은 '유니버스 25'로 명명이 되었으며 모든 준비가 마친 에덴동산에는 네 쌍의 쥐가 처음 입주하게 되었다. 쥐 아담과 이브는 성경의 아담과 이브와는 다르게 엄청난 번식력을 발휘하였다. 생존에 대한 위협이 없는 환경에서 쥐들은 55일마다 개체 수가 2배가 되는 기하급수적인 번식 속도를 보여주었고 실험 315일이 되자 620마리까지 개체 수가 폭증하였다.

그런데 아직 '유니버스 25'에는 생존을 위한 충분한 공간이 존재했음에도 불구하고 실험 600일째 2,200마리를 고점으로 개체 수는 더 이상 증가하지 않았다. 에덴동산에 사회적 붕괴가 일어나기 시작하였다. 제한된 공간과 먹이를 두고 갈등이 시작된 것이다. 강한 수컷 쥐들은 여럿의 암컷 쥐들을 거느리는 반면 소외된 수컷 쥐들은 상대적으로 약한 다른 개체 혹은 새끼 쥐들을 공격하기 시작했다. 경쟁이 심화되다 보니 수컷 쥐들은 짝짓기에 관심을 가지지 않기 시작했다. 암컷 쥐들 역시 새끼를 낳기보다는 언제 공격당할지 모른다는 공포감에 싸여 스스로를 지키는 것에만 집중하게 되었다. 공간이 남고 먹이도 남았지만 한번 각인된 경쟁에 대한 공포는 유토피아를 돌아올 수

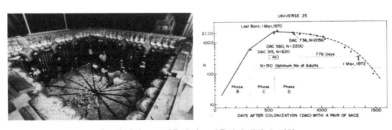

左: 유니버스25 사육장, 右: 사육장의 개체 수 변화
-출처 『Death Squared: The Explosive Growth and Demise of a Mouse Population』

없는 지옥으로 만들어 버렸다. 진화의 속도보다도 빠르게 유전자에 각인된 것이 바로 경쟁에서의 공포였다. 1973년 마지막 남은 쥐 한 마리가 자연사하면서 '유니버스 25'에서의 쥐의 시대는 멸망하였다.

2021년 대한민국의 대입 수학능력 지원자는 지속되는 출산율의 감소로 2020년도보다 10.1% (55,301명) 감소한 493,433명이다. 2019년 3월 기준 대학교육연구소 자료에 의하면 2021년 대학 입학 정원은 전문대학 입학 정원 162,356을 더한 총 입학 정원이 480,470명이다. 2021년도 수능 지원자에서는 13.2%의 결시율이 발생하였으니 말 그대로 '수능만 보면 대학을 갈 수 있는 시대'가 되었다. 그럼 이제 입시의 지옥에서 벗어난 우리의 아이들은 마음 편하게 누구나 대학에 진학하여 행복한 생활을 누리게 되는 것일까?

"아침 9시부터 밤 10시, 늦으면 새벽 2시까지 공부했어요. 전국 모의고사 4회부터는 학원에 신청해서 직접 모의고사 봤고요. 4회 모의고사가 처음이었는데 생각보다 점수가 잘 나와 그때부터 나사가 하나 빠졌습니다. 아침 9시부터 저녁 6~8시까지만 공부했어요." 수능 만점 합격자의 수기가 아니라 29세의 공인 중개사 수험생이 네이버의 공인 중개사 수험생카페에 올린 글이다. 2021년 10월 30일 실시된 제32회 공인 중개사 자격시험에는 1983년 공인 중개사 제도가 도입된 이후 최대 규모였다는 2020년에 비해 45,728명 증가한 408,492명이 지원하였다. 수능 응시인원과 비슷한 규모인 것도 놀랍지만 과거 '복덕방'으로 상징되던 중장년층의 자격시험인 공인중개사시험에 응시한 연령 중 20~30대의 비율이 무려 39%에 달하는 것이다. 이 중에는 서울대학교 불어불문학과 출신으로 유명한 개그맨인 서경석 씨도 응모한 것으로 알려져 있다. 이제 공인 중개사 시험은 '어른들의 수능'으로 불린다. 그렇지만 지원자와 대입정원이 비슷한 수능처럼 낭만적이지는 않다. 인터넷의 수험생카페에는 '2년 만에 합격했다'라는 말은 애교 섞인 푸념이다. 재수 삼수는 기본이고 '직장을 다니면서도 퇴근 후와 주말에 독서실에서 꼬박 공부했지만, 난이도를 보니 2~3년은 더 공부해야 할 것 같다'라는 글도 있다.

한때 '초식남'이라는 단어가 유행했다면 2021년 하반기의 유행어는 '퐁퐁남'이다. 그릇 설거지를 할 때 사용하는 세제의 이름에서 비롯된 이 단어는 이성을 만날 기회가 적었지만, 자기개발에 힘써 사회적으로 성공을 일궈낸 남성들이 결혼한 배우자에게 쩔쩔매는 모습을 비유한 말이다. 이 단어에는 두 가지 의미가 담겨 있다. 하나는 기존의 '능력남이 인기녀와 결혼한다.'라는 관념의 새로운 해석이다. 젊은 시절 다수 남성과 쾌락을 즐기며 살던 인기 여성들이 조건만 따져서 '능력남'과의 사랑 없는 결혼 일명 '취집'을 하는 현실에 대해 그 여성들의 남편으로서 '설거지' 역할을 하게 된다는 조롱의 의미와 또 다른 하나는 전업주부인 여성과 결혼 생활 중이지만 경제권을 모두 아내에게 맡기고 용돈을 받아 쓰면서도 야근 후 집에 와서는 아내의 눈치를 보면서 집안일(설거지 등)을 도와주는 안쓰러운 상황이라는 것이다.

여기서 우리가 발견할 수 있는 것은 경쟁으로 인한 사회적 갈등의 골이 얼마나 심해졌는가이다. 앞서 살펴본 공인 중개사 자격증의 열풍에는 세대 간 갈등이 숨어 있다. 20~30대 공인 중개사 응시자들의 응시 이유는 단순히 부동산 관련 업무로의 '전직'을 위한 것이 아니다. 다음에 맞닥뜨릴 부동산 계약 때 잘 대처하기 위한 목적도 있다. 최근 다주택자의 빌라 갭투자를 이용한 전세금 사기 등이 발생하면서 경매 시 분배 순위 층별 근저당권 개별 설정 등 소유 관계가 복잡한 매매 건에 관해 기존 세대의 중개사들은 잘 모르거나 귀찮게 여기어 답변을 해주지 않아 세입자들이 피해를 보는 경우가 많았다. 이제 세입자는 기존 세대의 신뢰를 불신하고 스스로 자기 자산을 지키기 위해서 공인 중개사 고시에 달려드는 것이다. '퐁퐁남'에는 수년 전부터 뿌리 깊게 스며들고 있던 남성들의 여성 비하와 혐오가 들어 있다. 그런데 이번 '퐁퐁남' 이슈에는 기존과 다른 갈등 관계가 하나 더 나타났다. 바로 '남남' 간의 갈등이다. 퐁퐁남으로 지적되는 남자들은 자신을 비웃는 남자들을 향해 이렇게 말한다. "너희는 결혼이라도 해 봤냐 패배자들아!" 퐁퐁남은 과거 N포세대로 일컬어지던 취업, 내 집 마련, 결혼 등을 포기한 즉 '짝짓기'에서 소외된 남성들과 가진 남성들과의 갈등이 나타난 것이다. 2021년의 대한민국은 정치 이념으로 반이 갈리고 세대갈등, 남녀갈등 그리고 가진 자와 못 가진 자로 조각조각 갈려져서 서로 혐오하고 헐뜯는다. 그럼, 여기서 다시 한번 생각해 보자. 과연 지금이 '단군 이래 돈 벌기 가장 좋은 시대'일까 아니면 '단군 이래 이렇게까지 돈에 목숨 걸지 않으면 살아남기 힘든 시대'일까? 우리는 '유니버스 25' 실험에서 특정 계층에 편중화된 구조가 어떻게 사회를 자멸시키는가를 잠시 살펴보았다. 물론 일개 미물인 쥐와 만물의 영장인 인간을 단순 비교할 수는 없지만 이렇게 경쟁이 심화된 구조가 지속된다면 우리 사회의 미래는 에덴동산이 될 것일까? 이웃 나라 일본에서는 10월 31일 할로윈 데이를 맞이하여 도쿄의 지하철에서 2019년 개봉한 할리우드 영화 〈조커〉의 주인공 복장을 한 20대 남성이 흉기를 휘두르고 방화를 저지른 사건이 발생했다. 영화 〈조커〉의 주인공 '조커'는 사회적 짝짓기에서 소외된 비자발적 독신주의자 인셀(involuntary celibate)의 히어로로 불릴 만큼 그들을 대변하고 폭력성을 미화시킨다는 논란의 중심에 있는 캐릭터이다. 아직은 한국에서 인셀 범죄가 크게 대두되고 있지는 않지만 북미 사회에서는 인셀들이 영어를 사용하고 백인이며 20~30대라는 지극히 평범한 조건인 스스로를 표준이라고 생각함에도 사회에서 배제되고 있다고 느끼며 묻지 마 범죄뿐만 아니라 인터넷을 통한 혐오 확산에 앞장서고 있어 사회적 문제가 되고 있다. 사회적으로 혐오가 확산되고 있는 대한민국은 인셀 범죄에서 과연 언제까지 자유로울 수 있을까? 혹시 지금의 인터넷상에서 지속적인 혐오의 확산 현상은 이미 인셀 범죄의 시작이 아닐까?

'그렇다면 경쟁을 완화시키고 모두가 평등하고 행복하게 사는 시대를 만들면 되지 않나!'라고 단순하게 대답을 한다면 당신은 '꼰대'일 경우가 많다. 사실 이런 현상의 근본적 이유는 아이러니하게도 '좋은 게 좋은 것이지', '그냥 모두가 평등하게 잘사는 사회를 만들자'라는 어쭙잖은 시도들이 만들어낸 의도되지 않은 결과이다.

2. 뉴노멀의 시대: 전략적 폰지 사기와 新 연금술

2020년 〈교수신문〉에서는 2020년 12월 7일부터 14일까지 교수 906명을 대상으로 '2021년 올해의 사자성어'를 선정하는 이메일 설문 조사를 했다. '후안무치'(厚顏無恥) 21.8%, '첩첩산중'(疊疊山中) 12.7% 등 쟁쟁한 여러 후보 중 올해의 사자성어로 선정된 것은 32.4%의 표를 얻은 '아시타비'(我是他非)' 즉 '나는 옳고 너는 틀리다'였다. 전국의 교수님들께서 이렇게 신조어까지 만드셔서 세태를 꼬

집은 것을 보면 현대 사회에 '내가 하면 로맨스, 남이 하면 불륜'이라고 서로를 비방하며 후안 무치 하는 세태에 엄중하게 경고를 하는 의미일 것이다. 그런데 이 아시타비스러운 사태의 시작점은 대한민국의 정치권이 아니다. 정치권은 그저 지금의 경쟁과 갈등의 원인을 이용하여 서로 권력을 챙기려는 것일 뿐이고 근본적인 원인을 제공한 주체, 즉 아시타비의 원조는 따로 있다.

2006년 개봉된 〈마담 퐁파두르〉는 루이 15세의 연인이었던 '마담 퐁파두르'의 사치로 재정이 파탄 난 프랑스가 사기꾼 존 로의 꼬임에 의해 주가조작 사태인 '미시시피 버블'을 발생시키고 실패한 프랑스 황실은 결국에는 프랑스 혁명으로 무너지게 된다는 내용이다. 사실 마담 퐁파두르는 대중들에게 분노와 책임을 전가하기 좋은 소재이다. 미모와 사치. 이 두 가지를 가질 수 있는 사람이 지구상에 몇 프로나 존재하겠는가. 그녀의 경국지색에 루이 15세가 정치를 등한시하고 사치가 심하다 하였지만 이미 프랑스 왕실의 재정 문제는 이전 루이 14세 당시부터 회복 불가의 상태였다. "짐은 곧 국가다"라는 말을 남겼다는 루이 14세는―그 말 조차도 정적들과 볼테르가 퍼트린 가짜 뉴스라는 견해가 많다―72년간 통치하면서 프랑스를 군사·정치 강국으로 만들었지만, 재정은 파탄 냈다. 당시 프랑스의 1년 재정 수입은 1만 6천 리브르 였는데 정부 부채는 30억 리브르에 달했고 연간 지출해야 하는 이자만 해도 8천만 리브르 였다. 이런 위기의 상황에서 스코틀랜드에서 온 존 로(John Low)는 본국에서는 반려된 자신이 생각해낸 최첨단 금융 기법을 프랑스에서 실험하여 왕실 재정 문제를 해결하겠다고 나섰다. 당시는 금과 은으로 주조된 금속 화폐가 통용되고 있었고 재정 적자를 완화하기 위해서는 임시방편으로 금속 화폐 주조에 투입되는 금·은의 함량을 낮추는 방법이 고전적인 수법이었다. 그러나 존 로는 정부와 연계된 중앙은행이 금속 화폐 대신 종이로 된 은행권을 발행하여 유통하도록 프랑스 왕실에 건의한다. 이미 앞서 수차례 채무 불이행을 선언했던 프랑스 왕실과 정부가 찍어내는 불환 지폐는 당연히도 '종이' 이상의 가치와 신뢰도를 보장받기 힘든 상태였다. 여기서 존 로의 천재성이 발휘된다. 존 로는 인류 최초의 양적완화 시스템을 구현한 것이다. 존 로는 악화로 양화를 구축하는 정도의 단순한 기법이 아닌 입체적인 방안을 구상하였다. 회사의 주식 상장, 중앙은행 (루아얄 은행) 설립을 통한 지폐 발행, 그리고 정부 부채를 정부의 주식으로 전환하는 입체적인 금융 기법을 완성하였다. 쉽게 풀이하면 지금의 전환사채와 같은 개념을 국가 재무 상황에 도입한 것이다. 부실 회사(정부)의 채권을 주식으로 전환하면 부실 회사의 재무 상태는 건전하게 바뀐다. 존 로의 계획은 국왕이 대주주로 있는 인도회사의 주식을 폭등시켰고 인도회사의 주식은 반드시 루아얄 은행에서 발행한 태환지폐로만 매수할 수 있었다. 20배까지 상승해버린 인도회사의 주식의 높은 단기 수익률에 매료된 채권자들은 기존에 보유하고 있던 금속 화폐와 채권을 주식으로 전환하였다. 결과적으로는 국채투자자들과 인플레이션으로 인하여 화폐가치 하락으로 실질 소득이 줄어든 사람들이 정부의 채무를 대신 탕감해 준 것이 된다. 그러나 루아얄 은행권의 과다발행은 가치 하락과 은행권에 대한 신뢰 하락을 막을 수 없었다. 존 로의 첨단 금융 기법은 수많은 채무자를 '벼락 거지'로 만들어 버리고 마무리가 된다.

튤립 버블과 함께 대표적인 대중의 광기 어린 버블 사태 중 하나로 소개되는 미시시피 버블에 관해 경제학자들의 의견은 조금 다르다.

미시시피 버블 등의 불로소득에 관한 내용에는 대중들은 "그래서 노력하지 않고 재물만을 탐한 사람들은 크게 반성하고 앞으로는 성실하게 살았답니다"와 같은 도덕적으로 깔끔히 마무리된 결말을 원한다. 그러나 존 로가 스코틀랜드에서 프랑스에 도착 했을 때에도 도박과 네트워킹, 금융서비스를 이용하여 이미 부자가 되어 있었고, 여러 편의 경제학 논문을 작성하였으며 그중 1705년에 출판된 『화폐와 무역에 관하여Money and Trade Considered』로 명성을 얻고 있었던 사실은 잘 알려지지 않았다. '스코틀랜드 출신으로 결투에서 상대방을 죽이고 교도소에서 프랑스로 탈출하여 온 한 사기꾼이 왕의 창녀의 사치로 인해 절박한 프랑스 정부를 감언이설로 꼬드겨 세계적인 버블이 발생하였고 존로의 실패로 결국 프랑스는 식민지였던 루이지애나주를 미국에 헐값으로 매각하고도 프랑스 혁명에까지 이르게 된 사건' 이 일반적으로 알려진 미시시피 버블이다. 그렇지만 오스트리아 학파의 대표 경제학자 슘페터는 존 로를 두고 '시대를 막론한 최고의 통화 이론가'라고 평가했다.

300년이 지난 지금 빚을 화폐로 변신시키는 新 연금술에 그 당시는 프랑스에서 루이지애나주를 매입한 미국이 주목하고 있다. 2020년 경매이론을 경제학 이론으로 발전시킨 공로로 노벨 경제학상을 수상한 뉴욕시립대의 경제학자 폴 크루그먼은 "재정을 통한 영구 부양 정책 Permanent Stimulus가 필요한 시대"라고 주장하고 있다.

"GDP 2% 범위에서 영구적으로 돈을 찍어내자,

그리고 인프라에 투자하자, 그리고 갚지 말자."

–THE CASE FOR PERMANENT STIMULUS(2020.3)

2%의 돈을 빚내서 4%의 성장을 하고 인플레가 2%라면 빚은 늘어나겠지만, 부채비율은 높아지지 않는다는 것이다. 부채비율이 높아지지 않으니 부채 금액이 아무리 높아져도 상환을 해야 할 걱정을 할 필요가 없다는 논리다.

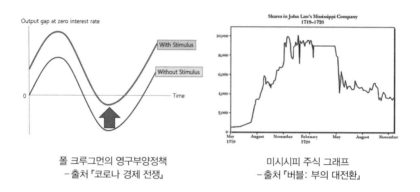

폴 크루그먼의 영구부양정책
– 출처 『코로나 경제 전쟁』

미시시피 주식 그래프
– 출처 『버블: 부의 대전환』

즉 좌측의 그래프처럼 부양책을 사용하게 된다면 경기 사이클 전체를 위로 들어 올려서 불황은 더 짧고 덜 고통스럽게, 그리고 전반적인 성장률은 높일 수 있다는 주장이다. 아마도 경제에 조금이라도 관심이 있는 사람들은 1990년대의 일본을 떠올리려 할 것이다. 그러나 폴 크루그먼은 오히려 "일본의 교훈을 다시 생각하자"라고 선공한다. 폴 크루그먼은 1) 일본의 부채 상황이 미국보다 훨씬 더 불리했으며 2) 일본의 잠재성장률이 고령화로 인한 생산가능인구가 급격히 줄어드는 인구 구조로 인해 미국에 비해 낮았기 때문에 실패했다고 진단한다. 이어서 일본은 양적완화 기간 동안 명목 GDP는 거의 증가하지 않았고 부채비율이 악화 되었음에도 불구하고 부채위기의 징후가 없었으며 심지어는 민간수요의 부진에도 불구하고 완전고용 상태를 유지하는 데 성공했다고 분석한다. 즉 일본이 교훈이 될 사례가 아니라 롤 모델로 봐야 한다고 주장한다. 더군다나 코로나 사태 같은 '어려운 시기'는 매우 자주 찾아오기 때문에 지속적이고 생산적인 경기 부양 프로그램이 상시 가동되어야 한다는 것이다. 미시시피 사건처럼 정부가 개입하여 영구히 경기를 부양시킨다는 정책, 만일 미시시피 회사의 주가가 오른쪽처럼 폭락하지 않고 영원히 상승했다면 존 로의 최첨단 금융 기법은 성공적인 양적완화의 효시로서 인정을 받았을 것이다.

3. 지옥으로 가는 길은 선의로 포장되어 있었다

2차대전이 한창이던 1942년 영국에서는 유명 작가의 소설도 아닌 한 편의 경제 보고서가 베스트 셀러에 등극하였다. 심지어 이 보고서를 사기 위해 서점 앞에 시민들이 길게 줄을 늘어서 있었고 어떤 곳은 2km가 넘게 줄을 서는 곳도 있었다고 한다. 게다가 영국과 독일이 한창 전쟁 중이던 시절이었다. 1800년대까지만 해도 '해가 지지 않는 제국'이라는 별칭으로 영국의 지배자가 곧 세계의 지배자였지만 이제는 쇠락하여 독일에게 전쟁에서도 밀리고 독일에 맞서기 위한 연합국의 주도권도 식민지였던 미국에 빼앗겨 버린 영국의 암흑기 였다.

전쟁 중 영국을 지휘하던 수상 윈스턴 처칠(Winston Churchill, 1874~1965)은 무엇인가 영국 국민에게 희망의 메시지를 줘야 한다고 생각했다. 전쟁에 지친 국민들을 달래 줄 아편 같은 존재가 필요했다. 고심 끝에 처칠이 구상한 희망의 메시지는 바로 복지 국가였다.

한때 식민지였던 미국이 프랭클린 루스벨트(Franklin D. Roosevelt, 재임 1933~1945) 집권 이후 강력한 복지정책을 기반으로 변두리 2등 국가에서 세계 최강대국으로 성장했다는 분석이었다. 그런데 문제가 있었다. 보수당 출신의 처칠은 전쟁에 대해서는 전문가였는지 몰라도 복지에 관하여는 식견이 없었다. 처칠은 노동당원이었던 경제학자 윌리엄 베버리지를 노동부 차관으로 임명하며 도움을 요청했고, 베버리지는 후일 '가장 위대한 복지의 바이블'로 불리는 〈사회보험과 관련 서비스〉라는 이름의 최종 보고서를 작성하였다. 태어나서 죽을 때까지 국가가 국민의 삶을 보장하여야 한다는 강력한 복지 시스템이 이 보고서에서 탄생하였다. 무상 의료, 가족 수당 등 현재 거론되는 대부분의 복지정책이 이 보고서에서 언급이 되어 있었다. 독일과 전쟁 중임에도 불구하고 2km 넘게 시민들이 줄을 서서 63만 5천 부라는 판매고를 기록한 책이 바로 이 보고서이다. 그러나 지금도 실현 불가능한 복지정책들에 난감해한 처칠 정부는 '이 보고서는 베버리지의 개인 의견일 뿐'이라며 일축해 버렸고 결국 전후 선거에서 처칠은 노동당에게 정권을 내어주고 만다.

베버리지의 복지정책에 대한 조언을 아끼지 않은 경제학자가 있다. 바로 1930년대 세계 대공황의 해결사 존 메이너드 케인즈이다. 1929년부터 시작된 대공황 초반 당시 미국의 후버 대통령은 대공황의 원인이 화폐의 만연과 과소비라 판단하였다. 후버는 오히려 금리를 올리고 국가가 공공사업에 돈을 많이 쓰지 않는 재정 유지정책 기조를 강화하게 된다. 하지만 대공황의 위기의 핵심은 수요의 부족이었다. 고금리정책에 기업은 대출이 어려워져 더욱 위기에 빠지게 되고 이에 늘어난 실업자들은 지갑을 열지 않는 악순환이 반복되어 결국 1932년 미국은 역대 최악의 경제성장률 (-12.9%)를 기록하게 된다. 그리고 최악의 상황 속에서 1932년 11월 미국의 제32대 대통령으로 프랭클린 루스벨트가 당선된다. 루스벨트는 취임 직후 유명한 뉴딜 정책 (New Deal)을 시행하였다. 뉴딜 정책의 근본이 된 이론이 바로 케인즈의 수정 자본주의였다. 이는 기존의 전통적 시장구조 '공급 - 수요'라는 메커니즘에 The Third Party 즉 시장의 세 번째 주체를 참여시켜 불균형을 해소하도록 하였다. 그 세 번째 주체가 바로 국가이다.

우리가 뉴딜 정책에서 보아야 할 핵심은 케인즈의 총수요 국가 관리정책 중 하나인 통화량 증대 정책이다. 루스벨트 정부는 기존의 후버 정부와 반대로 이자율을 낮추어 기업이 돈을 쉽게 빌리고 사업을 확장하여 민간고용이 활성화되어 불황을 해소할 유효수요를 회복하는 정책을 진행하였다. 인플레이션을 유발하되 고용을 회복하는 육참골단(肉斬骨斷) 정책인 것이다. 오늘날에는 매우 당연한 정책으로 여겨지는 이 정책은 하나의 이상이 되었다. 1970년 미국의 닉슨 대통령은 달러의 금 태환을 정지시키며 '우리는 모두 케인지안 이다'라는 말을 남겼다. 앞서 언급한 폴 크루그먼 역시 뉴 케인지언으로 불리며 양적완화를 지지하고 있다. 그렇다면 케인지언은 영원한 것인가.

1930년대의 세계 대공황을 넘기고 황금기를 구사하던 세계는 1970년대들어 새로운 적을 맞이하게 된다. 석유 위기가 발발하여 세계 경제를 강타하고 미국과 미국이 지배하는 세계를 위기에 빠트렸다. 1930년대의 대공황 당시 디플레이션과 낮은 성장률을 국가 재정정책과 화폐의 유통을 통해 극복한 케인즈 주의는 이제는 인플레이션과 저성장이 결합한 스태그플레이션이라는 낯선 괴물 앞에서는 무용지물이 되었다. 지속해서 케인즈식 처방만 반복하던 정책은 스태그플레이션의 주범이 되었다. 수익성 기반이 만들어지지 않은 상황에서 억지로 유효수요만 증대시키려는 재정·통화정책은 전반적인 생산 능력을 개선 시키지 못하고 인플레이션만 가속 시킨 것이다. 생산력은 저하되고 고용은 침체되면서 물가만 상승하는 불황 속의 인플레이션인 스태그플레이션Stagflation이 탄생한 것이다. 이에 주목받게 된 경제학자가 하이에크이다. 하이에크는 케인즈의 조언에 따라 작성된 〈베버리지 보고서〉를 바탕으로 진행된 사회보장제도와 정책들이 1970년대 들어 본격적으로 '영국병British Disease'의 원인이 되었다고 지목하였다. '완전고용은 정부의 책임'이라는 전후의 케인즈주의적 이데올로기가 고실업과 고인플레이션으로 나타나게 되어 성장잠재력과 경제 활력이 크게 둔화 되었다고 하이에크는 분석 하였다. 사회보장 도중 공적 실업보험과 정부의 과도한 거시정책이 노동조합의 과도한 임금 인상 요구에 흔들리고 영국 경제의 쇠퇴를 불러 왔다는 판단이었다. 1973년 오일 가격의 상승이 가져온 스태그플레이션의 시작은 1976 영국이 IMF로부터 긴급 구제 금융을 받아야 하는 상황까지 몰고 간다. 그리고 1979년 영국 전역은 최저임금 인상을 내건 총파업이 벌어지고 영국은 최악의 혼란 사태에 돌입한다.

1930년대 루스벨트가 케인즈의 수정 자본주의를 적극적으로 택하였다면 저효율 고비용의 영국병을 치료하겠다 나선 '철의 여인' 대처는 하이에크의 〈자유 헌정론〉을 핸드백에 넣고 다니면서 주변 사람을 설득할 정도의 하이에크 주의자였다. 미국에서는 레이건이 내건 신자유주의 정책이 영국의 대처와 함께 세계를 신자유주의 정책으로 이끌기 시작하였다.

하이에크 이론 기반의 신자유주의 정책은 사실 케인즈주의처럼 매력적으로 다가오지 않는다. 신자유주의는 인플레이션을 완화하고 성장력을 살리는 목적이었지만 양극화를 심화시켰다는 비판을 받는다. 더군다나 대처의 영국에서는 오히려 고용이 늘지 못했고 경기 후퇴가 더욱 심각 해졌다. 그렇지만 정부가 경제를 구하는 것이 아니라 시장의 자유가 경제를 구한다는 것, 대중 정치가 경제에 개입하면 인플레이션만 악화 된다는 것, 사유재산권과 경제적 자유가 부와 풍요의 원천이라는 것, 정부가 나서서 모든 문제를 해결할 수 있다는 것은 그저 하나의 환상일 뿐이라는 것은 중요한 전환이었다. 하이에크와 케인즈의 대립은 끝나지 않고 지금도 계속되고 있다. 디플레이션의 상황에서는 케인즈식 해법이, 그리고 하이퍼 인플레이션의 상황에서는 하이에크의 원칙이 조명받는 상황인 것이다.

4. 화폐의 탈(脫)국가화

하이에크는 1974년 중앙은행의 통화정책에 반하여 시장에서 누구나 화폐를 마음대로 찍어 낼 수 있어야 한다고 주장한다. 정치적인 이유로 중앙은행이 휘둘리는 것에 대한 경고인 것이다. 통화 가치의 안정이 통화 정책의 가장 중요한 목표이고 통화량이 급변하지 않도록 노력하는 것이 통화정책의 주 임무라고 믿었다. 결국, 중앙은행의 독점 공급 자체에 문제가 있다 보고 민간의 금융기관들이 독자적인 통화를 발행하도록 하여 상호 경쟁시키는 제도를 제안하였다. 법·언어·도덕과 마찬가지로 화폐 역시 사회의 진화 과정에서 자생적으로 발생한 것이므로 특정 이익 집단을 위해 신용확대나 인플레이션 정책을 쓰는 것에 반대한 것이다. 물론 다수가 화폐를 발행하면 단기적으로 부작용이 나타날 수 있으나 경제의 자연 선택 과정에서 가치 없는 화폐는 도태되고 가치가 우월한 통화만이 살아남을 것이기 때문이다. '화폐의 탈(脫)국가화'라는 짧은 글에서 발표된 이 아이디어는 실현 불가능한 그저 시장의 자유를 대변하는 이상론에 불과한 주장으로만 받아들여졌었다. 그러나 2008년 금융위기를 시작으로 중앙은행에 대한 신뢰도의 하락 속에서 시작된 사카시 나카모토의 비트코인은 30년이 지난 하이에크의 아이디어를 실현해 나가기 시작했다. 누구나 발행하고 아무 통제 없이 사용할 수 있는 화폐 비트코인은 리먼 브러더스가 파산하고 한 달 뒤인 2008년 10월 31일 '비트코인: P2P 전자화폐 시스템'이라는 아홉 장짜리 논문으로 세상과 첫 만남을 가진다. 논문에서 사토시는 금융기관이나 중앙 집중형 통제 없이 전자화폐를 발행해 사용할 수 있다는 주장을 펼쳤다. 그리고 사토시는 비트코인 블록체인의 첫 번째 블록에 〈The Times〉의 2009년 1월 3일 기사 제목을 등록하면서 본인의 논문의 결과물인 비트코인의 역사적인 제네시스 블록을 공개한다. 타임즈지의 기사 제목은 '재무장관, 은행에 두 번째 구제 금융 임박'으로 기사의 내용은 글로벌 금융위기로 어려움을 겪는 은행을 구제하기 위해 영국 정부가 지원한다는 내용이다. 비트코인의 탄생이 그저 우연이나 호기심이 아닌 금융위기를 촉발한 정부와 금융권에 배경이 있음을 적시한 것이다.

비트코인을 위시한 암호화폐에 관하여는 아직도 의견이 갈리고 있다. 더군다나 초기에 비해 나아지기는 했지만 대체로 주류 경제 학계는 여전히 부정적이다. '현재'의 가격 상승을 지탱할 요인이 딱히 없다는 의견, 그리고 더 나아가서 금융시장의 안정성을 위협하는 요인으로 중앙은행의 지나친 유동성 공급과 암호화폐를 두 가지 요인으로 꼽는 예도 있다.

비트코인의 유용성과 가치에 관하여는 우리가 지금 논할 것은 아니다. 다만 한가지 재미있는 것은 2021년 1월 8일 필자가 〈미래도시와 기술혁명의 공공성〉에 공저자로 참여하여 원고를 작성하면서 비트코인의 피자데이를 언급하며 당시 1비트코인 가격인 43,427,360원을 기록하였는데 지금 이 원고를 작성하는 2021년 11월 10일 1비트코인의 가격은 82,700,000원을 기록하였다.

암호화폐의 가치와 효용성에 관하여는 아마 앞으로도 지속적으로 논란의 여지가 있겠지만 탄생의 배경에는 케인즈의 수정 자본주의식 통화정책에 반발한 하이에크의 이론이 바탕이 되어 있다. 그리고 메타버스가 주목받게 된 시작점 역시 암호화폐의 탄생과 함께한다.

5. 그림자놀이의 시작

플라톤의 〈국가〉에서 '동굴의 비유'에서는 평생을 동굴 벽에 있는 그림자만 볼 수 있도록 온몸과 목이 사슬에 묶인 죄수의 이야기가 나온다. 죄수들의 뒤에 있는 장벽 위에서는 사람들이 모닥불을 피워 놓고 그 앞에서 그림자놀이를 하고 있다. 죄수들은 등 뒤에서 일어나는 일은 전혀 알지 못하며 그저 눈앞에서 보이는 그림자들이 이 세상의 전부라고 생각한다. 플라톤에 의하면 그림자를 만드는 태양, 이데아(idea)는 현상 세계 밖의 세계이며, 모든 사물의 원인이자 본질이다. 이데아는 영원불변의 절대 이성의 참된 세계이다. 이러한 플라톤의 이원론은 기독교의 본래 교리와 찰떡궁합이었다. 기독교가 인류의 보편적인 종교가 되기 위해 단단한 철학적 기반이 필요하다고 생각한 아우구스티누스는 플라톤의 탄탄한 철학을 기독교에 녹여 들였다. '이데아'는 곧 천국이 되었고 이데아에 존재하는 황금비율과 황금률은 하나님의 말씀인 로고스가 되었다. 그렇게 권세를 얻은 기독교는 서양사상의 기반을 이원론적 세계관으로 탄탄하게 닦아 나아갔다.

중세 기독교 시대를 플라톤으로 시작한 교부철학의 이원론적 세계관이 지배하고 있었다면 데카르트의 코기토 혁명으로 시작된 르네상스 시대는 아리스토텔레스의 부활이다. 아리스토텔레스는 '천국'에 이데아가 있는 것이 아니라 현실 세계에 이데아가 있다고 믿었고 현실 속에서 본질과 진리를 찾으려 했다. 1980년 발표된 움베르트에코의 소설 〈장미의 이름〉에는 플라톤과 아리스토텔레스의 세대교체가 잘 묘사되어 있다. 중세시대 이탈리아의 한 수도원에서 벌어진 연쇄적인 살인사건을 조사하는 과정에서 범인은 수도원의 장서관에 보관된 한 권의 책을 다른 수도사들이 읽지 못하게 하려고 책에 독을 발라 놓는다. 결국, 사건의 배후가 밝혀지자 범인은 세상에 이 책이 알려지는 것을 막기 위해 스스로 책을 씹어 먹어 버리고, 장서관에 불을 질러 수도원과 함께 생을 마감한다. 이 작품에서 그렇게 철저하게 감추고자 했던 금서가 바로 아리스토텔레스의 〈시학〉이다.

생동하는 자연에 뿌리를 둔 아리스토텔레스는 과학철학을 개척하였고 서양 문명의 과학기술 혁명은 플라톤의 이원론에서 아리스토텔레스의 과학철학으로의 전환을 시작으로 비약적인 발전을 지속하였다. 그리고 이제는 곧 피조물인 인공지능이 '인간의 총체적인 지능을 능가하는 지점'인 특이점의 시기가 오는 것은 이제 시간의 문제일 뿐이다. 과학이 눈부시게 발전하였다 하지만 아직은 현실 혹은 이데아의 세계에 존재하는 본질과 진리를 과학의 힘으로 제대로 얼마나 탐구하였는가 는 의문이다. 그렇지만 과학이 우리가 세상을 바라보는 관점을 전환 시켰다는 것은 주목할 필요가 있다.

현대 과학의 우주론의 이론 중 초끈이론은 우주의 가장 기본적인 구조가 기존의 원자 즉 점의 형태가 아닌 가느다란 끈이라고 한다. 초끈이론에서는 이 세상은 9차원의 공간과 1차원의 시간이 결합한 10차원의 공간이며 끈의 끝부분이 처음 부분과 맞닿아 있는 '닫힌 끈'과 끈의 처음 부분과 끝부분이 어떠한 면에 붙어 진동하는 형태인 '열린 끈'이 모든 입자의 근원 상태이다. 끈은 파동의 성질을 가지고 여러 상태를 만들 수 있다. 즉 끈은 자신의 특정한 상태에서 만들어낼 수 있는 여러 진동의 형태가 이미 정해져 있으며, 그러한 형태로 진동하면서 나타나는 표상이 우리가 사는 세상에서 입자로 표현된다는 것이다. 세계의 표상은 우리의 의지로 인지하는 정도의 고정된 것이 아니고 끈의 파동에 따라 어떠한 입자로도 변할 수 있는 것이다.

아직 끈 이론이 실험적, 관찰적 검증 결과를 내놓지는 못했다. 하지만 여기서 '무엇이든 만들 수 있는' 그리고 기존의 우리가 인지하던 아인슈타인의 3차원 + 시간의 4차원적 세계가 아닌 9차원 + 시간의 10차원의 구조를 구상했다는 점을 주목해 보자. 그렇다면 본질과 진리는 현세 계에 존재하지 않는다는 플라톤의 이원론적 세계관과 현실 자체(3차원적 공간)에서 존재한다는 아리스토텔레스적 세계관의 변화가 이루어진다. 이제 우리의 눈 앞에 펼쳐진 우주는 절대자에 의해 지배되는 세계가 아닌 '중앙'에 의해 통제받지 않는 자율적인 다 차원적 세계인 것이다. 그리고 니체가 즐거운 학문에서 이야기하였듯 가상이 본질의 대립물로서 가치 없고 진실성이 낮은 것으로 보는 전통적인 철학에 반기를 들고 가상을 '나'에게 작용하는 것 그리고 살아있는 그 자체로 인식하며 '인식하는 자'로서 가상의 도깨비불과 함께 자신의 춤을 추며 동굴에서 그림자놀이를 시작한 것이다.

6. 멀티 캐릭터의 경험 시장 NTF

1990년 개봉된 폴 베호벤 감독, 아널드 슈워제네거 주연의 영화 〈토털 리콜〉에서 그려진 미래에는 싼값으로 우주여행을 다녀온 것처럼 뇌 속에 기억을 이식시켜 줌으로써 우주여행을 가고 싶으나 돈과 시간이 부족한 이들의 욕구를 충족시켜주는 '리콜'이라는 회사가 나온다. 리콜이 판매한 여행의 기억은 바로 '경험'이다. 즉 주인공이 구입한 기억은 '다른 사람들이 쉽게 가지지 못하는 화성으로의 우주여행의 경험'으로 자신을 좀 더 특별하게 느끼게 해주는 것이다.

2021년 10월 28일 미국의 Facebook社는 기존의 사명을 메타버스를 의미하는 'Meta'로 변경한다. 사명 변경 10여 년 전인 2012년 페이스북은 10억 달러에 인스타그램을 인수하였다. 인스타그램 인수 당시 기업가치에 관한 논란과 거품 의혹이 끊이지 않았지만 결국 페이스북의 최고경영자(CEO) 마크 저커버그가 주목한 것은 당장의 매출액과 영업이익이 아닌 사용자의 경험 가치였다. 2019년 한국에 처음으로 1호점을 개점한 미국의 커피전문점 '블루보틀(blue bottle)'은 경험의 소비라는 신 트렌드를 극명하게 보여준다. 서울 성수동에 처음 오픈한 블루보틀을 이용하기 위해 사람들은 새벽부터 줄을 섰다. 블루보틀의 열풍에는 인스타그램을 중심으로 한 SNS상에서의 인플루언서들의 소개가 있었고 블루보틀의 소비자들은 커피 자체를 소비하는 것이 아니라 인플루언서처럼 자신도 새롭고 특별한 경험을 하기 위한 소비를 한 것이다. 그런데 만약 현실에 영화 토털 리콜의 '리콜' 사와 같은 업무를 하는 회사가 있다면, 그리고 적어도 3~4시간을 기다려야 마실 수 있는 6천 원의 블루보틀 커피를 마신 기억과 SNS의 기록을 그것보다 훨씬 싼 가격에 판매한다면 어떤 현상이 벌어지게 될까? 조금 더 비싼 경험을 생각해 보자. 프랑스 파리 루브르 박물관에 전시된 레오나르도 다빈치의 '모나리자'를 보러 가려면 파리까지의 왕복 비행기 요금과 대중교통비, 그리고 2021년 기준 17유로의 입장료를 내야 한다. 그렇지만 정말 마음먹고 휴가를 내서 시간과 비용을 들여서 '모나리자'를 보고 SNS에 올리는 그 경험은 다른 어떤 것과도 바꿀 수 없는 나만의 독특한 경험이다. 그런데 이 '대체 불가능한 경험'을 돈을 주고 살 수가 있다면?

대체불가능 토큰 NFT((Non-Fungible Token)은 바로 다른 차원의 가상공간 메타버스에 존재하는 또 다른 자아인 '나'를 위한 경험의 거래인 것이다. 2021년 3월 디지털 예술가인 비플(Beeple)은 10초 분량의 비디오 클립을 74억에 판매하였다. 그리고 며칠 뒤 크리스티 경매 시장에서 비플이 만든 디지털 작품이 786억에 낙찰되어 살아있는 작가의 작품 중에서 세 번째로 비싼 입찰가라는 기록을 세웠다. 트위터의 공동창업자 잭 도시의 첫 트윗은 32억 원에 낙찰이 되었고 2021년 10월 홍콩에서 열린 '소더비 모던아트 이브닝 세일'에서 왕자웨이 감독의 첫 NFT '화양연화-찰나'가 예상가 300만 홍콩달러(약 4억 6천만

원) 보다 높은 428만 4000홍콩달러에 낙찰이 되었다.

아직 '메타버스' 라고 한다면 기업에서는 가상의 회의실에서 아바타를 활용한 회의 정도로 인식하는 경향이 있다. 무엇인가 변화와 혁신을 위에서는 요구하는데 그저 VR기기 아바타만 가져다 붙이면서 속으로는 암호화폐와 NFT는 거품이라고 이해를 못 하는 모양새다. 메타버스 자산의 가치와 가격을 논하기 전에 '가상공간에서 회의'는 그저 이전부터 존재한 카카오톡 혹은 Zoom 등의 도구를 활용한 것에 지나지 않는다. 메타버스는 이전까지 존재했던 '싸이월드' 식의 가상공간과는 다른 것이다. 현실의 일상·업무 활동의 확장일 뿐만 아니라 또 다른 자아(自我, ego) 즉 멀티 캐릭터의 존재의 시작인 것이며, 플라톤의 동굴에서 수천 년간 묶여 지내왔던 죄수들이 스스로 그림자놀이를 시작했다는 시작점인 것이다. NFT는 다른 차원에 존재하는 '또 다른 나' 의 자산이며 경험이다. 기존부터 존재해 왔던 게임 등의 가상세계에서는 호접지몽(胡蝶之夢) 즉, 물아(物我)의 구별을 잊을 정도의 현실적인 기술력이 주었다면, 메타버스에서의 NFT는 호접지몽에서의 나비가 된 자아를 또 다른 하나의 자아로 인지하고 그 자아에 사유재산 소유권을 인정하는 행위인 것이다.

현재 거래가 가장 활발하게 이루어지는 NFT 마켓플레이스는 2017년 12월 미국에 설립된 Open Sea다. 2021년 10월 기준 NFT의 거래량은 150억 달러를 돌파하였고 Open Sea는 총거래량의 60%를 차지하고 있다. NFT를 사거나 파는 고유지갑은 10월 3주 차 기준 21만5000개가 되어 2021년 초 대비 1,094%의 대규모 증가세를 보이고 있다.

7. 메타버스와 대한민국의 미래

필자가 공저한 도서 〈미래도시와 기술혁명의 공공성〉에서 언급하였듯이 세컨드라이프에 가려져 있지만, 세계 최초의 3D 가상 현실 서비스는 199년 한국에서 시작된 〈다다 월드〉이다. 다다 월드를 만든 신유진 광운대 건축학과 교수는 2007년 다다 월드의 리뉴얼 버전인 '터 23'의 서비스를 7년 만에 다시 시작하려 하였다. 신교수의 구상은 다다 월드와 마찬가지로 우리가 현실에서 접하는 세계와 유사한 모습으로 생활과 상거래가 이루어지게 한다는 것이다.

이제는 Meta 社로 사명을 변경한 페이스북의 CEO 마크 저커버그는 '메타'사의 새로운 사명과 로고를 공개하면서 메타의 첫 프로젝트를 오픈 월드 액션 어드벤처 게임인 GTA를 VR용으로 리메이크한다고 선언했다. 메타버스의 세계에서의 첫 프로젝트에서 게임자는 대도시의 범죄자 역할을 맡아 암살이나 다른 범죄들을 극복하고 보상을 받는 식의 미션을 수행하게 되는 것이다.

2007년의 다다 월드와 2021의 GTA를 비교하는 것은 무리일 수 있다. 그러나 2007년 '터 23'의 시연 당시 경쟁작인 세컨드월드에 비해

'터 23'의 서울광장에서 시민들이 기름값을
내리라고 시위하는 장면 −출처 한경.com.

GTA5에서 플레이어가 경찰차를 향해 화염병을
투척하는 장면 −출처 BBC.com

그래픽이 훨씬 선명하고 아바타의 움직임도 자연스러웠다고 한다. 즉 다다 월드의 실패원인은 기술력 아니었다. 현실에서 의경이라 해도 가상의 공간에서까지 의경으로 근무하고 싶은 사람은 없을 것이다. 가상의 공간에서 회사업무를 연장하고 미팅을 하는 것은 그저 현실의 연장일 뿐이다. 현실에서의 나는 기름값을 인하하라고 시위하는 노동자이지만 가상 현실의 세계라면 제약에서 벗어나 일탈 행위도 해 보고 싶은 것이다. 즉 현실에서는 해 보고 싶어도 할 수 없는 일을 하는 것, 이해가 아닌 상상력의 실현이 돈이 되는 시대이다.

그 상상력과 다차원의 경험 시장이 NFT이다. 물건을 구별해주고 부여된 희소성에 따라 가격이 달라진다. '디지털 자산은 현실에서 쓸모없지 않나'라는 생각 전에 현실 세계의 물건은 미터 버스 세계에서 사용 가능한지 역으로 생각해 보자. 현실 세계에서의 수요, 공급 즉 생산과 소비가 일어나고 경제 활동이 지속하는 것처럼 메타버스 세계에서 자체의 경제가 이제 막 시작된 것이며 NFT가 바로 그 핵심이다. 시장의 유동성은 어느 정도 거품의 논란이 항시 있다 해도 항상 가능성이 있는 곳에 반응한다. NFF 가격 논란은 여러 이슈로 인해 급변동할 수 있는 투기적 시장인 것은 분명하다. 그러나 그 급변동성으로 화폐의 지위를 갖는가를 논의하던 사이 비트코인은 이제 현물의 금(Gold 金)을 대체하고 있다는 평가까지 받고 있다. 2022년도 우리가 주목해야 할 것은 암호화폐와 NFT의 가격 변동성을 이용한 투기적 거래의 차익거래 Arbitrage 기회에 연연하기보다는 다차원적으로 NFT로 시작되는 메타버스의 시대에 새로운 상상력을 발휘해야 한다.

NFT 시대를 과거의 관점으로 이해하지 말라고 서술하고 있지만, 과거의 관점으로 현재의 NFT시대를 '융합'으로 해석해 본다면 인베슈머(Invesumer)라는 단어를 볼 필요가 있다. 글 초반에 언급한 투자의 열풍과 함께 보아야 할 것이 바로 소비(consume)와 투자(invest)의 결합이다. 즉 투자자와 소비자가 하나가 되는 제3의 소비 인류 인베슈머(Invesummer)의 탄생이다. 인베슈머는 산업 혁명 이후 이어져 온 대량생산체제에서의 탈피(脫皮)선언 이며 과거 세대의 수동적인 소비자가 아닌 투자자의 관점에서 공급 과정 부터의 적극적인 참여 의지와 공정한 이익의 배분을 당당하게 요구하는 것이다.

인공지능을 위시한 신기술이 사회전체에 보급되면서 현실 세계에서 사실상 고성장의 초과 이윤 창출은 불가능하다. 기성세대가 지배하는 관료 주도적이고 집단주의적이며 폐쇄적인 절대 선(이데아)에 의해 통치되고 제어되는 현실 세계에서 미래의 세대들은 메이플라워호를 타고 메타버스의 시대로 이주를 하고 있다. 신대륙에 넘쳐나는 기회와 황금을 찾기 위해 新 아메리칸 드림(기성세대들이 이미 잃어버린 모험 정신·기업가 정신)을 가지고 세상에 없던 기술과 콘텐츠를 새롭게 개발하려 하고 있다. 경제학자 슘페터가 주장한 경제 발전의 핵심은 '혁신'이며 혁신의 본질은 창조적 파괴이다. 위기가 닥쳐왔는데도 변하지 않는 사회, 상상력도 고갈된 사회 그것이 코로나가 덮어버린 현실의 세계이며 실리콘밸리의 DEUS들은 원하는 것은 무엇이든 얻을 수 있고 뜻하는 것은 무엇이건 될 수가 있는 시대를 열어가고 있다.

백 번 듣는 것 보다 한번 보는 것이 낫다(百聞而不如一見) 그렇다면 현재의 시대는 백번 보는 것보다 한번 실행해 보는 것이 나은 시대(百見而不如一行) 이다. 95학번, 경제학과 졸업, 증권사 재직 경험 – 이라는 나의 현신 캐릭터는 경제 TV에 출연하거나 투자자들 대상으로 투자에 대한 조언, 혹은 로보어드바이저 프로그램 기획이라는 지금의 내

직업에 특화되어 있다. 그런데 필자의 숨겨진 취미는 작곡이다. 그렇지만 '40대 중반의 아저씨가 만든 곡'이라면 가족 빼고는 아무도 관심을 두지 않는다. 그렇다면 95년생 미모의 여성이 만든 곡이라면 많은 사람이 관심을 가지지 않을까? 그래서 필자의 사진을 여성화하여 Chimandu-Kim이라는 캐릭터를 생성하였다. Chimandu-Kim은 강원도 양양에 거주하는 음악가이다. 고양이처럼 호기심을 가지고 놀아보자는 의미로 견유학파(犬儒學派)를 벤치마크 한 묘유학파(猫遊學派) 작곡팀 소속이다. 계정을 만들고 미모의 사진을 몇 장 올리고 나니 페이스북의 친구 한도인 5,000명이 금세 차고 전 세계에서 친구로 추가해 달라는 대기 요청이 4백 건이 넘는다. 미모에 속은 전 세계의 남자분들께 약간은 죄송한 마음을 가지면서 작곡한 곡을 Open Sea에서 NFT로 발행하여 Chimandu-Kim의 페이스북 계정에 올려 보았다.

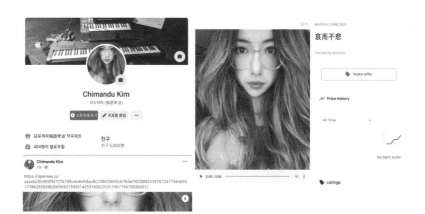

Chimandu Kim의 페이스북 계정
– 출처 https://www.facebook.com/
chimandu.kim,

페이스북에 게시된 NFT
– 출처 https://opensea.io/assets/ 0x495f94727674
9ce646f68ac8c248420045cb7b5e/ 902888253978
734779446931778628283863065692155531435316
0623101196774670336001/

아직은 입찰이 안 되었지만 그래도 꾸준히 한 달에 한 곡씩은 작업해서 NFT로 발행해 보려 한다. 이 글을 읽은 분들도 아직 NFT를 발행해 본 경험이 없다면 한 번씩 체험하기를 권해 드린다. 절대 선을 향한 혁명의 시작은 百見而不如一行이 아닌가.

참고 문헌

니체, 『즐거운 학문』. 안성찬 옮김. 책세상. 2002

레이 커즈와일, 『특이점이 온다』. 장명남, 장시형 옮김. 김영사. 2007

양동휴, 『화폐와 금융의 역사 연구』. 해남. 2015

윌리엄 퀸, 존 D 터너, 『버블: 부의 대전환』. 최지수 옮김. 다산북스. 2021

프리드리히 하이에크, 『노예의 길』. 김이석 옮김. 나남. 2006

폴 크루그먼, 제이슨 퍼먼 외, 『코로나 경제 전쟁』. 매경출판 옮김. 매일경제신문사. 2020

플라톤, 『국가』. 박종현 옮김. 서광사. 2020

피터 보이트. 『초끈이론의 진실』. 박병철 옮김. 승산. 2008

Friedrich A. Von Hayek, 『Denationalization of Money: An Analysis of the Theory and Practice of Concurrent Currencies』. Institute of Economic Affairs. 1974

John Calhoun, 『Death Squared: The Explosive Growth and Demise of a Mouse Population』. Society of Medicine. 1973

Paul Krugman, 『The case for permanent stimulus』 Mitigating the COVID economic crisis: act fast and do whatever it takes. p. 213-219. CEPR Press. 2020,

"소비자의 투자심리를 건드려라"…인베슈머(Invesumer)를 맞이하는 방법 〈인터비즈〉, 2021년 11월 12일,(https://blog.naver.com/businessinsight/222565053411)

5

디지털 기술, 메타버스 그리고 범죄
- 메타버스에서의 아동·청소년에 대한 성범죄

한국형사·법무정책연구원 박경규

1. 들어가며

우리는 IT시대를 지나 ICT시대에 살고 있다. 그리고 코로나로 인한 언택트 시대에 메타버스는 현실세계와 가상세계를 연동시키는 가상현실세계로서 폭발적인 성장을 보여주고 있다. 앞으로 메타버스가 모든 생활영역에서 더욱 활발히 이용될 것이라는 점은 자명해 보인다. 그러나 디지털기술 발달이 항상 긍정적인 방향으로만 이용되는 것은 아니고, 메타버스도 범죄행위의 장으로 이용될 수 있다. 메타버스에서 발생할 수 있는 여러 범죄 중에서도 우리가 가장 진지하게 대응책을 고민해야 하는 범죄는 성범죄, 그 중에서도 아동·청소년에 대한 성범죄이다.

현재 메타버스 플랫폼의 이용자 대다수는 10대 청소년이다. 국내 대표적 메타버스 플랫폼인 '제페토'의 경우 이용자가 2억 명 이상으로 집계되는데, 10대 이용자 비중이 80%를 차지한다. 현재 메타버스라는 공간에서 특히, 아동·청소년 아바타를 대상으로 하여 사이버 성희롱, 사이버스토킹, 온라인 그루밍 등의 행위가 이루어지고 있다. 외국의 경우 이미 오래 전에 성인 아바타에 대한 강간 사례가 발생하기도 하였다. 메타버스에서 아바타를 대상으로 이루어지는 이러한 행위들은 그것이 단지 메타버스에서의 행위로만 끝나는 것이 아니라, 해당 아동·청소년에 대한 현실세계에서의 성범죄 또는 더욱 중한 범죄행위로 발전할 수도 있다. 이와 유사한 형태로의 범행발전경로를 우리는 이미 'N번방 사건'을 통해서 확인할 수 있었다.

아동·청소년에 대한 성범죄로부터 안전한 메타버스 환경을 조성하는 것의 중요성은 상세히 언급하지 않더라도 알 수 있다. 그것을 달성하는 것은 단순히 아동·청소년에 대한 성범죄자를 처벌하는 것으로 달성될 수 있는 것이 아니라, 사회공동체 전체의 협력이 필요한 것이다.

이러한 문제인식 하에 저자는 메타버스에서의 아동·청소년에 대한 성범죄 실태에 대해서 살펴보고, 대응방안 개선에 대해 논하고자 한다.

2. 메타버스에서의 아동·청소년에 대한 성범죄 실태

1) "2020년 사이버폭력 실태조사" 결과

전국 17개 시·도 초·중·고등학생 4,958명(초등학생 1,738명, 중학생 1,645명, 고등학생 1,575명)을 대상으로 한 '2020년 사이버폭력 실태조사'에 의하면[1] 19.7%가 1년 내에 사이버폭력 피해를 경험하였다고 응답하였는데, 피해유형 중 언어폭력이 16.2%로 가장 많았고, 스토킹은 4.0%였으며, 성폭력은 2.9%였다.[2] 각 피해유형별 피해주기에 관해서는 보통 6개월에 1~2번 당했다고 응답한 비율이 60~70%에 해당한다.[3] 사이버폭력 피해를 경험한 학생의 57.0%는 '전혀 누구인지 모르는 사람'에게 사이버폭력을 당한 것으로 나타났고, '같은 학교에 다니는 친구나 선후배'에게 당한 경우의 비율은 28.5%였다.[4]

---

1 동 실태조사는 '사이버폭력'을 ① 사이버 언어폭력(인터넷, 휴대전화 문자 서비스 등을 통해 욕설, 거친 언어, 인신 공격적 발언 등을 하는 행위), ② 사이버 명예훼손, ③ 사이버 스토킹, ④ 사이버 성폭력(특정인을 대상으로 성적인 묘사 혹은 성적 비하 발언, 성차별적 욕설 등 성적 불쾌감을 느낄 수 있는 내용을 인터넷이나 휴대전화를 통해 게시하거나 음란한 동영상, 사진을 퍼뜨리는 행위), ⑤ 신상정보 유출, ⑥ 사이버 따돌림, ⑦ 사이버 갈취, ⑧ 사이버 강요(인터넷이나 휴대전화를 통해 다른 사람에게 그 사람이 원치 않는 말/행동을 하도록 강요하거나 심부름을 시키는 행위) 8가지 유형으로 정의하였고, '디지털 성범죄'를 '몰카처럼 카메라(휴대폰 카메라 포함) 등의 매체를 이용하여 상대의 동의 없이 신체를 촬영하여 유포, 유포 협박, 저장, 공개하거나 온라인 공간에서 성적으로 괴롭히는 행위'로 정의하면서 ① 불법촬영, ② 불법촬영물 유포, ③ 지인능욕, ④ 디지털 그루밍(온라인 채팅, 모바일 메신저, SNS를 통해 아동·청소년에게 접근하여 피해자를 유인하고 길들여 성 착취 행위를 용이하게 하고 피해 폭로를 막는 행위), ⑤ 몸캠으로 세분하여 진행되었다(정부만 외 5인, 2020년 사이버폭력 실태조사, 한국지능정보사회진흥원 연구용역과제 결과보고서, 2020.12, 7~8쪽 참조).

2 위 실태조사 결과보고서, 54쪽.

3 위 실태조사 결과보고서, 55쪽.

(사이버폭력 피해 경험자, 단위: %, 복수응답, '기타'제외)

구분	전체	교급별			성별	
		초	중	고	남학생	여학생
(사례수)	(976)	(448)	(297)	(231)	(565)	(411)
인스턴트 메시지 (카카오톡, 라인, 페이스북 메신저 등)	36.7	36.6	39.4	33.3	29.2	47.0
온라인 게임	45.2	51.3	43.4	35.5	60.0	24.8
SNS (페이스북, 인스타그램, 블로그, 유튜브, 틱톡 등)	28.1	20.3	30.3	40.3	18.9	40.6
커뮤니티 (카페, 클럽 등)	3.0	1.6	4.4	3.9	3.2	2.7
이메일·문자 메시지	4.0	4.9	2.7	3.9	4.2	3.6
개인 홈페이지	1.3	1.3	1.3	1.3	1.4	1.2

표-1 피해수단 온라인매체의 비율

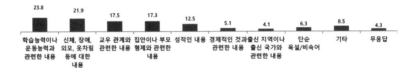

표-2 피해 내용

사이버폭력은 주로 '온라인 게임(45.2%)', '인스턴트 메시지(36.7%)', SNS(28.1%)'에서 피해를 당하는 경우가 많았는데, 피해가 발생한 온라인 매체유형별 비율은 구체적으로 [표-1]과 같다.[5] [표-2]는 피해내용을 나타내는데, 성적인 내용 관련 피해의 비율이 12.5%에 이른다.[6]

---

4   위 실태조사 결과보고서, 65쪽.

5   위 실태조사 결과보고서, 66쪽.

6   위 실태조사 결과보고서, 67쪽.

구분	전체	교급별			성별	
		초	중	고	남학생	여학생
(사례수)	(976)	(448)	(297)	(231)	(565)	(411)
상대방을 차단하거나, 나의 ID나 이메일을 삭제 또는 변경	36.6	36.6	35.4	38.1	34.5	39.4
상대방에게 직접 삭제하도록 하거나 사과를 요구	29.9	33.7	26.6	26.8	24.8	37.0
해당 웹사이트에 신고	16.7	14.1	18.9	19.0	19.5	12.9
친구, 가족, 선생님 등 주변에 알림	10.5	12.7	9.8	6.9	5.8	16.8
상담 및 신고센터에 알리거나 경찰에 신고	1.0	1.1	1.7	0.0	1.4	0.5
어떠한 행동도 하지 않음	27.3	24.6	30.3	28.6	29.9	23.6

표-3 피해 후 대응

[표-3]은[7] 피해 후 피해 학생의 대응방법을 보여주는데, '친구, 가족, 선생님 등 주변에 알렸다'고 대답한 비율은 10.5%이고,[8] '상담 및 신고센터에 알리거나 경찰에 신고'한 학생은 1.0%에 불과하다. 반면에 '어떠한 행동도 하지 않음'이라고 응답한 비율은 27.3%에 이른다. [표-4]는[9] 피해 후 아무런 행동을 하지 않았다고 응답한 학생들을 대상으로 그 이유를 조사한 결과를 보여준다. '별일 아니라고 생각해서'의 비율이 가장 많고(67.3%), '신고해봤자 소용없을 것 같아서'의 비율은 12%이다. '어디에 도움을 요청해야 할지 몰라서' 대응하지 않은 비율은 초등학생 피해자의 경우 12.7%이고, 중학생 피해자의 경우

---

7   위 실태조사 결과보고서, 69쪽.

8   '친구, 가족, 선생님 등 주변에 알림'의 비율은 고학년으로 갈수록 줄어들고, '상담 및 신고센터에 알리거나 경찰에 신고'의 경우 초등학생에 비해 중학생의 경우 상대적으로 비율이 높지만, 고등학생의 경우 0%이다.

9   위 실태조사 결과보고서, 70쪽.

구분	전체	교급별			성별	
		초	중	고	남학생	여학생
(사례수)	(266)	(110)	(90)	(66)	(169)	(97)
별일 아니라고 생각해서	67.3	55.5	68.9	84.8	73.4	56.7
신고해봤자 소용없을 것 같아서	12.0	12.7	11.1	12.1	10.7	14.4
나에게도 잘못이 있다고 생각해서	19.5	20.9	17.8	19.7	17.8	22.7
상대방이 누구인지 몰라서	8.3	17.3	2.2	1.5	8.3	8.2
더 심한 따돌림을 받게 될까봐	6.8	9.1	4.4	6.1	4.1	11.3
어디에 도움을 요청해야 할지 몰라서	7.5	12.7	6.7	0.0	5.3	11.3
상대방이 보복하거나 협박할까봐	3.8	7.3	0.0	3.0	3.6	4.1
상대방을 고자질하는 게 미안해서	1.5	0.9	2.2	1.5	1.8	1.0

표-4 피해 후 대응하지 않은 이유

6.7%인데, 고등학생 피해자의 경우 0%이다.

사이버폭력 실태조사 결과에 의하면 학생 10명 중 1명 정도가 최근 1년 이내에 주변에서 사이버폭력 가해 또는 피해를 목격한 것으로 나타났는데, 목격 후 대응 방법으로 '피해 당한 사람을 위로' 한다는 응답이 전체의 42.8%로 가장 높게 나타났으며, '피해를 주는 사람에게 그만하거나 사과하도록 요구 (39.7%)', '아무런 행동도 하지 않음(23.2%)', '친구, 선후배, 선생님 등 주변에 알림(15.5%)' 등의 순으로 나타났다.[10] 사이버폭력을 목격했으나 아무런 행동도 하지 않은 이유로는 '어떻게 해야 할지 몰라서'가 30.5%로 가장 높게 나타났으며, '내일이 아니라고 생각해서(23.8%)', '별 소용이 없을 것 같아서 (18.1%)',

---

10   위 실태조사 결과보고서, 57쪽.

'나도 피해자가 될까봐(11.4%)' 등의 순으로 나타났다.[11]

디지털 성범죄가 발생하는 이유로 학생들은(복수응답 가능) ① '인터넷의 익명성 때문에 붙잡힐 염려가 없어서(68.0%)', '자랑 또는 관심을 받고 싶어서(59.9%)', '별 게 아니라는 생각 때문에(59.5%)', '돈 욕심 때문에(53.2%)'를 들었다.[12]

2) 메타버스에서 발생할 수 있는 아동·청소년 대상 위법행위

아직까지 메타버스에서 발생하고 있는 성범죄에 대해 상세한 실태조사 또는 실증적 연구가 제대로 이루어지지 않고 있다. 따라서 정보통신망을 통해 범해지는 성범죄에 대한 지금까지의 연구 그리고 메타버스에서 범해지고 있는 위법행위에 대한 언론보도를 바탕으로 메타버스에서 범해질 수 있는 성적 위법행위의 예를 들면 다음과 같다.[13]

사례 1. 甲은 자신의 집에서 인터넷 사이트 '아프리카TV'에 접속을 하여 개인 방송을 보던 중, 아동·청소년인 피해자 김○○(여, 12세)이 개설한 방송을 보고 피해자에게 마치 동갑의 친구인 것처럼 접근하여 피해자로부터 나체 사진 등을 받기로 마음먹고, 피해자와 동갑인 만 12세의 '수빈'이라는 가공의 인물을 만든 후, 자신이 '수빈'이라는 사람인 것처럼 피해자와 카카오톡으로 대화를 하면서 친분을 쌓았다. 이

---

11   위 실태조사 결과보고서, 58쪽.

12   위 실태조사 결과보고서, 88쪽.

13   사례1~사례3은 김지영, 「온라인그루밍성범죄의 실태와 대책: 신상정보등록대상자를 중심으로」, 『치안정책연구』, 치안정책연구소, 제34권 제2호, 2020, 63~68쪽에서 온라인그루밍범죄 수법에 대한 예시사례로 소개되고 있는 사례들이다.

어서 甲은 2015. 9. 1. 22:41경 자신의 집에서 카카오톡으로 피해자에게 "동갑내기 친구끼리 서로 가슴 크기 등을 비교하자"는 취지로 말하고, 자신이 기존에 인터넷에서 받은 불상의 아동·청소년의 가슴 사진 등을 피해자에게 보낸 후, 피해자로부터 피해자가 스스로 가슴을 만지는 영상을 전송받아 이를 소지하였다.

사례 1-2. 甲은 2015. 11.경 위와 같이 인터넷 사이트 '아프리카TV'에서 방송을 하던 아동·청소년인 피해자 이○○(여, 13세)에게 접근하여 피해자로부터 나체 사진 등을 받기로 마음먹고, 피해자보다 1살 어린 '다○'(위 피해자 김○○과 같은 이름)이라는 가공의 인물을 만든 후, 피해자에게 접근하여 친분을 쌓았다(중략)… "내가('다○'을 의미) 지금 어떤 아저씨에게 나체 사진, 동영상을 보내고 돈을 받고 있는데, 너도 해봐라"고 말을 하고, 이에 피해자가 동의하자, 마치 甲이 위 '다○'의 소개로 피해자에게 연락하는 것처럼 라인 앱을 통하여 피해자에게 연락한 다음, "다○이가 하였던 것처럼 피해자가 가슴, 음부 등의 사진과 동영상을 보내주면 돈을 주겠다"는 취지로 말을 하여 라인 앱을 통하여 피해자의 가슴을 찍은 사진을 전송받아 소지하였다.

사례 1-3. 甲은 집에서 '수빈'이라는 이름으로 가장하여 1번째 피해자 김○○(여, 12세)으로부터 사진, 동영상을 전송받던 중, 피해자와 속칭 조건만남을 하기로 마음먹고, 위 '수빈'이라는 사람 외에 '고고'라는 가상의 인물을 만든 후, 마치 '수빈'이 '고고'라는 남성과 속칭 조건만남을 하다가 '고고'가 '수빈' 몰래 그 휴대폰에 있는 피해자의 사진, 동영상을 카카오톡 등으로 전송하는 방법으로 입수하였고, 그것을 빌미로 피해자가 '고고'와 조건만남을 하지 않으면, '고고'가 피해자의 사진, 동영상을 인터넷에 유포할 것처럼 하여 피해자에게 성매매를 강요하도록 협박하였으나 피해자가 이를 거절하여 미수에 그쳤다.

사례 2. 甲은 2016. 3. 7. 10:21경 대구 ○○구에 있는 PC방에서 페이스북 메신저를 통해 피해자 장○○(여, 15세)에게 "아르바이트 4시간 땜빵 치실분! 시간당 1.2에여! 환경 옷 입구 청소 폰 만지면서 노닥거리면서 청소하면 끝"이라는 메시지를 보냈다. 피고인은 위와 같이 마치 아르바이트를 소개해 주는 것처럼 피해자를 속여 2016. 3. 8. 18:00경 대구 ○○구 ○○모텔로 아르바이트를 하러 온 피해자를 데리고 들어갔다. 이상한 분위기에 불안감을 느낀 피해자가 "다음에 일 할테니 보내달라"라고 하자 손으로 피해자의 입을 막고 피해자의 뺨을 수회 때리고(중략)… 피해자를 간음하였다.

사례 3. 甲은 스마트폰으로 테일즈러너 게임을 하던 중 게임 내 게시판에 '야한여자 들어오세요'라는 글을 올리고 그 글을 보고 들어온 아동·청소년들에게 자신의 신분을 숨기기가 용이한 스마트폰 메신저 '라인'에서 대화를 하자고 유도하였다. 2016. 6. 6.일경 ○○시 ○○로 ○○번길에 있는 甲의 주거지에서 스마트폰메신저 '라인'을 이용하여 피해자 김○○(여, 14세)와 대화를 하면서 인터넷에서 구한 성명불상의 잘생긴 남자 청소년의 사진을 전송하는 방법으로 호감을 산 후 피해자와 음란한 대화를 주고받다가 피해자에게 '사진을 보내주지 않으면 개인정보와 함께 음란한 대화내용을 유포하겠다'고 협박하여(중략)… 피해자의 가슴, 음부가 노출된 사진을 찍게하여 그 사진파일을 전송받고 이를 피고인의 스마트폰에 저장하였다.

사례 4. 초등학생인 A양은 어느 날 채팅 어플에서 남성 B씨에게 메시지를 받았다. 자신을 30대라고 소개한 B씨는 A양에게 페이스북 아이디를 받았고 수시로 문자를 보내며 안부 인사를 건넸다. 아침에는 모닝콜을 하듯 "학교 가야지 공주님"이라며 A양을 깨웠고 오후에는 "학교는 잘 다녀왔냐" "오늘은 어떻게 보냈냐"며 일상생활을 물었다. 그는 A양의 페이스북 게시글을 통해 재학 중인 학교는 물론 관심사나 취향, 크고 작은 심리 변화까지 파악하고 있었다. 대화는 물 흐르듯 흘렀고 B씨는 SNS를 통해 기프티콘과 문화상품권을 보내며 환심을 샀다. 집안 형편이 어려운 데다 부모님이 안 계셨던 A양은 "예쁘다" "보고 싶다"며 애정을 주는 B씨에게 경계를 허물었다. 이후 B씨는 "여자친구와 헤어졌는데 마음이 아프다. 얼굴 한번 보여달라"며 직접 만나기를 요청했다. A양은 B씨의 끈질긴 요청에 결국 대면했고 두 달 동안 수차례 B씨와 성관계를 가졌다.

사례 5. 여중생 2학년인 V는 올해 가입한 메타버스의 한 게임에서 남자 교복을 입은 캐릭터 甲으로부터 '왕게임'을 제안받았다. 甲은 게임에서 진 V에게 채팅창을 통해 실물 사진 등을 보내라고 강요하고, 게임 중엔 V의 아바타에게 속옷을 제외한 전신을 탈의하도록 한 채 자신의 아바타 위에 반복적으로 앉거나, 사타구니를 향해 엎드리도록 하는 등의 자세를 취하게 했다.

사례 6. A(13세, 여)는 네이버 제페토에 로그인 해 있는데, 다른 아바타가 계속 쫓아다니면서 "몸매가 좋네", "가슴은 커", "속옷 벗어봐" 등 성희롱 발언을 하였다. A가 그만하라고 해도 그 아바타는 성희롱적 발언을 멈추지 않았고, 성행위를 연상케 하는 동작을 취하기도 하였다.[14]

3. 대응방안 개선

1) 형사적 규제: 처벌의 공백?

13세 미만의 미성년자에 대하여 간음 또는 추행을 한 경우 13세 미만자의 동의 여부를 불문하고 '미성년자에 대한 간음죄 또는 추행죄'가 성립한다(형법 제305조 참조). 「아동·청소년의 성보호에 관한 법률」(이하 '청소년성보호법') 제7조에 의하면 19세 미만의 아동·청소년을 위계 또는 위력으로써 간음하거나 추행한 경우 '아동·청소년에 대한 강간죄 또는 강제추행죄'가 성립한다. 대법원은 종래에는 '위계에 의한 간음죄에서 위계란 행위자가 간음의 목적으로 상대방에게 오인, 착각, 부지를 일으키고는 상대방의 그러한 심적 상태를 이용하여 간음의 목적을 달성하는 것을 말하는 것이고, 여기에서 오인, 착각, 부지란 간음행위 자체에 대한 오인, 착각, 부지를 말하는 것이지, 간음행위와 불가분적 관련성이 인정되지 않는 다른 조건에 관한 오인, 착각, 부지를 가리키는 것은 아니라고 보아야 한다.'라고 하여 위계에

---

14 「여성 아바타 뒤만 졸졸 따라가 '성희롱'…사이버 범죄 사각지대에 놓인 '메타버스'의 그림자」, AI 타임스 2021.08.18.자 기사, 윤영주 기자, http://www.aitimes.com/news/articleView.html?idxno=140144, 2021.11.10. 최종검색.

의한 간음죄의 성립범위를 좁게 인정하였지만, 현재에는 대법원에서는 위계에 의한 간음죄에서 위계의 의미에 대해 "'위계'라 함은 행위자의 행위목적을 달성하기 위하여 피해자에게 오인·착각·부지를 일으키게 하여 이를 이용하는 것을 말한다. 행위자가 간음의 목적으로 피해자에게 오인·착각·부지를 일으키고 피해자의 그러한 심적 상태를 이용하여 간음의 목적을 달성하였다면 위계와 간음행위 사이의 인과관계를 인정할 수 있고 따라서 위계에 의한 간음죄가 성립한다. 왜곡된 성적 결정에 기초하여 성행위를 하였다면 왜곡이 발생한 지점이 성행위 그 자체인지 성행위에 이르게 된 동기인지는 성적 자기결정권에 대한 침해가 발생한 것은 마찬가지라는 점에서 핵심적인 부분이라고 하기 어렵다. 피해자가 오인·착각·부지에 빠지게 되는 대상은 간음행위 자체일 수도 있고 간음행위에 이르게 된 동기이거나 간음행위와 결부된 금전적·비금전적 대가와 같은 요소일 수도 있다."라는 입장을 취하여[15] 이전에 비해 넓은 범위에서 위계에 의한 간음죄의 성립을 인정하고 있다.

한편, 판례에 의하면 피해자를 협박하여 피해자가 스스로 자신을 대상으로 하여 자위영상과 같은 음란한 동영상을 촬영한 경우에도 강제추행죄가 성립하고,[16] 피해자를 협박하여 피해자 스스로 자신을 대상으로 한 동영상을 촬영하도록 하거나, 피해자가 스스로 자신의 신체를 직접 촬영한 경우일지라도 피해자의 의사에 반하여 그 촬영물을 배포하는 행위는 「성폭력범죄의 처벌 등에 관한 특례법」(이하

---

15 대법원 2020. 8. 27. 선고 2015도9436 전원합의체 판결.

16 대법원 2018. 2. 8. 선고 2016도17733판결.

'성폭력처벌법') 제14조의 '카메라이용촬영죄'가 성립한다.

한편, 이른바 '온라인 그루밍'을 처벌하기 위하여 입법자는 2021년 3월 23일 청소년성보호법 제15조의2를 신설하였다. 제15조의2 제2항에 의하면 19세 이상의 사람이 16세 미만인 아동·청소년에게 ① 성적 욕망이나 수치심 또는 혐오감을 유발할 수 있는 대화를 지속적 또는 반복적으로 하거나 그러한 대화에 지속적 또는 반복적으로 참여시키는 경우 또는 ② 성교 행위, 구강·항문 등 신체의 일부나 도구를 이용한 유사 성교 행위, 신체의 전부 또는 일부를 접촉·노출하는 행위로서 일반인의 성적 수치심이나 혐오감을 일으키는 행위 또는 자위행위를 하도록 유인·권유하는 행위는 성적 착취의 목적 유무를 불분하고 온라인그루밍이 성립되어 형사처벌된다. 다만 제15조의2 제1항에 의하면 피해자가 16세 이상 아동·청소년인 경우에는 가해자가 "성적 착취의 목적으로" 그러한 행위를 한 경우에만 온라인그루밍이 성립한다.

따라서 사례 1 내지 사례 4와 같은 행위가 메타버스에서 시작되어 그러한 행위가 이루어지더라도 앞에서 설명한 현행법상의 규정들에 의해 행위자(가해자)는 형사처벌될 수 있다. 그러나 사례5와 사례6과 같은 경우에는 현행법에 의하면 형사적으로 처벌의 흠결이 발생할 수도 있다.

사례 5의 경우 강요가 인정되는 경우일지라도 실제 신체가 아니라 아바타 간에 그러한 행위가 이루어졌기에 강제추행죄가 성립할 수는 없다. 물론 이 경우에도 갑이 'V가 공포심을 느낄 정도의 해악을 V에게 고지하여' 그러한 행위를 하도록 하였다면, 형법 제324조의 강요죄 또는 형법 제283조의 협박죄가 성립할 수 있다. 피해자 V의 행

위가 메타버스에서 자신의 아바타를 통해 이루어졌다는 것은 강요
죄 또는 협박죄가 성립하는데 아무런 장애가 되지 않는다. 한편, 강요
또는 협박행위가 성립하지 않는 경우일지라도 갑이 V에게 V의 아바
타를 통하여 그러한 행위를 하도록 한 행위는 "공연히" 이루어졌다면
형법 제311조의 모욕죄에 해당할 여지도 있다. 그러나 타인들이 보
지 않는 상황에서 그러한 행위가 이루어졌다면 "공연히" 이루어진 것
이라고 할 수 없기에 모욕죄는 성립될 수 없다. 이러한 경우 현행법에
의하면 사례5의 경우 형사범죄는 성립하지 않는다. 다만 인격권의 침
해로 인한 민사불법행위가 인정된다면, 민사상 손해배상책임이 인정
될 수는 있다.

사례6은 이른바 '성희롱' 발언에 해당한다. 현행법상 성희롱은 그
행위가 모욕죄, 강제추행 등 다른 범죄행위에 해당하는 경우라면 그
러한 범죄로 처벌될 수 있지만, 그렇지 않다면 성희롱 발언 자체는 민
사적·행정적 제재의 대상이 될 뿐이다.[17] 「남녀고용평등과 일·가정
양립 지원에 관한 법률」 제12조는 "사업주, 상급자 또는 근로자는 직
장 내 성희롱을 하여서는 아니 된다"고 하고 있는데, 동 법률은 사업
주가 직장 내 성희롱 발생 사실을 신고한 근로자 및 피해근로자등에
게 불리한 처우를 한 경우에 한해, 사업주를 형사처벌하는 규정만 두
고 있을 뿐 성희롱행위를 한 자에 대한 형사처벌 규정을 두지는 않고

---

17 배미란, 「현행 법체계 상 성희롱의 의의와 범죄화에 관한 소고」, 『홍익법학』, 홍익대
법학연구소, 제21권 제1호, 2020, 342쪽 이하; 안경옥·김희정, 「성적 괴롭힘(성희롱)
의 형사처벌 가능성에 대한 비교법적 검토」, 『비교형사법연구』, 한국비교형사법학회,
제22권 제4호, 2021, 95쪽 이하 참조.

있다. 「아동복지법」 제17조 제2호에 의하면 "아동에게 음란한 행위를 시키거나 이를 매개하는 행위 또는 아동에게 성적 수치심을 주는 성희롱 등의 학대행위"는 금지되는데, 동 법률은 성희롱이 아동"학대"행위에 해당하는 경우를 규율대상으로 한다.[18] 따라서 아동에 대한 학대행위에 해당하지 않는 단순 성희롱 행위는 그 발언 또는 행동이 모욕죄, 강제추행죄 등 형법상의 다른 범죄구성요건에 해당한다면 그러한 규정에 의해 형사처벌 될 수 있다.

2021년 4월 20일에 제정된 「스토킹범죄의 처벌 등에 관한 법률」(이하 '스토킹처벌법')에 의하면 '스토킹행위'란 상대방의 의사에 반(反)하여 정당한 이유 없이 상대방 또는 그의 동거인, 가족에 대하여 ① 접근하거나 따라다니거나 진로를 막아서는 행위, ② 주거, 직장, 학교, 그 밖에 일상적으로 생활하는 장소(이하 "주거등"이라 한다) 또는 그 부근에서 기다리거나 지켜보는 행위, ③ 우편·전화·팩스 또는 「정보통신망 이용촉진 및 정보보호 등에 관한 법률」 제2조제1항제1호의 정보통신망을 이용하여 물건이나 글·말·부호·음향·그림·영상·화상(이하 "물건등"이라 한다)을 도달하게 하는 행위, ④ 직접 또는 제3자를 통하여 물건등을 도달하게 하거나 주거등 또는 그 부근에 물건등을 두는 행위 또는 ⑤ 주거등 또는 그 부근에 놓여져 있는 물건등을 훼손하는 행위를 하여 상대방에게 불안감 또는 공포심을 일으키는 것

---

18 김슬기, 「아동학대범죄의 구성요건 정비 방안」, 『비교형사법연구』, 한국비교형사법학회, 제22권 제4호, 2021, 20 ~ 22쪽; 최준혁, 「청소년성보호법 개정을 통한 그루밍처벌에서의 쟁점」, 『비교형사법연구』, 한국비교형사법학회, 제23권 제2호, 2021, 182-183쪽.

을 말하는데, '스토킹범죄'란[19] '지속적 또는 반복적으로 스토킹행위를 하는 것'을 뜻한다. 따라서 메타버스에서 아동에 대한 성희롱 발언이 지속적 또는 반복적으로 이루어진 경우가 아니라면 스토킹범죄에 해당하지 않는다.

형법 제311조는 "공연히 사람을 모욕한 자는 1년 이하의 징역이나 금고 또는 200만원 이하의 벌금에 처한다"고 하여 모욕죄를 규정하고 있다. "모욕"이란 사실을 적시하지 아니하고 사람의 사회적 평가를 저하시킬 만한 추상적 판단이나 경멸적 감정을 표현하는 것을 의미하는데,[20] 판례에 의하면 욕설은 일반적으로 모욕에 해당하고, 최근 판례에 의하면 기사 댓글에 "이런걸 기레기라고 하죠?"라고 댓글을 단 것도 모욕적 표현에 해당한다.[21] 다만 이 사건에서 대법원은 그 표현은 모욕적 표현에 해당하지만, 그 행위가 사회상규에 반하지 않는 행위로서 형법 제20조가 적용되어 위법성이 조각되므로 모욕죄가 성립하지 않는다고 보았다. 이러한 판례의 태도를 고려하면 사례6에서와 같은 성희롱적 표현은 충분히 모욕적 표현에 해당할 수 있다. 그러나 문제는 현행법상 모욕죄는 모욕적 표현이 "공연히" 이루어진 경우에만 성립할 수 있다는 점이다. 공연히 이루어지지 않은 모욕적 표현 예컨대 피해자에게로만 비밀메세지 형태로 전달된 모욕적 표현은 "공연히" 이루어진 것으로 볼 수 없기에 현행법상 모욕죄가 성립할 수

---

19 스토킹처벌법 제18조에 의하면 스토킹범죄를 저지른 사람은 3년 이하의 징역 또는 3천만원 이하의 벌금으로 처벌된다.

20 대법원 2021. 3. 25. 선고 2017도17643 판결.

21 대법원 2021. 3. 25. 선고 2017도17643 판결.

없다. 최근에는 차별적 표현, 혐오적 표현이 증가하고 있는 현 시대에 그러한 표현을 방지하기 위한 형사법적 대응방안으로 모욕죄의 성립요건에서 공연성 요건을 삭제하는 것이 적절하다는 방안을 제시하는 견해도 있다.[22] 참고로 외국의 경우 공연성 요건을 요구하지 않는 나라도 있는데, 예컨대 독일은 모욕죄의 성립요건으로 공연성을 요구하지 않고 있으며, 모욕적 표현이 공연히 이루어졌다는 것은 가중처벌사유에 해당한다.[23]

한편, 성폭력처벌법 제13조는 "통신매체를 이용한 음란행위"라는 조문명하에 "자기 또는 다른 사람의 성적 욕망을 유발하거나 만족시킬 목적으로 전화, 우편, 컴퓨터, 그 밖의 통신매체를 통하여 성적 수치심이나 혐오감을 일으키는 말, 음향, 글, 그림, 영상 또는 물건을 상대방에게 도달하게 한 사람은 2년 이하의 징역 또는 2천만원 이하의 벌금에 처한다"고 하고 있다. 그러나 동 규정이 단순 성희롱 발언에 적용되는 데에는 다음과 같은 어려움이 있다. 첫째로, 동 규정 조문명이 "통신매체를 이용한 음란행위"이기에 "성적 수치심이나 혐오감을 일으키는 말"이 "음란행위"에 해당하는 경우에만 동 규정이 적용될 수 있다고 한다.[24] 둘째로, '정보통신망을 이용하여'라고 하지 않고,

---

22 최란, 「혐오의 시대, 모욕죄의 역할에 관한 검토」, 『형사정책』, 한국형사정책학회, 제33권 제3호, 2021, 285쪽 이하.

23 독일 형법(StGB) 제185조 참조. 캐나다의 성적 괴롭힘 행위 규율에 대해서는 이수연, 「캐나다의 성적 괴롭힘 규율과 시사점」, 『이화젠더법학』, 제11권 제1호, 2019, 79쪽 이하 참조.

24 조현욱, 「통신매체이용음란죄의 문제점과 개선방안」, 『일감법학』, 건국대학교 법학연구소, 제38호, 2017, 206~207쪽; 이주원, 『특별형법』, 제4판, 홍문사, 2016, 506쪽.

"통신매체를 통하여"라고 하고 있기에 휴대폰 SMS 기능을 이용한 경우에는 동 규정이 적용될 수 있지만, 인터넷상의 채팅기능을 이용한 경우 등 인터넷 상의 성희롱 행위에 동 규정이 일반적으로 적용될 수 있는지에 대해서는 명확하지 않다.[25]

위와 같이, 현재 '신체적 접촉 없는 단순 성희롱 발언'을 형사범죄로 처벌하는 규정은 없고(신체적 접촉을 수반하는 성희롱 발언의 경우 경우에 따라 강제추행죄 성립할 수 있음), 현행법상으로는 형법상의 모욕죄 또는 성폭력처벌법상의 통신매체이용음란죄에 해당하는 경우에만 형사범죄로 처벌될 수 있는데, 모욕죄의 "공연성" 요건, 현행 통신매체이용음란죄의 성립요건으로 인해 현행 형법상의 모욕죄 규정 그리고 성폭력처벌법상의 통신매체이용음란죄 규정이 '공연히 이루어지지 않은 정보통신망에서의 성희롱 발언'에 적용되는 데에는 어려움이 있다.

현재, 현행법상 '모욕죄 등에 해당하지 않는 단순 성희롱 발언'을 형사법적으로 처벌하는 데에는 한계가 있기에 성희롱 발언을 독립적인 성범죄로 규정해야 한다는 목소리가 있다.[26] 이 문제에 대해서는 아래에서 서술한다.

2) 사회공동체적 협력의 강화

현행 형법상의 모욕죄에 – 특히, 공연성 요건이 충족되지 않아 – 해

---

25 조현욱, 「통신매체이용음란죄의 문제점과 개선방안」, 『일감법학』, 건국대학교 법학연구소, 제38호, 2017, 201쪽 이하 참조.

26 예컨대 안경옥·김희정, 「성적 괴롭힘(성희롱)의 형사처벌 가능성에 대한 비교법적 검토」, 『비교형사법연구』, 한국비교형사법학회, 제22권 제4호, 2021, 111쪽 이하.

당하지는 않는 성희롱 발언일지라도 민사상 불법행위에는 해당한다. '성희롱 발언'의 불법성 등을 고려한다면, 성희롱 행위를 형사범죄화할 필요성은 인정된다고 생각된다. 다만, 성희롱 행위를 형사범죄화하는 방안에는 여러 방안이 있을 수 있는데 – 예컨대, ① 성희롱을 성적 괴롭힘 행위의 일종으로 보아 독립된 성범죄로 규율하는 방안, ② 모욕죄의 성립요건에서 '공연성' 요건을 삭제하고, 성희롱 발언을 모욕죄에 해당하는 행위의 한 유형으로 하는 방안 등 –, 어떠한 방안이 적절할지에 대해서는 좀 더 많은 논의가 이루어져야 할 것이다.

그리고 성희롱 행위를 형사범죄화 한다고 하더라도, 성희롱 행위를 효과적으로 처벌하고 방지하기 위해서는 사회공동체적 협력을 강화할 수 있는 다른 조치·제도들 또한 효과적으로 운영되어야 한다. '인터넷상의 성희롱 행위를 형사범죄로 처벌하는 규정'을 신설하더라도 인터넷 범죄에서는 일반적으로 피의자 신원 확보를 위한 증거 수집에서 어려움이 있기에 수사·단속에서 더 많은 어려움이 발생한다. 따라서 효과적인 단속·수사를 위해서는 피해자 또는 다른 목격자가 피의자 ID를 메모하거나, 성희롱 발언 화면을 캡쳐하는 등 피해자 등의 협력이 필수적이다. 그리고 성희롱 발언을 당한 아동·청소년이 이러한 활동을 적절히 하기 위해서는 사전에 성희롱 발언에 대한 적절한 대응조치 방법에 대한 교육이 이루어져야 한다. '성범죄 관련 미디어 리터러시 교육'이 제대로 이루어져야 한다는 것은 '2020 사이버폭력 실태조사' 결과내용만 보아도 알 수 있다.

'2020 사이버폭력 실태조사' 결과에 의하면 사이버폭력 피해를 당한 학생들 중 '친구, 가족, 선생님 등 주변에 알렸다'는 10.5%에 불과하고, 상담 및 신고센터에 알리거나 경찰에 신고'한 학생은 1.0%

에 불과하다. 반면에 '어떠한 행동도 하지 않음'이라고 응답한 비율은 27.3%에 이르는데, 그 이유는 '별일 아니라고 생각해서'의 비율이 가장 많고(67.3%), '신고해봤자 소용없을 것 같아서'의 비율은 12%이다. '어디에 도움을 요청해야 할지 몰라서' 대응하지 않은 비율은 초등학생 피해자의 경우 12.7%이고, 중학생 피해자의 경우 6.7%이다. 주변에서 사이버폭력 가해 또는 피해를 목격한 자들 중 23.2%가 아무런 행동도 하지 않은 것으로 나타났는데, 그 이유 중 가장 많은 비율을 차지하는 것은 '어떻게 해야 할지 몰라서'(30.5%)이다.

「성폭력 방지 및 피해자보호 등에 관한 법률」 제5조에 의하면 초·중·고등학교의 장은 학생들을 대상으로 성교육 및 성폭력 예방교육을 실시하여야 하는데,[27] 그 교육내용과 방법, 결과 제출 절차 등에 필요한 사항은 대통령령으로 정한다고 하고 있다. 동 법률 시행령 제2조가 각급 학교장이 시행해야 하는 '성폭력 예방교육'에 대해 보다 자세히 규율하고 있는데, 제2조제2항제1호에 의하면 각급 학교장은 학생들을 대상으로 "매년 1회 이상, 1시간 이상의 성교육 및 성폭력 예방교육"을 실시하여야 한다. 즉, '성교육, 성희롱을 포함한 성폭력 예방교육을 통합하여' 1년에 1시간만 학생들을 대상으로 시행하기만 하면 법령에서 정하고 있는 법정교육시수 요건은 충족된다. '1년에 1시간'이라는 최소요건은 '성범죄 대응 관련 미디어리터러시 교육'까지 포함하여 '성폭력예방교육'이 제대로 이루어지도록 하는데 턱없이 부족하다는 것은 길게 서술할 필요 없다. 법령개정을 통해 성폭력

---

27 제5조제2항에 의하면 성희롱 예방교육도 성폭력예방교육으로 통합하여 실시할 수 있다.

예방교육에 대한 최소요건도 더욱 높여 성폭력예방교육이 '인터넷상의 성관련 위법행위에 대한 대응방법 등 성범죄 관련 미디어리터러시 교육'을 포함하여 제대로 이루어질 수 있도록 해야 한다.

4. 맺음말

메타버스는 현실세계에 사는 사람이 인터넷이라는 사이버 공간을 통하여 공간적 제약 없이 여러 활동을 하고, 다른 사람들과 만나기도 하는 공간이지, 현실과 상관없는 공간이 아니다. 메타버스에서 아동·청소년을 대상으로 이루어질 수 있는 성관련 위법행위 중 형사처벌 규정이 제대로 마련되어 있는지와 관련하여 현재 가장 많이 문제되고 있는 행위는 '성희롱' 행위라고 할 수 있는데, '성희롱 관련 형사처벌규정 미비' 문제는 메타버스와 관련하여서만 문제되는 것이 아니라, 아직 우리나라에서 '다른 범죄규정에 해당하지 않는, 신체적 접촉 없이 (공연히 이루어지지 않은) 단순 성희롱 발언'의 형사처벌 여부(형사범죄화 여부), 형사처벌하는 경우 구체적인 입법방안 등이 정립되지 않았기 때문에 발생하는 것이다.

그러한 행위의 불법성 정도를 고려한다면 필자는 그러한 행위도 형사범죄화 할 필요가 있다고 생각한다. 다만, 그러한 행위를 형사범죄화 하는 법개정을 한다고 하여 그것만으로 성희롱 행위가 효과적으로 처벌·방지될 수 있는 것은 아니다. 인터넷범죄에서는 일반적으로 단속·수사에서 어려움이 발생하기에 효과적인 수사를 위해서는 피해자 등의 협력이 필수적이다. 수사 등에 있어서 피해자 등의 협력을 증진하기 위해서는 '인터넷상의 (성희롱을 포함한) 성폭력 행위, (성희롱을 포함한) 성폭력을 당하거나 목격한 경우의 대응조치' 등에 대한 미디어리터러시 교육이 제대로 이루어져야 한다. 현행 법령에서 정하고 있는 '성폭력 예방교육'에 대한 최소요건은 그러한 교육이 제대로 이루어지도록 하는데 턱없이 부족한 요건이다. 법령에서 '성폭력 예방교육'에 대한 최소요건을 상향하여 성폭력 예방교육이 '성범죄 관련 미디어리터러시 교육'을 포함하여 제대로 이루어질 수 있도록 해야 한다.

참고문헌

김슬기, 「아동학대범죄의 구성요건 정비 방안」, 『비교형사법연구』, 한국비교형사법학회, 제22권 제4호, 2021.

김지영, 「온라인그루밍성범죄의 실태와 대책: 신상정보등록대상자를 중심으로」, 『치안정책연구』, 치안정책연구소, 제34권 제2호, 2020

배미란, 「현행 법체계 상 성희롱의 의의와 범죄화에 관한 소고」, 『홍익법학』, 홍익대 법학연구소, 제21권 제1호, 2020.

안경옥·김희정, 「성적 괴롭힘(성희롱)의 형사처벌 가능성에 대한 비교법적 검토」, 『비교형사법연구』, 한국비교형사법학회, 제22권 제4호, 2021.

이수연, 「캐나다의 성적 괴롭힘 규율과 시사점」, 『이화젠더법학』, 제11권 제1호, 2019.

이주원, 『특별형법』, 제4판, 홍문사, 2016.

정부만 외 5인, 2020년 사이버폭력 실태조사, 한국지능정보사회진흥원 연구용역과제 결과보고서, 2020.12

조현욱, 「통신매체이용음란죄의 문제점과 개선방안」, 『일감법학』, 건국대학교 법학연구소, 제38호, 2017.

최준혁, 「청소년성보호법 개정을 통한 그루밍처벌에서의 쟁점」, 『비교형사법연구』, 한국비교형사법학회, 제23권 제2호, 2021.